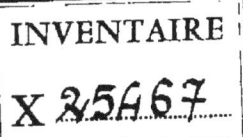

COURS
DE
THÈMES ESPAGNOLS

A L'USAGE

DES COLLÉGES DE L'UNIVERSITÉ

ET

DES ÉTABLISSEMENTS DE L'INSTRUCTION PUBLIQUE,

Pouvant être adaptés à toutes les grammaires,

CONTENANT

Des règles sur la prononciation et sur la prosodie, la conjugaison des verbes auxiliaires et celle des trois verbes réguliers, un grand nombre de thèmes sur chaque partie du discours, accompagnés de notes grammaticales.

PAR MANUEL GALO DE CUENDIAS,

Professeur de langue espagnole.

PARIS

VEUVE THIÉRIOT, LIBRAIRE,
15, rue Pavée-Saint-André-des-Arcs.

—

1846

COURS
DE THÈMES ESPAGNOLS.

Imprimerie de HENNUYER et Cⁱᵉ, rue Lemercier, 24.
Batignolles.

COURS
DE
THÈMES ESPAGNOLS

À L'USAGE

DES COLLÉGES DE L'UNIVERSITÉ

ET

DES ÉTABLISSEMENTS DE L'INSTRUCTION PUBLIQUE

Pouvant être adaptés à toutes les grammaires,

CONTENANT

Des règles sur la prononciation et sur la prosodie, la conjugaison des verbes auxiliaires et celle des trois verbes réguliers, un grand nombre de thèmes sur chaque partie du discours, accompagnés de notes grammaticales.

PAR MANUEL GALO DE CUENDIAS,

Professeur de langue espagnole.

PARIS

VEUVE THIERIOT, LIBRAIRE,
15, rue Pavée-Saint-André-des-Arcs.

—

1846

PRÉFACE.

Le Cours de Thèmes que je publie aujourd'hui ne ressemble en rien à tous ceux qui ont été publiés jusqu'à présent. J'ai cherché à mettre à exécution une idée neuve, et à le faire d'une manière neuve.

Les maîtres et les élèves trouveront, je l'espère, dans cet ouvrage un puissant auxiliaire pour leurs travaux. La première partie de ce Cours, grâce aux nombreuses notes qui se trouvent au bas de chaque page, et à la combinaison d'exemples variés que j'y ai réunis, forme un cours pratique et complet de la langue espagnole ; non pas de cette langue vicieuse, souvent incompréhensible, qu'on enseigne le plus communément ; mais de cette langue riche, pompeuse, élégante et sévère à la fois, la seule que parlent en Espagne les gens de bonne compagnie, la seule qui soit à l'usage des hommes de lettres et des savants.

Je pense que les professeurs feraient bien en se contentant de faire suivre à leurs élèves, dans le cours de leur première année d'études, la première partie de mon livre seulement. La seconde ne doit, à mon avis, être étudiée par l'élève qu'après qu'il aura déjà acquis une profonde connaissance des règles grammaticales. Ma longue expérience de l'enseignement me donne peut-être le droit d'espérer que mes collègues voudront bien s'en rapporter à mon jugement en ces matières.

Jeté dans d'autres voies, appelé à une mission plus ardue, ce livre est peut-être le dernier classique que j'écrirai. J'ai apporté un grand soin à sa rédaction et à sa composition. Destiné aux colléges de l'Université, dont je m'honore d'avoir fait partie, et aux jeunes élèves pour lesquels j'ai toujours éprouvé une tendre sympathie, et dont l'attachement m'a bien souvent dédommagé des dégoûts qu'entraîne après elle la carrière professorale, je me suis attaché à faire un travail sérieux, une œuvre consciencieuse. Puisse-t-elle être utile! c'est là le but de tout homme d'étude lorsqu'il livre à la publicité le fruit de ses veilles. Pour moi, j'ai vu dans cet ouvrage un dernier devoir à accomplir : ai-je atteint le but que je me suis proposé? le public jugera.

PRÉLIMINAIRES

DU

COURS DE THÈMES.

DE LA PRONONCIATION.

La prononciation espagnole est toute simple ; point de lettres muettes, point de doubles consonnes (si ce n'est l'*r*, le *c* et l'*n*, qui se doublent dans les cas que nous verrons ci-après).

Les Espagnols n'ont ni le *k*, ni le *ph*, ni le *th*, ni le *ps*, ni le *pt* ; leur orthographe est donc très-simple.

Un grand nombre de mots espagnols se terminent par une voyelle ; dans ce cas, la voyelle finale doit être prononcée très-légèrement, mais très-distinctement, parce que cette voyelle caractérise très-souvent le genre ou le nombre. Si pourtant la voyelle finale portait un accent aigu, on devrait y appuyer la voix, car, dans ce cas, la voyelle serait longue.

Lorsque deux voyelles, dont l'une finale d'un mot, et l'autre commençant le mot suivant, se rencontrent, on en élide une. Exemple : *La amiga ha venido*, l'amie est venue. — Prononcez *l'amig' ha venido*; mais écrivez *la amiga ha venido*, parce que les Espagnols n'ont pas d'apostrophe.

DE L'ALPHABET.

L'alphabet espagnol a vingt-six lettres, cinq voyelles, vingt consonnes, et l'*y*, qui est tantôt voyelle, tantôt consonne.

L'*y* est voyelle à la fin d'une syllabe, comme dans les mots *soy*, je suis ; *voy*, je vais ; il est consonne au commencement d'une syllabe, comme dans les mots *sayo*, mante ; *mayo*, mai, etc. L'*y* ne s'écrit jamais au milieu d'un mot comme voyelle ; ainsi on n'écrira plus *frayle*, moine ; *bayle*, bal ; mais *fraile, baile* (1).

Les voyelles espagnoles sont : *a, e, i, o, u*.

Ces voyelles sonnent toujours *a, é, i, o, ou* : ce son est toujours invariable.

Les consonnes espagnoles sont : *b, c, d, f, g, h, j, l, ll, m, n, ñ, p, q, r, s, t, v, x, y, z*.

Le *b*, le *d*, l'*f*, l'*l*, l'*m*, l'*n*, le *p*, le *q*, le *v* et l'*x*, ont la même articulation qu'en français ; seulement ces lettres ne sont jamais muettes et ne se doublent jamais, si ce n'est l'*n* dans les mots *ennoblecer*, ennoblir ; *ennegrecer*, noircir ; et leurs dérivés.

Le *c*, le *g*, l'*h*, le *j*, les deux *ll*, l'*ñ*, l'*r*, l'*s*, le *t* et le *z* diffèrent des mêmes consonnes françaises. Voici, au reste, leur articulation propre en espagnol.

Le *c* sonne comme en français devant *a, o, u*. Exemple : *ca, co, cu*, prononcez *ka, ko, kou*.

Le *c* devant un *e* et devant un *i* ne peut être prononcé qu'en mettant la langue entre les dents.

Les Espagnols doublent le *c* dans les mots *acceso*,

---

(1) L'*i* latin ne s'écrit pas non plus à la fin d'un mot.

accès ; *accidente*, accident ; et dans tous leurs dérivés. Le *c* se double aussi dans tous les mots qui se trouvent avoir *ct* en français ; tels que *faction*, *action*, etc., qui s'écrivent en espagnol *faccion, accion*, etc. Le *c* ne se double jamais qu'entre deux voyelles.

Le *g* s'articule comme en français devant les voyelles *a, o, u*. Exemple : *ga, go, gu*, prononcez *ga, go, gou*.

Le *g* devant un *e* et devant un *i* s'articule comme une *h* aspirée. Exemple : *ge, gi*, prononcez *hé, hi* (1).

L'*h* est toujours muette en espagnol. Exemple : *hombre*, homme ; *hago*, je fais ; prononcez *ombré, ago*.

L'*j* sonne comme une *h* aspirée devant toutes les voyelles ; mais on l'écrit rarement devant l'*e* ou devant l'*i*. Exemple : *jabon*, savon ; *jesuita*, jésuite ; *joroba*, bosse ; *jubon*, veste de femme ; prononcez *habon, hésuita, horoba, houbon*, en aspirant fortement l'*h*.

Le *ll* n'est pas un *l* double, mais un caractère espagnol appelé *eillé*, qui a le même son que l'*l* mouillé français. Exemple : *batallon*, bataillon ; *batalla*, bataille ; prononcez : *bataillon, batailla*. L'*ll* ne se divise jamais à la fin d'une ligne dans la langue espagnole ; divisez *ca-lle* et non *cal-le*.

Le *ñ* répond au *gn* français et se prononce de même. Exemple : *paño*, drap ; *año*, année ; *caña*, roseau ; prononcez *pagno, agno, cagna*.

L'*r* a deux sons, l'un dur, l'autre suave. L'*r* a le son dur, ou, pour mieux dire, déchirant, toutes les fois qu'il se trouve au commencement d'un mot ou après une consonne. Exemple : *rata*, rat ; *rabo*, queue ; *franco*, franc ; *breve*, bref, etc. ; prononcez *rata, rabo, franco, brevé*.

L'*r* a le son suave toutes les fois qu'il est simple et

---

(1) Aspirez l'*h* comme dans le mot *hâter*.

entre deux voyelles. Exemple : *caro*, cher ; *pero*, mais, *para*, pour. Quelquefois on a besoin en espagnol du son dur de l'*r* entre deux voyelles, alors on le met double. Exemple : *carro*, charrette ; *perro*, chien ; *parra*, treille ; prononcez en faisant sonner fortement les deux *r*, car le son dur de l'*r* est ici caractéristique, comme on peut le voir par la signification des exemples ci-dessus.

L'*s* ne se double jamais en espagnol, mais il sonne toujours comme un s double. Exemple : *caso*, cas ; *casa*, maison ; *cosa*, chose ; prononcez *casso*, *cassa*, *cossa*.

Le *t* ne sonne jamais comme une s en espagnol : il a toujours le son dental qu'il a en français dans les mots *tabac*, *tortue*, etc. Exemple : *tomate*, pomme d'amour ; *tocino*, lard ; *teja*, tuile ; prononcez *tomaté*, *tocino*, *teja*. Le *t* ne se double jamais.

Le *v* doit se prononcer exactement comme en français, quoique la plupart des Espagnols le confondent avec le *b*; cela tient à ce que la plupart des Espagnols ne savent pas leur orthographe. (Acad.)

L'*x*, selon l'Académie espagnole, doit se prononcer aujourd'hui exactement comme en français : seulement on ne l'écrit jamais devant une consonne en espagnol ; ainsi les mots qui anciennement s'écrivaient *experto*, expert ; *experiencia*, expérience ; *extraordinario*, extraordinaire, etc., s'écrivent aujourd'hui *esperto*, *esperiencia*, *estraordinario*.

Le *z* se prononce devant toutes les voyelles en mettant la langue entre les dents. On l'écrit rarement devant *e* ou devant *i*.

Le *ch* se prononce toujours comme *tch*. Exemple : *chaleco*, gilet ; *chaqueta*, veste ; prononcez *tchaleco*, *tchaquéta*.

Le *gn* fait toujours deux syllabes en espagnol et se prononce toujours séparément. Les mots *digno*, digne ; *significa*, signifie ; prononcez *dig-no*, *sig-ni-fi-ca*.

Les syllabes *qui*, *que*, *gue*, *gui*, se prononcent en espagnol *ki*, *ké*, *ghé*, *ghi*.

Les syllabes *ua*, *uo* ne doivent jamais être précédées d'un *q*, mais toujours d'un *c*. (Acad.) Ainsi écrivez : *cuando*, quand ; *cuanto*, combien ; *cuota*, quote, et non *quando*, *quanto*, *quota*.

Güe sonne *gou-é*. Exemple : *vergüenza*, honte ; prononcez *ver-gou-én-za*.

Toutes les lettres de l'alphabet espagnol appartiennent au genre féminin.

DE LA PROSODIE. — SIGNES PROSODIQUES. — PONCTUATION.

La prosodie est l'ensemble des règles musicales qui nous enseignent l'intonation et la mesure que demande l'émission des voyelles d'une langue.

Tous les mots espagnols sont *agudos*, *llanos*, ou *esdrújulos* (1).

On appelle *agudos* les mots qui portent l'accent sur la dernière voyelle ; *llanos*, ceux qui portent l'accent sur l'avant-dernière voyelle, et *esdrújulos* ou glissants, ceux qui portent l'accent sur l'antépénultième voyelle. Exemple : les mots *pavo*, dindon, *loco*, fou, *feo*, laid, sont *llanos*. Les mots *partir*, casser, *salir*, sortir, *fiel*, fidèle, sont *agudos*. Les mots *enfático*, emphatique, *lógico*, logique, *párrafo*, paraphe, sont *esdrújulos*.

Voici les règles pour reconnaître ces trois différentes espèces de mots de la langue espagnole.

PREMIÈRE RÈGLE.

Tous les mots espagnols qui ont un accent aigu

---

(1) Glissants.

sur la dernière voyelle ; tous ceux qui, n'étant pas des verbes et dont aucune voyelle ne porte un accent aigu, sont terminés par une consonne, le présent de l'infinitif de tous les verbes et la seconde personne plurielle de tous les impératifs sont *agudos*, c'est-à-dire ont la dernière voyelle longue. Exemple : *Amó*, il aima ; — *tahali*, baudrier ; — *matar*, tuer ; — *pantalon*, pantalon ; — *amad*, aimez ; = prononcez : *amoo, tahalii, mataar, pantaloon, amaad*.

DEUXIÈME RÈGLE.

Tous les mots qui, n'étant pas des verbes et n'ayant aucune voyelle surmontée de l'accent aigu, se terminent par une voyelle ; — toutes les personnes du présent de l'indicatif et des participes de tous les verbes ; — toutes les personnes du présent du subjonctif ; — les trois personnes du singulier et la troisième du pluriel de l'imparfait de l'indicatif, du conditionnel, de l'imparfait et du futur du subjonctif ; — la deuxième personne du singulier, la première et la troisième du pluriel du prétérit défini de tous les verbes espagnols, sont des mots *llanos*, c'est-à-dire ont l'avant-dernière voyelle longue. Exemple : *como*, je mange ; — *comes*, tu manges ; — *come*, il mange ; — *comen*, ils mangent ; — *comido*, mangé ; — *comiendo*, mangeant ; — *coma*, que je mange ; — *comas*, que tu manges ; — *coma*, qu'il mange ; — *coman*, qu'ils mangent ; — *comia*, je mangeais ; — *comias*, tu mangeais ; — *comia*, il mangeait ; — *comian*, ils mangeaient ; — *comiera*, que je mangeasse ; — *comieras*, que tu mangeasses ; — *comiera*, qu'il mangeât ; — *comieran*, qu'ils mangeassent ; — *come*, mange ; — *coma*, qu'il mange ; — *comamos*, mangeons ; — *coman*, qu'ils mangent ; *comiste*, tu mangeas ; = prononcez : *coomo, coomes, coome, coomen, comiido, comieendo, cooma, coomas, cooma, cooman, comiia, comiias, comiia, comiian, comieera*, *comieeras*, *comieera*, *comieeran*, *coome*, *cooma*, *comaamos*, *cooman*, *comiiste*.

TROISIÈME RÈGLE.

Tout mot qui porte un accent sur l'antépénultième voyelle, — la première et la deuxième personne de l'imparfait de l'indicatif et du subjonctif, — la première et la deuxième personne du pluriel du conditionnel et du futur du subjonctif, ainsi que la deuxième personne du pluriel du prétérit défini, sont *esdrujulos*, c'est-à-dire portent l'accent tonique sur l'antépénultième voyelle. Exemple : *cólico*, colique ; — *amabamos*, nous aimions ; — *amabais*, vous aimiez ; — *amaramos*, que nous aimassions ; — *amarais*, que vous aimassiez ; — *amariamos*, nous aimerions ; — *amariais*, vous aimeriez ; — *amaremos*, quand même nous aimerons ; — *amareis*, quand même vous aimerez ; = prononcez : *coolico*, *amaabamos*, *amaabais*, *amaaramos*, *amaarais*, *amariiais*, *amaaremos*, *amaareis*.

REMARQUE. — Tout mot *agudo* demande que la dernière voyelle soit prononcée d'un ton de voix plus élevé que les autres, et dans un temps plus long. Il en est de même de la pénultième voyelle des mots *llanos* et de l'antépénultième des mots *esdrujulos*.

DES DIPHTHONGUES ET DES TRIPHTHONGUES.

En espagnol, il y a diphthongue toutes les fois que deux voyelles, dont aucune n'est longue, se rencontrent. Exemple : *pera y pan* ; l'*a* final de *pera* et l'*y* qui le suit forment la diphthongue *ay* ; prononcez : *peray-pan*.

Il y a triphthongue toutes les fois que trois voyelles se suivent, pourvu qu'aucune d'elles ne soit longue.

Exemple : *valiente é ingrato*. L'*é* final de *valiente*, l'*é* conjonction et l'*i* qui commence *ingrato* forment la triphthongue *eéi*.

Il y a encore diphthongue toutes les fois que deux voyelles pareilles ou différentes terminent un nom (1), pourvu qu'aucune de ces voyelles ne porte un accent aigu. Exemple : *comercio*, commerce ; *Francia*, France ; *ley*, loi, etc. ; dans ces mots, *io*, *ia*, *ey* sont des diphthongues ; ils ne le seraient pas dans les mots *comió*, il mangea ; *filosofía*, philosophie, etc.

Les diphthongues et les triphthongues espagnoles ont une valeur prosodique égale à celle d'une voyelle brève. Ainsi dans les mots *Francia*, *conciencia*, *abundancia*, *ia* vaut une voyelle brève, et le premier *a* de *Francia*, l'*e* de *conciencia* et le deuxième *a* d'*abundancia* sont longs. Ces mots doivent se scander : *Fran-cia*, *con-cien-cia*, *a-bun-dan-cia*.

Les diphthongues finales les plus usitées dans la langue espagnole sont : *ia*, *ie*, *io*, *oy*, *ua*, *ue*, *ui*, *uo*, *ey*.

Il y a encore une triphthongue finale *uey*, qui a la même valeur prosodique que les diphthongues.

Les diphthongues et triphthongues espagnoles ne le sont que par rapport à la prosodie ; les voyelles conservent toujours leur son respectif.

SIGNES PROSODIQUES. PONCTUATION.

Les Espagnols n'ont que deux signes prosodiques, l'accent aigu et le tréma : l'accent indique toujours une voyelle longue (2). Ainsi, les mots *murió*, il mourut, *hidrópico*, hydropique, doivent se prononcer

---

(1) *io* et *ia* sont aussi diphthongues lorsqu'ils terminent un verbe, pourvu qu'aucune de ces voyelles ne soit surmontée d'un accent aigu ; *ia* n'est pas diphthongue dans les verbes.

(2) Moins sur les conjonctions *á*, *ó*, *ú*, et sur la préposition *á* où l'accent n'a aucune valeur prosodique.

murioo, *hidroopico*. Le tréma a les mêmes usages qu'en français.

Les signes de la ponctuation sont : le point (.), les deux points (:), le point-virgule (;), la virgule (,), le tiret (—), les points de suspension (.....), le point d'interrogation (¿ ?), le point d'exclamation (¡ !).

Ces signes ont la même valeur et les mêmes usages qu'en français. Il faut pourtant remarquer, 1° que toute phrase interrogative espagnole demande un point d'interrogation renversé au commencement et un naturel à la fin. Exemple : Que veux-tu ? ¿ Qué quieres ? — 2° que toute phrase exclamative espagnole demande deux points d'exclamation, un renversé au commencement et un naturel à la fin. Exemple : Est-il possible ! ¡ Es posible !

DES VERBES HABER Y TENER (avoir).

Les Espagnols ont deux verbes pour le verbe *avoir* français : l'un, *haber*, pour traduire *avoir*, auxiliaire ; l'autre, *tener*, pour traduire *avoir*, actif. Ainsi toutes les fois qu'on aura le verbe *avoir* à traduire, s'il a un régime direct, on le traduira par *tener*; on le traduira par *haber*, lorsqu'il formera le temps composé d'un verbe quelconque. Exemple : J'ai *vécu*, he *vivido*. J'ai *du pain*, tengo *pan*.

Les Français n'emploient le verbe *avoir* comme auxiliaire que pour les verbes actifs. *Haber* est l'auxiliaire de tous les verbes espagnols quels qu'ils soient.

TRADUCTION DU VERBE AVOIR.

Actif.	Auxiliaire.
TENGO *hambre*, j'ai faim.	He *dado*, j'ai donné.

Conjugaison des verbes HABER *et* TENER (*avoir*).

Infinitif présent.

Haber, Tener, Avoir.

Participe présent.

Habiendo, Teniendo, Ayant.

Participe passé ou passif.

Habido, Tenido, Eu.

Indicatif présent. Singulier.

He,	Tengo,	J'ai.
Has,	Tienes,	Tu as.
Ha,	Tiene,	Il a.

Pluriel.

Hemos,	Tenemos,	Nous avons.
Habeis,	Teneis,	Vous avez.
Han,	Tienen,	Ils ont.

Imparfait. Singulier.

Habia,	Tenia,	J'avais.
Habias,	Tenias,	Tu avais.
Habia,	Tenia,	Il avait.

Pluriel.

Habiamos,	Teniamos,	Nous avions.
Habiais,	Teniais,	Vous aviez.
Habian,	Tenian,	Ils avaient.

Prétérit défini. Singulier.

Hube,	Tuve,	J'eus.
Hubiste,	Tuviste,	Tu eus.
Hubo,	Tuvo,	Il eut.

Pluriel.

Hubimos,	Tuvimos,	Nous eûmes.
Hubisteis,	Tuvisteis,	Vous eûtes.
Hubieron,	Tuvieron,	Ils eurent.

Prétérit indéfini. Singulier.

He habido,	He tenido,	J'ai eu.
Has habido,	Has tenido,	Tu as eu.
Ha habido,	Ha tenido,	Il a eu.

Pluriel.

Hemos habido,	Hemos tenido,	Nous avons eu.
Habeis habido,	Habeis tenido,	Vous avez eu.
Han habido,	Han tenido,	Ils ont eu.

Plus-que-parfait. Singulier.

Habia habido,	Habia tenido,	J'avais eu.
Habias habido,	Habias tenido,	Tu avais eu.
Habia habido,	Habia tenido,	Il avait eu.

Pluriel.

Habiamos habido,	Habiamos tenido,	Nous avions eu.
Habiais habido,	Habiais tenido,	Vous aviez eu.
Habian habido,	Habian tenido,	Ils avaient eu.

Futur simple. Singulier.

Habré,	Tendré,	J'aurai.
Habrás,	Tendrás,	Tu auras.
Habrá,	Tendrá,	Il aura.

Pluriel.

Habrémos,	Tendrémos,	Nous aurons.
Habréis,	Tendréis,	Vous aurez.
Habrán,	Tendrán,	Ils auront.

Futur composé. Singulier.

Habré habido,	Habré tenido,	J'aurai eu.
Habrás habido,	Habrás tenido,	Tu auras eu.
Habrá habido,	Habrán tenido,	Il aura eu.

Pluriel.

Habrémos habido,	Habrémos tenido,	Nous aurons eu.
Habréis habido,	Habréis tenido,	Vous aurez eu.
Habrán habido,	Habrán tenido,	Ils auront eu.

Mode conditionnel simple. Singulier.

Habria,	Tendria,	J'aurais.
Habrias,	Tendrias,	Tu aurais.
Habria,	Tendria,	Il aurait.

Pluriel.

Habriamos,	Tendriamos,	Nous aurions.
Habriais,	Tendriais,	Vous auriez.
Habrian,	Tendrian,	Ils auraient.

Mode conditionnel composé. Singulier.

Habria habido,	Habria tenido,	J'aurais eu.
Habrias habido,	Habrias tenido,	Tu aurais eu.
Habria habido,	Habria tenido,	Il aurait eu.

Pluriel.

Habriamos habido,	Habriamos tenido,	Nous aurions eu.
Habriais habido,	Habriais tenido,	Vous auriez eu.
Habrian habido,	Habrian tenido,	Ils auraient eu.

Mode impératif. Singulier.

Ha tú,	Ten tú,	Aie.
Haya él,	Tenga él,	Qu'il ait.

Pluriel.

Hayamos,	Tengamos,	Ayons.
Habed,	Tened,	Ayez.
Hayan,	Tengan,	Qu'ils aient.

Mode subjonctif présent. Singulier.

Haya,	Tenga,	Que j'aie.
Hayas,	Tengas,	Que tu aies.
Haya,	Tenga,	Qu'il ait.

Pluriel.

Hayamos,	Tengamos,	Que nous ayons.
Hayais,	Tengais,	Que vous ayez.
Hayan,	Tengan,	Qu'ils aient.

Imparfait.

Hubiera, ese,	Tuviera, ese,	Que j'eusse.
Hubieras, eses,	Tuvieras, eses,	Que tu eusses.
Hubiera, ese,	Tuviera, ese,	Qu'il eût.

Pluriel.

Hubieramos, esemos,	Tuvieramos, esemos,	Que nous eussions.
Hubierais, eseis,	Tuvierais, eseis,	Que vous eussiez.
Hubieran, esen,	Tuvieran, esen,	Qu'ils eussent.

Remarque sur l'Imparfait du Subjonctif.

Ce temps a deux terminaisons dans tous les verbes espagnols, *ara*, *ase*, pour les verbes de la première conjugaison (Voyez première conjugaison, ci-après), et *iera*, *iese*, pour ceux de la deuxième et de la troisième (Voir deuxième et troisième conjugaisons, ci-après).

Beaucoup de grammairiens ont cru voir un temps différent dans chacune de ces terminaisons : c'est une erreur ; le prétendu conditionnel du subjonctif n'existe pas ; ces terminaisons ne servent qu'à varier l'harmonie de la langue espagnole. (ACAD.)

Parfait. Singulier.

Haya habido,	Haya tenido,	Que j'aie eu.
Hayas habido,	Hayas tenido,	Que tu aies eu.
Haya habido,	Haya tenido,	Qu'il ait eu.

Pluriel.

Hayamos habido,	Hayamos tenido,	Que nous ayons eu.
Hayais habido,	Hayais tenido,	Que vous ayez eu.
Hayan habido,	Hayan tenido,	Qu'ils aient eu.

Plus-que-parfait. Singulier.

Hubiera, ese, habido,	Hubiera, ese, tenido,	J'eusse eu.
Hubieras, eses, habido,	Hubieras, eses, tenido,	Tu eusses eu.
Hubiera, ese, habido,	Hubiera, ese, tenido,	Il eût eu.

Pluriel.

Hubieramos, esemos, habido,	Hubieramos, esemos, tenido,	Nous eussions eu.
Hubierais, eseis, habido,	Hubierais, eseis, tenido,	Vous eussiez eu.
Hubieran, esen, habido,	Hubieran, esen, tenido,	Ils eussent eu.

Futur simple. Singulier.

Hubiere,	Tuviere,	J'aurai.
Hubieres,	Tuvieres,	Tu auras.
Hubiere,	Tuviere.	Il aura.

Pluriel.

Hubieremos,	Tuvieremos,	Nous aurons.
Hubiereis,	Tuviereis,	Vous aurez.
Hubieren,	Tuvieren,	Ils auront.

Futur composé. Singulier.

Hubiere habido,	Hubiere tenido,	J'aurai eu.
Hubieres habido,	Hubieres tenido,	Tu auras eu.
Hubiere habido,	Hubiere tenido,	Il aura eu.

Pluriel.

Hubieremos habido,	Hubieremos tenido,	Nous aurons eu.
Hubiereis habido,	Hubiereis tenido,	Vous aurez eu.
Hubieren habido,	Hubieren tenido,	Ils auront eu.

DES VERBES SER y ESTAR (être).

Les Espagnols ont deux verbes pour traduire le verbe être (ser y estar).

Toutes les fois que le verbe être, français, peut se

tourner par *se trouver*, on doit le traduire en espagnol par *estar*. Dans tous les autres cas, le verbe *être* se traduit par *ser*. Exemple : *Être malade*, c'est-à-dire *se trouver, se sentir malade*, estar malo; — *Être méchant*, ser malo; — *Être bien portant, se trouver, se sentir bien portant*, estar bueno ; — *Être bon*, ser bueno.

Le verbe *ser* est exclusivement employé en espagnol pour la formation de tous les verbes passifs. Voici la conjugaison des verbes *ser* y *estar*.

Conjugaison des verbes SER y ESTAR (*être*).

Infinitif présent.

Ser,　　　　　　Estar,　　　　　　Être.

Participe présent.

Siendo,　　　　　Estando,　　　　　Étant.

Participe passé.

Sido,　　　　　　Estado,　　　　　　Été.

Indicatif présent. Singulier.

Soy,　　　　　　Estoy,　　　　　　Je suis.
Eres,　　　　　　Estas,　　　　　　Tu es.
Es,　　　　　　　Está,　　　　　　　Il est.

Pluriel.

Somos,　　　　　Estamos,　　　　　Nous sommes.
Sois,　　　　　　Estais,　　　　　　Vous êtes.
Son,　　　　　　Estan,　　　　　　Ils sont.

Imparfait. Singulier.

Era,　　　　　　Estaba,　　　　　　J'étais.
Eras,　　　　　　Estabas,　　　　　Tu étais.
Era,　　　　　　Estaba,　　　　　　Il était.

Pluriel.

Eramos,	Estabamos,	*Nous étions.*
Erais,	Estabais,	*Vous étiez.*
Eran,	Estaban,	*Ils étaient.*

Prétérit défini. Singulier.

Fui,	Estuve,	*Je fus.*
Fuiste,	Estuviste,	*Tu fus.*
Fué,	Estuvo,	*Il fut.*

Pluriel.

Fuimos,	Estuvimos,	*Nous fûmes.*
Fuisteis,	Estuvisteis,	*Vous fûtes.*
Fuéron,	Estuvieron,	*Ils furent.*

Prétérit indéfini. Singulier.

He sido,	He estado,	*J'ai été.*
Has sido,	Has estado,	*Tu as été.*
Ha sido,	Ha estado,	*Il a été.*

Pluriel.

Hemos sido,	Hemos estado,	*Nous avons été.*
Habeis sido,	Habeis estado,	*Vous avez été.*
Han sido,	Han estado,	*Ils ont été.*

Plus-que-parfait. Singulier.

Habia sido,	Habia estado,	*J'avais été.*
Habias sido,	Habias estado,	*Tu avais été.*
Habia sido,	Habia estado,	*Il avait été.*

Pluriel.

Habiamos sido,	Habiamos estado,	*Nous avions été.*
Habiais sido,	Habiais estado,	*Vous aviez été.*
Habian sido,	Habian estado,	*Ils avaient été.*

Futur simple. Singulier.

Seré,	Estaré,	*Je serai.*
Seras,	Estaras,	*Tu seras.*
Será,	Estará,	*Il sera.*

Pluriel.

Serémos,	Estarémos,	Nous serons.
Seréis,	Estaréis,	Vous serez.
Serán,	Estarán,	Ils seront.

Futur composé. Singulier.

Habré sido,	Habré estado,	J'aurai été.
Habrás sido,	Habrás estado,	Tu auras été.
Habrá sido,	Habrá estado,	Il aura été.

Pluriel.

Habrémos sido,	Habrémos estado,	Nous aurons été.
Habréis sido,	Habréis estado,	Vous aurez été.
Habrán sido,	Habrán estado,	Ils auront été.

Conditionnel simple. Singulier.

Seria,	Estaria,	Je serais.
Serias,	Estarias,	Tu serais.
Seria,	Estaria,	Il serait.

Pluriel.

Seriamos,	Estariamos,	Nous serions.
Seriais,	Estariais,	Vous seriez.
Serían,	Estarian,	Ils seraient.

Conditionnel composé. Singulier.

Habria sido,	Habria estado,	J'aurais été.
Habrias sido,	Habrias estado,	Tu aurais été.
Habria sido,	Habria estado,	Il aurait été.

Pluriel.

Habriamos sido,	Habriamos estado,	Nous aurions été.
Habriais sido,	Habriais estado,	Vous auriez été.
Habrian sido,	Habrian estado,	Ils auraient été.

Impératif. Singulier.

Sé,	Está,	Sois.
Sea,	Esté,	Qu'il soit.

Pluriel.

Seamos,	Estemos,	Soyons.
Sed,	Estad,	Soyez.
Sean,	Esten,	Qu'ils soient.

Subjonctif présent. Singulier.

Sea,	Esté,	Que je sois.
Seas,	Estés,	Que tu sois.
Sea,	Esté,	Qu'il soit.

Pluriel.

Seamos,	Estémos,	Que nous soyons.
Seais,	Esteis,	Que vous soyez.
Sean,	Estén,	Qu'ils soient.

Imparfait. Singulier.

Fuera, fuese,	Estuviera, ese,	Que je fusse.
Fueras, eses,	Estuvieras, eses,	Que tu fusses.
Fuera, ese,	Estuviera, ese,	Qu'il fût.

Pluriel.

Fueramos, esemos,	Estuvieramos, esemos,	Que nous fussions.
Fuerais, eseis,	Estuvierais, eseis,	Que vous fussiez.
Fueran, esen,	Estuvieran, esen,	Qu'ils fussent.

Parfait. Singulier.

Haya sido,	Haya estado,	Que j'aie été.
Hayas sido,	Hayas estado,	Que tu aies été.
Haya sido,	Haya estado,	Qu'il ait été.

Pluriel.

Hayamos sido,	Hayamos estado,	Que nous ayons été.
Hayais sido,	Hayais estado.	Que vous ayez été.
Hayan sido,	Hayan estado.	Qu'ils aient été.

Plus-que-parfait. Singulier.

Hubiera, ese, sido,	Hubiera, ese, estado,	Que j'eusse été.
Hubieras, eses, sido,	Hubieras, eses, estado,	Que tu eusses été.
Hubiera, ese, sido,	Hubiera, ese, estado,	Qu'il eût été.

Pluriel.

Hubieramos, esemos, sido,	Hubieramos, esemos, estado,	Que nous eussions été.
Hubiereis, eseis, sido,	Hubierais, eseîs, estado,	Que vous eussiez été.
Hubieran, esen, sido,	Hubieran, esen, estado,	Qu'ils eussent été.

Futur simple. Singulier.

Fuere,	Estuviere,	Quand même je serai.
Fueres,	Estuvieres,	Quand même tu seras.
Fuere,	Estuviere,	Quand même il sera.

Pluriel.

Fueremos,	Estuvieremos,	Quand même nous serons.
Fuereis,	Estuviereis,	Quand même vous serez.
Fueren,	Estuvieren,	Quand même ils seront.

Futur composé. Singulier.

Hubiere sido,	Hubiere estado,	Quand même j'aurai été.
Hubieres sido,	Hubieres estado,	Quand même tu auras été.
Hubiere sido,	Hubiere estado,	Quand même il aura été.

Pluriel.

Hubieremos sido,	Hubieremos estado,	Quand même nous aurons été.
Hubiereis sido,	Hubiereis estado,	Quand même vous aurez été.
Hubieren sido,	Hubieren estado,	Quand même ils auront été.

Remarques sur les verbes SER y ESTAR.

Le verbe *estar* doit être employé devant les adverbes : excepté les adverbes de quantité, qui admettent tantôt l'un et tantôt l'autre, d'après les règles suivantes :

1re RÈGLE. Tout adverbe de quantité suivi d'un

adjectif exprimant l'attribut du sujet, demande le verbe *ser*, les autres demandent le verbe *estar*. Exemple : *Je suis* franchement fripon, soy *francamente picaro*. — *Je suis* un peu à mon aise, estoy *un poco à mi gusto*.

2º RÈGLE. Quelques adjectifs demandent tantôt le verbe *ser*, tantôt le verbe *estar*. Ces adjectifs demandent le verbe *estar*, toutes les fois qu'ils qualifient la constitution ou la santé du sujet, et le verbe *ser* lorsqu'ils en qualifient le caractère. Exemple : *Je suis* triste, c'est-à-dire d'un caractère triste, soy *triste*. — *Je suis* triste, c'est-à-dire, dans un état de tristesse, *estoy* triste.

CONJUGAISON DES VERBES RÉGULIERS.

Tous les verbes espagnols dont le présent de l'infinitif est terminé en *ar* appartiennent à la première conjugaison. Pour qu'un verbe soit régulier dans cette conjugaison, il faut que les terminaisons de ses divers temps et de ses différentes personnes soient exactement les mêmes que celles du verbe modèle ci-dessous. Il faut aussi que sa racine, c'est-à-dire toutes les lettres de l'infinitif, moins *ar*, se trouvent dans tous les temps et à toutes les personnes, sans la moindre altération. Voici le verbe modèle pour la première conjugaison.

PREMIÈRE CONJUGAISON. AR.

Mode infinitif. — Présent.

Am AR,   Aim *er*.

Participe présent.

Am ANDO.   Aim *ant*.

Participe passé.

ESPAGNOL.	FRANÇAIS.
Am ado.	Aim é.

Mode indicatif. — Présent.

Singulier.		Pluriel.	
ESPAGNOL.	FRANÇAIS.	ESPAGNOL.	FRANÇAIS.
Am o,	(¹)Aim e.	Am a mos,	Aim ons.
Am a s,	Aim e s.	Am a is,	Aim e z.
Am a,	Aim e.	Am a n,	Aim e nt.

Imparfait.

Singulier.		Pluriel.	
ESPAGNOL.	FRANÇAIS.	ESPAGNOL.	FRANÇAIS.
Am aba,	Aim ai s.	Am aba mos,	Aim i ons.
Am aba s,	Aim ai s.	Am aba is,	Aim ie z.
Am abà,	Aim ai t.	Am aba n,	Aim aie nt.

Prétérit défini.

Singulier.		Pluriel.	
ESPAGNOL.	FRANÇAIS.	ESPAGNOL.	FRANÇAIS.
Am é,	Aim ai.	Am a mos,	Aim â mes.
Am aste,	Aim as.	Am aste is,	Aim â tes.
Am ó,	Aim a.	Am aro n,	Aim ère nt.

Prétérit indéfini.

Formation. — Ce temps est formé dans tous les verbes espagnols, *réguliers* ou non, du présent de l'indicatif du verbe *haber*, et du *participe passé* du verbe que l'on conjugue. Les élèves doivent le former.

---

(1) On a retranché les pronoms *je, tu, il, nous, vous, ils*, pour faciliter la justification typographique.

Plus-que-parfait.

Ce temps est formé dans tous les verbes espagnols, *réguliers* ou non, de l'imparfait de l'indicatif du verbe *haber*, et du *participe passé* du verbe à conjuguer.

Futur simple.

Singulier.

ESPAGNOL.	FRANÇAIS.
Am *aré*,	Aim *erai*.
Am *arás*,	Aim *eras*.
Am *ará*,	Aim *era*.

Pluriel.

ESPAGNOL.	FRANÇAIS.
Am *aré* MOS,	Aim *er* ONS.
Am *aré* IS,	Aim *ere* Z.
Am *arán*,	Aim *ero* NT.

Futur composé.

Tous les verbes espagnols ont leur futur composé formé du futur simple du verbe *haber*, et du participe passé du verbe que l'on conjugue.

Conditionnel simple.

Singulier.

ESPAGNOL.	FRANÇAIS.
Am *aria*,	Aim *erais*.
Am *arias*,	Aim *erais*.
Am *aria*,	Aim *erait*.

Pluriel.

ESPAGNOL.	FRANÇAIS.
Am *aria* MOS,	Aim *eri* ONS.
Am *aria* IS,	Aim *eri* EZ.
Am *arian*,	Aim *eraie* NT.

Conditionnel composé.

Dans tous les verbes espagnols, sans exception, on forme ce temps avec le conditionnel simple du verbe HABER, et le participe passé du verbe à conjuguer.

Mode impératif.

Singulier.

ESPAGNOL.	FRANÇAIS.
Am *a*,	Aim *e*.
Am *e*,	Qu'il aim *e*.

Pluriel.

ESPAGNOL.	FRANÇAIS.
Am *e* MOS,	Aim ONS.
Am *ad*,	Aim *ez*.
Am *en*,	Qu'ils aim *ent*.

Mode subjonctif. — Présent.

Singulier.

ESPAGNOL.	FRANÇAIS.
Am *e*,	Que j'aim *e*.
Am *e s*,	Que tu aim *e s*.
Am *e*,	Qu'il aim *e*.

Pluriel.

ESPAGNOL.	FRANÇAIS.
Am *e* mos,	Que n. aim *i* ons.
Am *e* is,	Que v. aim *ie* z.
Am *e* n,	Qu'ils aim *e* nt.

Imparfait.

Singulier.

ESPAGNOL.	FRANÇAIS.
Am *ara*,	Que j'aim *asse*.
Am *ara* s,	Que t. aim *asse* s.
Am *ara*,	Qu'il aim *à* t.

Pluriel.

ESPAGNOL.	FRANÇAIS.
Am *ara* mos,	Q. n. aim *assi* ons.
Am *ara* is,	Q. v. aim *assie* z.
Am *ara* n,	Q. aim *asse* nt.

Parfait.

Ce temps se forme, dans tous les verbes espagnols, du présent du subjonctif du verbe HABER, et du participe passé du verbe que l'on conjugue.

Plus-que-parfait.

Dans tous les verbes espagnols ce temps est formé de l'imparfait du subjonctif du verbe HABER, et de leur participe passé.

Futur simple.

Singulier.

ESPAGNOL.	FRANÇAIS.
Am *are*,	Aim *erai*.
Am *are* s,	Aim *era* s.
Am *are*,	Aim *era*.

Pluriel.

ESPAGNOL.	FRANÇAIS.
Am *are* mos,	Aim *er* ons.
Am *are* is,	Aim *ere* z.
Am *are* n,	Aim *ero* nt.

Futur composé.

Ce temps se forme, dans tous les verbes espagnols,

du futur simple du subjonctif du verbe HABER, auxiliaire unique dans la langue espagnole, et du participe passé du verbe que l'on conjugue.

REMARQUES

Sur les verbes réguliers de la première conjugaison.

1re REMARQUE. Les verbes de cette conjugaison, terminés en *car* au présent de l'infinitif, changent le *c* de *car* en *qu* à la première personne du singulier du prétérit défini de l'indicatif, à la troisième du singulier et du pluriel de l'impératif, et à toutes celles du présent du subjonctif. Ainsi écrivez :

Busqué, je cherchai. — *Toqué*, je touchai. — *Toque*, qu'il touche. — *Casquemos*, que nous croquions. — *Saquen*, qu'ils sortent. — *Masquen*, qu'ils mâchent, et non *buscé*, *tocé*, etc.

2e REMARQUE. — Les verbes de cette conjugaison, terminés en *gar* au présent de l'infinitif, prennent un *u* après le *g* aux mêmes temps et personnes que les verbes en *car* changent le *c* en *qu*. Exemple : *Segué*, je fauchai, et non *segé*.

Les modifications indiquées dans ces remarques, n'ayant lieu que par rapport à l'euphonie, n'empêchent pas les verbes qui en sont l'objet d'être très-réguliers.

DEUXIÈME CONJUGAISON RÉGULIÈRE.

Tous les verbes espagnols dont le présent de l'infinitif se termine en *er*, et dont la racine est la même sans modification aucune, dans tous ses modes, dans tous ses temps et dans toutes ses personnes, appartiennent à la deuxième conjugaison. Les verbes de la

2me conjugaison doivent être conjugués comme le modèle qui suit.

Infinitif, présent.

ESPAGNOL.
Com *er*,

FRANÇAIS.
Mang *er*.

Participe présent.

Com *iendo*,

Mang *eant*.

Participe passé.

Com *ido*,

Mang *é*.

Indicatif, présent.

Singulier.   Pluriel.

ESPAGNOL.	FRANÇAIS.	ESPAGNOL.	FRANÇAIS.
Com *o*,	Mang *e*.	Com *e* MOS,	Mang *e* ONS.
Com *e* s,	Mang *e* s.	Com *e* IS,	Mang *e* z.
Com *e*,	Mang *e*.	Com *e* N,	Mang *e* NT.

Imparfait.

Singulier.   Pluriel.

ESPAGNOL.	FRANÇAIS.	ESPAGNOL.	FRANÇAIS.
Com *ia*,	Mange *ai* s.	Com *ia* MOS,	Mang *i* ONS.
Com *ia* s,	Mange *ai* s.	Com *ia* IS,	Mang *ie* z.
Com *ia*,	Mange *ai* T.	Com *ia* N,	Mang *eaie* NT.

Prétérit défini.

Singulier.   Pluriel.

ESPAGNOL.	FRANÇAIS.	ESPAGNOL.	FRANÇAIS.
Com *í*,	Mang *eai*.	Com *i* MOS,	Mang *eâ* MES.
Com *iste*,	Mang *eas*.	Com *iste* IS,	Mang *eâ* tes.
Com *ió*,	Mang *ea*.	Com *iero* N,	Mang *ère* NT.

2

Prétérit indéfini.

Formation des temps composés.

La formation des temps composés de tous les verbes ayant été indiquée dans la première conjugaison, nous y renvoyons nos lecteurs; nous ne donnerons donc plus aucun temps composé.

Futur simple.

Singulier.   *Pluriel.*

ESPAGNOL.	FRANÇAIS.	ESPAGNOL.	FRANÇAIS.
Com eré,	Mang erai.	Com eré mos,	Mang er ons.
Com erá s	Mang era s.	Com eré is,	Mang ere z.
Com erá,	Mang era.	Com era n,	Mang ero nt.

Conditionnel simple.

Singulier.   *Pluriel.*

ESPAGNOL.	FRANÇAIS.	ESPAGNOL.	FRANÇAIS.
Com eria,	Mang erai s.	Com eria mos,	Mang eri ons.
Com eria s,	Mang erai s.	Com eria is,	Mang erie z.
Com eria,	Mang erai t.	Com eria n,	Mang eraie nt.

Impératif.

Singulier.   *Pluriel.*

ESPAGNOL.	FRANÇAIS.	ESPAGNOL.	FRANÇAIS.
		Com a mos,	Mang e ons.
Com e,	Mang e.	Com e d,	Mang e z.
Com a,	Qu'il mang e.	Com a n,	Qu'ils mang e nt.

Mode subjonctif. Présent.

Singulier.   *Pluriel.*

ESPAGNOL.	FRANÇAIS.	ESPAGNOL.	FRANÇAIS.
Com a,	Mang e.	Com a mos,	Mang i ons.
Com a s,	Mang es.	Com a is,	Mang ie z.
Com a,	Mang e.	Com a n,	Mang e nt.

Imparfait.

Singulier.

ESPAGNOL.	FRANÇAIS.
Com *iera*,	Mang *easse*.
Com *ieras*,	Mang *easse* s.
Com *iera*,	Mang *ed* T.

Pluriel.

ESPAGNOL.	FRANÇAIS.
Com *iera* MOS,	Mang *eassi* ONS.
Com *iera* IS,	Mang *eassie* z.
Com *iera* N,	Mang *easse* NT.

Futur simple.

Singulier.

ESPAGNOL.	FRANÇAIS.
Com *iere*,	Mang *erai*.
Com *iere* s,	Mang *eras*,
Com *iere*,	Mang *era*.

Pluriel.

ESPAGNOL.	FRANÇAIS.
Com *iere* MOS,	Mang *er* ONS.
Com *iere* IS,	Mang *ere* z.
Com *iere* N,	Mang *ero* NT.

REMARQUES

Sur les verbes de la deuxième conjugaison.

1re REMARQUE. — Tous les verbes espagnols, même les réguliers, dont le présent de l'infinitif se termine en *cer*, changent le *c* radical en *z*, à la première personne du singulier du présent de l'indicatif, à la troisième du pluriel et du singulier de l'impératif et à toutes les personnes du présent du subjonctif. Exemples : *Mecer*, bercer ; — *mezo*, je berce ; — *meza*, qu'il berce ; — *mezan*, qu'ils bercent ; — *meza*, que je berce ; — *mezas*, que tu berces ; — *meza*, qu'il berce ; — *mezamos*, que nous bercions ; — *mezais*, que vous berciez ; — *mezan*, qu'ils bercent.

2e REMARQUE. — Tous les verbes dont le présent de l'infinitif se termine en *ger* changent le *g* en *j* aux mêmes temps et aux mêmes personnes indiquées dans la remarque précédente.

3e REMARQUE. — Les verbes qui au présent de l'infinitif se terminent en *eer*, changent l'*i* de leur terminaison en *y* au participe présent, à la troisième personne du singulier et du pluriel du prétérit défini, et à toutes les personnes de l'imparfait et du futur du subjonctif, si l'*i* est suivi d'une voyelle quelconque. Exemple : *Poseer*, posséder ; — *poseyo*, il posséda ; — *poseyeron*, ils possédèrent ; — *poseyera*, que je possédasse ; — *poseyeras*, que tu possédasses ; — *poseyera*, qu'il possédât ; — *poseyeramos*, que nous possédassions ; — *poseyerais*, que vous possédassiez ; — *poseyeran*, qu'ils possédassent. — *Poseyere*, quand même je posséderai ; — *poseyeres*, quand même tu posséderas ; — *poseyere*, quand même il possédera ; — *poseyeremos*, quand même nous posséderons ; — *poseyereis*, quand même vous posséderez ; — *poseyeren*, quand même ils posséderont ; — *poseyendo*, possédant.

4ᵉ Remarque. — Les verbes *conocer*, connaître, *parecer*, paraître, *perecer*, périr, et leurs dérivés, prennent un *z* devant leur *c* radical à la première personne du singulier du présent de l'indicatif, à la troisième du singulier et du pluriel de l'impératif, et à toutes celles du présent du subjonctif, sans pour cela cesser d'être réguliers. Exemple : *Conozco*, je connais ; — *conozca*, qu'il connaisse ; — *conozcan*, qu'ils connaissent ; — *conozca*, que je connaisse ; — *conozcas*, que tu connaisses ; — *conozca*, qu'il connaisse ; — *conozcamos*, que nous connaissions ; — *conozcais*, que vous connaissiez ; — *conozcan*, qu'ils connaissent.

TROISIÈME CONJUGAISON RÉGULIÈRE.

Les verbes espagnols de la troisième conjugaison régulière ont le présent de l'infinitif terminé en *ir*, et la racine invariable dans tous leurs modes, leurs temps et leurs personnes. La conjugaison suivante peut servir de modèle; car tout verbe, quelle que soit sa racine, si celle-ci est invariable dans ses divers modes, temps et personnes, dont le présent de l'infinitif est en *ir*, doit avoir les mêmes terminaisons que le verbe ci-dessous.

Mode infinitif. — Présent.

ESPAGNOL. FRANÇAIS.
Part *ir*, Part *ir*.

Participe présent.

Part *iendo*, Part *ant*.

Participe passé.

Part *ido*, Part *i*.

Mode indicatif. Présent.

Singulier. *Pluriel.*

ESPAGNOL.	FRANÇAIS.	ESPAGNOL.	FRANÇAIS.
Part *o*,	Je par s.	Part *i* MOS,	Nous part ONS.
Part *e* s,	Tu par s.	Part' (¹) is,	Vous part e z.
Part *e*,	Il part.	Part *e* N,	Ils part e NT.

Imparfait.

Singulier. *Pluriel.*

ESPAGNOL.	FRANÇAIS.	ESPAGNOL.	FRANÇAIS.
Part *ia*,	Je part *ai* s.,	Part *ia* MOS,	Nous part *i* ONS.
Part *ia* s,	Tu part *ai* s.	Part *ia* IS,	Vous part ie z.
Part *ia*,	Il part *ai* T.	Part *ia* N,	Ils part aie NT.

---

(1) L'apostrophe indique un *i* que l'on supprime, vu que la particule commence par un *i*.

Prétérit défini.

Singulier.		Pluriel.	
ESPAGNOL.	FRANÇAIS.	ESPAGNOL.	FRANÇAIS.
Part *í*,	Je part *i* s.	Part *i* mos,	Nous part *î* mes.
Part *iste*,	Tu part *i* s.	Part *iste* is,	Vous part *î* tes.
Part *ió*,	Il part *i* t.	Part *iero* n,	Ils part *ire* nt.

Futur simple.

Singulier.		Pluriel.	
ESPAGNOL.	FRANÇAIS.	ESPAGNOL.	FRANÇAIS.
Part *iré*,	Je part *ir*ai.	Part *iré* mos,	Nous part *ir* ons.
Part *irá* s,	Tu part *ira* s.	Part *iré* is,	Vous part *ire* z.
Part *irá*,	Il part *ira*.	Part *irá* n,	Ils part *iro* nt.

Mode conditionnel simple.

Singulier.		Pluriel.	
ESPAGNOL.	FRANÇAIS.	ESPAGNOL.	FRANÇAIS.
Part *iria*,	Je part *irais*.	Part *iria* mos,	Nous part *iri* ons.
Part *iria* s,	Tu part *ira* is.	Part *iria* is,	Vous part *irie* z.
Part *iria*,	Il part *irai* t.	Part *iria* n,	Ils part *iraie* nt.

Mode impératif.

Singulier.		Pluriel.	
ESPAGNOL.	FRANÇAIS.	ESPAGNOL.	FRANÇAIS.
Part *e*,	Par *s*.	Part *a* mos,	Part ons.
Part *a*,	Part *e*.	Part *i* d,	Part *e* z.
		Part *a* n,	Part *e* nt.

Mode subjonctif. Présent.

Singulier.		Pluriel.	
ESPAGNOL.	FRANÇAIS.	ESPAGNOL.	FRANÇAIS.
Part *a*,	Que je part *e*.	Part *a* mos,	—N. part *i* ons.
Part *a* s,	Que tu part *e* s.	Part a is,	—V. part *ie* z.
Part *a*,	Qu'il part *e*.	Part *a* n,	Qu'ils part *e* nt.

Imparfait.

Singulier.

ESPAGNOL.	FRANÇAIS.
Part *iera*,	Que je part *isse*.
Part *iera* s,	— tu part *isse* s.
Part *iera*,	Qu'il part *i* T.

Pluriel.

ESPAGNOL.	FRANÇAIS.
Part *iera* MOS,	— Part *issi* ONS.
Part *ier* IS,	— Part *issie* z.
Part *iera* N,	— Part *isse* NT.

Futur simple du subjonctif.

Singulier.

ESPAGNOL.	FRANÇAIS.
Part *iere*,	Je part *irai*.
Part *iere* s,	Tu part *ira* s.
Part *iere*,	Il part *ira*.

Pluriel.

ESPAGNOL.	FRANÇAIS.
Part *iere* MOS,	N. part *ir* ONS.
Part *iere* IS,	V. part *ire* z.
Part *iere* N,	Ils part *iro* NT.

REMARQUES

Sur les verbes de la troisième conjugaison.

1re REMARQUE. — Le verbe *delinquir*, devenir coupable, change le *qu* en *c* toutes les fois que le *qu* est immédiatement suivi d'un *a* ou d'un *o*, ce qui a lieu à la première personne du singulier du présent de l'indicatif, à la troisième du singulier et du pluriel de l'impératif, et à toutes les personnes du présent du subjonctif.

2e REMARQUE. Les verbes terminés en *uir* éprouvent, quoique réguliers, la même modification que ceux terminés en *cer*. (*Voyez* première Remarque, après la deuxième conjugaison.)

3e REMARQUE. — Dans les verbes terminés en *ear*, et qui appartiennent à la première conjugaison, *ar* seulement doit être considéré comme terminaison, l'*e* qui précède appartenant à la racine. Exemple : *Tornear*, tourner ; — *torne* racine, *ar* terminaison.

4e REMARQUE. — Les verbes espagnols des trois

conjugaisons, réguliers ou irréguliers, ont aujourd'hui toutes les deuxièmes personnes du pluriel terminées en IS. Les écrivains espagnols des onzième, douzième, treizième, quatorzième et quinzième siècles terminaient ces mêmes personnes en *des*. Ainsi,

On écrit aujourd'hui :   On écrivait jadis :

*Ama*bais, vous aimiez ;   *Ama*bades, vous aimiez.
*Ten*eis, vous avez ;   *Ten*edes, vous avez, etc.

5ᵉ REMARQUE. — Aux mêmes époques, les pronoms personnels *le, la, los, le*, doublaient le L, et au lieu d'écrire comme aujourd'hui : *comer*lo, le manger, — *amar*le, l'aimer, — *sacar*los, les sortir, — *sacar*la, la sortir, — *coger*las, les prendre; on écrivait : *come*llo, le manger, — *ama*lle, l'aimer, — *saca*llos, les sortir, — *saca*lla, la sortir, — *coge*llas, les prendre. — Remarquez qu'en doublant l'*l*, on retranche l'*r* à l'infinitif; on retranchait aussi le *d* de l'impératif, et on écrivait : *come*llo, mangez-le, — *ama*lle, aimez-le, — *saca*llos, sortez-les, — *saca*lla, sortez-la, — *coge*llas, prenez-les, — au lieu de : *comed*lo, mangez-le, — *amad*le, aimez-le, — *sacad*los, sortez-les, — *sacad*la, sortez-la, — *coged*las, prenez-les.

Tous les verbes réguliers espagnols, actifs, neutres ou réfléchis, se conjuguent d'après les trois modèles précédents.

CONJUGAISONS IRRÉGULIÈRES EN (*ar*).

Tout verbe espagnol terminé en *ar* au présent de l'infinitif, dont la racine éprouve d'autres altérations que celles indiquées dans les remarques sur les verbes réguliers, appartiennent à cette conjugaison : tel est *empedrar*, paver, qui fait *empiedra* à certains temps et à certaines personnes, etc.

COURS DE THÈMES.

L'irrégularité de la plupart des verbes irréguliers espagnols existe généralement dans les voyelles de la racine.

Les verbes dont la liste suit sont irréguliers :

Infinitif.	*Présent de l'indicatif.*
Acertar, *réussir*;	acierta, *il réussit.*
Acrecentar, *augmenter*;	acrecienta, *il augmente.*
Adestrar, *dresser*;	adiestra, *il dresse.*
Alentar, *encourager*;	alienta, *il encourage.*
Apacentar, *repaître*;	apacienta, *il repaît.*
Apretar, *serrer*;	aprieta, *il serre.*
Arrendar, *prendre à ferme*:	arrienda, *il prend à ferme.*
Asestar, *viser*;	asiesta, *il vise.*
Aterrar, *terrasser*;	atierra, *il terrasse.*
Atestar, *remplir*;	atiesta, *il remplit.*
Atravesar, *traverser*;	atraviesa, *il traverse.*
Aventar, *éventer*;	avienta, *il évente.*
Calentar, *chauffer*;	calienta, *il chauffe.*
Cegar, *aveugler*;	ciega, *il aveugle.*
Cerrar, *fermer*;	cierra, *il ferme.*
Cimentar, *cimenter*;	cimienta, *il cimente.*
Comenzar, *commencer*;	comienza, *il commence.*
Concertar, *concerter*;	concierta, *il concerte.*
Confesar, *avouer, confesser*;	confiesa, *il avoue, il confesse.*
Decentar, *entamer*;	decienta, *il entame.*
Derrengar, *éreinter*;	derrienga *il éreinte.*
Desmembrar, *démembrer*;	desmiembra, *il démembre.*
Despedrar, *épierrer*;	despiedra, *il épierre.*
Despernar, *couper les jambes*;	despierna, *il coupe les jambes.*
Despertar, *réveiller*;	despierta, *il réveille.*
Desterrar, *exiler*;	destierra, *il exile.*
Dezmar, *dîmer*;	diezma, *il dîme.*
Empedrar, *paver*;	empiedra, *il pave.*
Empezar, *commencer*;	empieza, *il commence.*
Encensar, *encenser*;	enciensa, *il encense.*
Encomendar, *recommander*;	encomienda, *il recommande.*
Encubertar, *couvrir d'une couverture*;	encubierta, *il couvre d'une couverture.*
Enmendar, *corriger*;	enmienda, *il corrige.*
Ensangrentar, *ensanglanter*;	ensangrienta, *il ensanglante.*
Enterrar, *enterrer*;	entierra, *il enterre.*
Errar, *errer*;	yerra, *il erre.*
Escarmentar, *corriger*;	escarmienta, *il corrige.*
Estregar, *frotter*;	estriega, *il frotte.*
Fregar, *laver la vaisselle*;	friega, *il lave la vaisselle.*
Gobernar, *gouverner*;	gobierna, *il gouverne.*

2.

Helar, *geler*;	hiela, *il gèle.*
Herrar, *ferrer*;	hierra, *il ferre.*
Infernar, *damner*;	infierna, *il damne.*
Invernar, *hiverner*;	invierna, *il hiverne.*
Manifestar, *manifester*;	manifiesta, *il manifeste.*
Mentar, *mentionner*;	mienta, *il mentionne.*
Merendar, *goûter*;	merienda, *il goûte.*
Negar, *nier*;	niega, *il nie.*
Nevar, *neiger*;	nieva, *il neige.*
Pensar, *penser*;	piensa, *il pense.*
Perniquebrar, *couper les jambes*;	perniquiebra, *il coupe les jambes.*
Plegar, *plier*;	pliega, *il plie.*
Quebrar, *rompre*;	quiebra, *il rompt.*
Recomendar, *recommander*;	recomienda, *il recommande.*
Regar, *arroser*;	riega, *il arrose.*
Remendar, *rapiécer*;	remienda, *il rapièce.*
Reventar, *crever*;	revienta, *il crève.*
Segar, *faucher*;	siega, *il fauche.*
Sembrar, *semer*;	siembra, *il sème.*
Sentarse, *s'asseoir*;	sientase, *il s'asseoit.*
Serrar, *scier*;	sierra, *il scie.*
Sosegar, *reposer*;	sosiega, *il repose.*
Soterrar, *enfouir*;	sotierra, *il enfouit.*
Temblar, *trembler*;	tiembla, *il tremble.*
Tentar, *tenter*;	tienta, *il tente.*
Tropezar, *broncher*;	tropieza, *il bronche.*

L'irrégularité de tous ces verbes consiste en un *i* qu'ils prennent devant le dernier *e* du radical, aux trois personnes du singulier et à la troisième du pluriel du présent de l'indicatif et du subjonctif, et aux deux personnes du singulier et à la troisième du pluriel de l'impératif. L'exemple ci-dessous pourra servir de modèle pour conjuguer tous les verbes de la liste ci-dessus et leurs dérivés.

Infinitif.

Atestar, remplir, bourrer.

Indicatif présent.

Singulier.

Atiesto, *je remplis.*
Atiestas, *tu remplis.*
Atiesta, *il ou elle remplit.*

Pluriel.

Atiestan, *ils remplissent.*

Impératif.

Singulier.   *Pluriel.*

Atiesta tú, *remplis.*
Atieste él, *qu'il remplisse.*   Atiesten, *qu'ils remplissent.*

Subjonctif présent.

Singulier.   *Pluriel.*

Atieste, *que je remplisse.*
Atiestes, *que tu remplisses.*
Atieste, *qu'il remplisse.*   Atiesten, *qu'ils remplissent.*

Tous les autres temps de ce verbe et de tous ceux qui présentent la même irrégularité, se conjuguent comme les verbes modèles de la première conjugaison régulière.

Les verbes dont la liste suit et tous leurs dérivés, appartiennent aussi à la première conjugaison irrégulière. L'irrégularité de tous ces verbes consiste à changer leur dernier *o* radical en *ue* aux mêmes temps et personnes que le verbe *atestar*. (Revoyez ce verbe.)

Infinitif.   *Présent de l'indicatif.*

Almozar, *déjeuner;*   almuerza, *il déjeune.*
Acordar, *convenir;*   acuerda, *il convient.*
Acostarse, *se coucher;*   acuestase, *il se couche.*
Agorar, *augurer;*   aguera, *il augure.*
Amolar, *aiguiser;*   amuela, *il aiguise.*
Aporcar, *enchausser;*   apuerca, *il enchausse.*
Aportar, *aborder;*   apuerta, *il aborde.*
Apostar, *parier;*   apuesta, *il parie.*
Asolar, *ravager;*   asuela, *il ravage.*
Asoldar, *soudoyer;*   asuelda, *il soudoie.*
Avergonzar, *faire honte;*   avergüenza, *il fait honte.*

Colar, *couler;*   cuela, *il coule.*
Colgar, *suspendre;*   cuelga, *il suspend.*
Concordar, *accorder;*   concuerda, *il accorde.*
Consolar, *consoler;*   consuela, *il console.*
Contar, *compter;*   cuenta, *il compte.*
Costar, *coûter;*   cuesta, *il coûte.*

Degollar, *décapiter, égorger* ;	deguella, *il décapite, il égorge.*
Denostar, *injurier* ;	denuesta, *il injurie.*
Descollar, *surpasser en hauteur* ;	descuella, *il surpasse en hauteur.*
Desflocar, *effiler* ;	desflueca, *il effile.*
Desfogar, *jeter son feu* ;	desfuega, *il jette son feu.*
Desolar, *désoler* ;	desuela, *il désole.*
Desollar, *écorcher* ;	desuella, *il écorche.*
Desovar, *frayer* (1) ;	desueva, *il fraye.*
Desvergonzarse, *perdre toute pudeur* ;	desverguenzase, *il perd toute pudeur.*
Emporcar, *salir* ;	empuerca, *il salit.*
Encordar, *garnir de cordes* ;	encuerda, *il garnit de cordes.*
Encontrar, *rencontrer* ;	encuentra, *il rencontre.*
Engrosar, *grossir* ;	engruesa, *il grossit.*
Forzar, *forcer* ;	fuerza, *il force.*
Holgar, *se reposer* ;	huelga, *il repose.*
Hollar, *fouler* ;	huella, *il foule.*
Mostrar, *montrer* ;	muestra, *il montre.*
Poblar, *peupler* ;	puebla, *il peuple.*
Probar, *prouver* ;	prueba, *il prouve.*
Recordar, *rappeler* ;	recuerda, *il rappelle.*
Recostarse, *se coucher sur le côté* ;	recuestase, *il se couche sur le côté.*
Regoldar, *roter* ;	reguelda, *il rote.*
Renovar, *renouveler* ;	renueva, *il renouvelle.*
Rescontrar, *compenser* ;	rescuentra, *il compense.*
Resollar, *souffler* ;	resuella, *il souffle.*
Revolcarse, *se vautrer* ;	revuelcase, *il se vautre.*
Rodar, *rouler* ;	rueda, *il roule.*
Rogar, *prier* ;	ruega, *il prie.*
Soldar, *souder* ;	suelda, *il soude.*
Soltar, *délier* ;	suelta, *il délie.*
Sonar, *sonner* ;	suena, *il sonne.*
Soñar, *songer, rêver* ;	sueña, *il rêve, il songe.*
Tostar, *rôtir* ;	tuesta, *il rôtit.*
Trocar, *troquer* ;	trueca, *il troque.*
Tronar, *tonner* ;	truena, *il tonne.*
Volar, *voler* ;	vuela, *il vole.*
Volcar, *bouleverser* ;	vuelca, *il bouleverse.*

Outre ces verbes, il y a le verbe ANDAR, *marcher,*

---

(1) En parlant des poissons.

qui a le prétérit défini de l'indicatif, l'imparfait du subjonctif, et le futur du subjonctif irréguliers. L'irrégularité de ce verbe est dans la terminaison et non dans la racine. Nous conjuguons ses temps irréguliers pour éviter toute erreur.

Indicatif. — Prétérit défini.

Anduve, *je marchai.*
Anduviste, *tu marchas.*
Anduvo, *il marcha.*

Anduvimos, *nous marchâmes.*
Anduvisteis, *vous marchâtes.*
Anduvieron, *ils marchèrent.*

Subjonctif. — Imparfait.

Anduviera, *que je marchasse.*
Anduvieras, *que tu marchasses.*
Anduviera, *qu'il marchât.*

Anduvieremos, *q. n. marchassions.*
Anduvierais, *q. v. marchassiez.*
Anduvieran, *q. marchassent.*

Futur.

Anduviere, *je marcherai.*
Anduvieres, *tu marcheras.*
Anduviere, *il marchera.*

Anduvieremos, *nous marcherons.*
Anduviereis, *vous marcherez.*
Anduvieren, *ils marcheront.*

DAR, *donner*, est irrégulier aussi, à la première personne du présent de l'indicatif, qui fait *doy*, au lieu de *do*, au prétérit défini de l'indicatif, à l'imparfait, et au futur du subjonctif.

Les temps irréguliers du verbe *dar* se conjuguent ainsi :

DAR, *donner*.

Indicatif, présent.

Doy, *je donne.*

Prétérit indéfini.

Di, *je donnai.*
Diste, *tu donnas.*
Dió, *il donna.*

Dimos, *nous donnâmes.*
Disteis, *vous donnâtes.*
Diéron, *ils donnèrent.*

Subjonctif.—Imparfait.

Diera, *je donnasse.*
Dieras, *tu donnasses.*
Diera, *il donnât.*

Diéramos, *nous donnassions.*
Dierais, *vous donnassiez.*
Dieran, *ils donnassent.*

Futur.

Diere, *je donnerai.*
Dieres, *tu donneras.*
Diere, *il donnera.*

Dieremos, *nous donnerons.*
Diereis, *vous donnerez.*
Dieren, *ils donneront.*

Jugar, jouer, prend un *e* après l'*u* radical, dans les temps et personnes qui suivent :

Indicatif, présent.

Juego, *je joue.*
Juegas, *tu joues.*
Juega, *il joue.*

Juegan, *ils jouent.*

Impératif.

Juega tú, *joue.*
Juegue él, *qu'il joue.*

Jueguen ellos, *qu'ils jouent.*

Subjonctif, présent.

Juegue, *que je joue.*
Juegues, *que tu joues.*
Juegue, *qu'il joue.*

Jueguen, *qu'ils jouent.*

DEUXIÈME CONJUGAISON RÉGULIÈRE EN (*er*).

Les verbes irréguliers terminés en *ocer*, *acer*, *ecer*, prennent un *z* devant leur *e* radical aux temps et aux personnes ci-dessous :

CONOCER, *connaître*.

Indicatif, présent.

Conozco, *je connais*.

Impératif.

Conozca él, *qu'il connaisse.*   Conozcan ellos, *qu'ils connaissent*

Subjonctif, présent.

Conozca, *que je connaisse.*   Conozcamos, *que nous connaissions*
Conozcas, *que tu connaisses.*   Conozcais, *que vous connaissiez.*
Conozca, *qu'il connaisse.*   Conozcan, *qu'ils connaissent.*

Sont exceptés de cette règle générale les verbes *hacer* et leurs dérivés, dont voici la conjugaison :

Indicatif, présent.

Hago, *je fais.*

Prétérit défini.

Hice, *je fis.*   Hicimos, *nous fîmes.*
Hiciste, *tu fis.*   Hicisteis, *vous fîtes.*
Hizo, *il fit.*   Hicieron, *ils firent.*

Futur.

Haré, *je ferai.*   Harémos, *nous ferons.*
Harás, *tu feras.*   Haréis, *vous ferez.*
Hará, *il fera.*   Harán, *ils feront.*

Conditionnel.

Haria, *je ferais.*   Hariamos, *nous ferions.*
Harias, *tu ferais.*   Hariais, *vous feriez.*
Haria, *il ferait.*   Harian, *ils feraient.*

Impératif.

Haz, *fais.*
Haga, *qu'il fasse.*

Hagamos, *faisons.*
Hagan, *qu'ils fassent.*

Subjonctif, présent.

Haga, *que je fasse.*
Hagas, *que tu fasses.*
Haga, *qu'il fasse.*

Hagamos, *que nous fassions.*
Hagais, *que vous fassiez.*
Hagan, *qu'ils fassent.*

Imparfait.

Hiciera, *que je fisse.*
Hicieras, *que tu fisses.*
Hiciera, *qu'il fît.*

Hicieramos, *que nous fissions.*
Hicierais, *que vous fissiez.*
Hicieran, *qu'ils fissent.*

Futur.

Hiciere, *je ferai.*
Hicieres, *tu feras.*
Hiciere, *il fera.*

Hicieremos, *nous ferons.*
Hiciereis, *vous ferez.*
Hicieren, *ils feront.*

Satisfacer se conjugue comme *hacer*, car ce verbe est formé du verbe *hacer*, dont l'*h* s'est changé en *f*, et du mot latin *satis*, assez. La seule différence qui existe entre *hacer* et *satisfacer*, c'est que la deuxième personne du singulier de l'impératif du premier fait : *haz, fais;* tandis que celle du second fait indifféremment *satisfaz* ou *satisface*.

Tous les verbes dont la liste suit et leurs dérivés prennent un *i* devant l'*e* radical, aux mêmes temps et aux mêmes personnes que le verbe *atestar*. (*Voyez* ce verbe pag. 34.)

Ascender, *monter en grade;* asciende, *il monte en grade.*
Cerner, *bluter;* cierne, *il blute.*
Defender, *défendre;* defiende, *il défend.*
Descender, *descendre;* desciende, *il descend.*
Encender, *allumer;* enciende, *il allume.*
Entender, *entendre;* entiende, *il entend.*

Heder, *puer;*	hiede, *il pue.*
Hender, *fendre;*	hiende, *il fend.*
Perder, *perdre;*	pierde, *il perd.*
Tender, *tendre;*	tiende, *il tend.*
Trascender, *pénétrer;*	trasciende, *il pénètre.*
Verter, *verser;*	vierte, *il verse.*

Les verbes de la liste ci-dessous et leurs dérivés changent leur *o* radical en *ue* aux mêmes temps et aux mêmes personnes que le verbe *atestar* prend un *i* devant l'*e* radical. (*Voyez* ce verbe, pag. 34.)

Cocer ([1]), *cuire;*	cuece, *il cuit.*
Disolver, *dissoudre;*	disuelve, *il dissout.*
Doler, *faire mal;*	duele, *il fait mal.*
Llover, *pleuvoir;*	llueve, *il pleut.*
Moler, *moudre;*	muele, *il moud.*
Morder, *mordre;*	muerde, *il mord.*
Mover, *mouvoir;*	mueve, *il meut.*
Oler, *sentir, flairer;*	huele, *il sent.*
Resolver, *résoudre;*	resuelve, *il résout.*
Soler, *avoir coutume;*	suele, *il a coutume.*
Torcer, *tordre;*	tuerce, *il tord.*
Volver, *revenir, rendre;*	vuelve, *il revient.*

Caer, tomber, et tous ses dérivés, se conjuguent comme la deuxième conjugaison régulière, excepté aux temps et aux personnes ci-dessous. Ces verbes changent l'*i* en *y* toutes les fois que l'*i* est suivi d'un *e* ou d'un *o*. De plus, il prend un *g* après l'*i* radical aux temps et aux personnes ci-dessous.

CAER, *tomber.*

Indicatif, présent.

Caigo, *je tombe.*

([1]) *Cocer, escocer, recocer,* s'écartent de la règle générale donnée pour les verbes terminés en *acer, ecer, ocer;* et au lieu de prendre le *z* avant le *c* dans les temps et personnes où ces verbes l'admettent, ils changent, à cause de l'euphonie, le *c* en *z*, de la même manière que les verbes en *cer,* dont on a déjà parlé; ainsi on dit *cuezo,* je cuis; *cueza, cuezan,* qu'il cuise, qu'ils cuisent; *cueza, cuezas,* etc., et non *cuezca, cuezcas,* etc.

Impératif.

Caiga, *qu'il tombe.*   Caigan, *qu'ils tombent.*

Subjonctif, présent.

Caiga, *que je tombe.*   Caigamos, *que nous tombions.*
Caigas, *que tu tombes.*   Caigais, *que vous tombiez.*
Caiga, *qu'il tombe.*   Caigan, *qu'ils tombent.*

Caber, contenir, être contenu, se conjugue comme il suit au futur de l'indicatif, au conditionnel, à l'impératif, au subjonctif présent, à l'imparfait du subjonctif, et au futur du même mode.

CABER, *conten i, être contenu* (1).

Indicatif, présent.

Quepo, *je contiens.*

Prétérit défini.

Cupe, *je contins.*   Cupimos, *nous contînmes.*
Cupiste, *tu contins.*   Cupisteis, *vous contintes.*
Cupo, *il contint.*   Cupieron, *ils continrent.*

Futur.

Cabré, *je contiendrai.*   Cabrémos, *nous contiendrons.*
Cabrás, *tu contiendras.*   Cabreis, *vous contiendrez.*
Cabrá, *il contiendra.*   Cabrán, *ils contiendront.*

Conditionnel.

Cabria, *je contiendrais.*   Cabriamos, *nous contiendrions.*
Cabrias, *tu contiendrais.*   Cabriais, *vous contiendriez.*
Cabria, *il contiendrait.*   Cabrian, *ils contiendraient.*

---

(1) Ce verbe est de ceux que nous avons appelés *très-irréguliers*.

Impératif.

Quepa, *qu'il contienne.* Quepan, *qu'ils contiennent.*

Subjonctif, présent.

Quepa, *que je contienne.* Quepamos, *que nous contenions.*
Quepas, *que tu contiennes.* Quepais, *que vous conteniez.*
Quepa, *qu'il contienne.* Quepan, *qu'ils contiennent.*

Imparfait.

Cupiera, *que je continsse.* Cupieramos, *q. nous continssions.*
Cupieras, *que tu continsses.* Cupierais, *que vous continssiez.*
Cupiera, *qu'il contînt.* Cupieran, *qu'ils continssent.*

Futur.

Cupiere, *je contiendrai.* Cupieremos, *nous contiendrons.*
Cupieres, *tu contiendras.* Cupiereis, *vous contiendrez.*
Cupiere, *il contiendra.* Cupieren, *ils contiendront.*

Remarquez que contenir ne se traduit par *caber* que dans un sens passif. Exemple : La basilique de Rome contient beaucoup de monde, *En la basilica de Róma cabe mucha gente ;* mot à mot : dans la basilique de Rome est contenu beaucoup de monde.

Poder, pouvoir, se conjugue comme il suit, aux temps et aux personnes qui présentent des irrégularités.

PODER, *pouvoir.*

Infinitif.

GÉRONDIF. — Pudiendo, *pouvant.*

Indicatif, présent.

Puedo, *je peux.*
Puedes, *tu peux.*
Puede, *il peut.* Pueden, *ils peuvent.*

Prétérit défini.

Pude, *je pus.*
Pudiste, *tu pus.*
Pudo, *il put.*

Pudimos, *nous pûmes.*
Pudisteis, *vous pûtes.*
Pudieron, *ils purent.*

Futur.

Podré, *je pourrai.*
Podrás, *tu pourras.*
Podrá, *il pourra.*

Podrémos, *nous pourrons.*
Podréis, *vous pourrez.*
Podrán, *ils pourront.*

Conditionnel.

Podria, *je pourrais.*
Podrias, *tu pourrais.*
Podria, *il pourrait.*

Podriamos, *nous pourrions.*
Podriais, *vous pourriez.*
Podrian, *ils pourraient.*

Subjonctif, présent.

Pueda, *que je puisse.*
Puedas, *que tu puisses.*
Pueda, *qu'il puisse.*

Puedan, *qu'ils puissent.*

Imparfait.

Pudiera, *que je pusse.*
Pudieras, *que tu pusses.*
Pudiera, *qu'il pût.*

Pudieramos, *que nous pussions.*
Pudierais, *que vous pussiez.*
Pudieran, *qu'ils pussent.*

Futur.

Pudiere, *je pourrai.*
Pudieres, *tu pourras.*
Pudiere, *il pourra.*

Pudieremos, *nous pourrons.*
Pudiereis, *vous pourrez.*
Pudieren, *ils pourront.*

PONER, *mettre.*

Conjuguez *poner*, mettre, et ses dérivés, ainsi qu'il suit :

Indicatif.

PRÉSENT. — Pongo, *je mets.*

COURS DE THÈMES. 45

Prétérit défini.

Puse, *je mis.*
Pusiste, *tu mis.*
Puso, *il mit.*

Pusimos, *nous mîmes.*
Pusisteis, *vous mîtes.*
Pusieron, *ils mirent.*

Futur.

Pondré, *je mettrai.*
Pondrás, *tu mettras.*
Pondrá, *il mettra.*

Pondrémos, *nous mettrons.*
Pondréis, *vous mettrez.*
Pondrán, *ils mettront.*

Conditionnel.

Pondria, *je mettrais.*
Pondrias, *tu mettrais.*
Pondria, *il mettrait.*

Pondriamos, *nous mettrions.*
Pondriais, *vous mettriez.*
Pondrian, *ils mettraient.*

Impératif.

Pon, *mets.*
Ponga, *qu'il mette.*

Pongan, *qu'ils mettent.*

Subjonctif, présent.

Ponga, *que je mette.*
Pongas, *que tu mettes.*
Ponga, *qu'il mette.*

Pongamos, *que nous mettions.*
Pongais, *que vous mettiez.*
Pongan, *qu'ils mettent.*

Imparfait.

Pusiera, *que je misse.*
Pusieras, *que tu misses.*
Pusiera, *qu'il mît.*

Pusieramos, *que nous missions.*
Pusierais, *que vous missiez.*
Pusieran, *qu'ils missent.*

Futur.

Pusiere, *je mettrai.*
Pusieres, *tu mettras.*
Pusiere, *il mettra.*

Pusieremos, *nous mettrons.*
Pusiereis, *vous mettrez.*
Pusieren, *ils mettront.*

QUERER, *vouloir* ou *aimer.*

Les temps et les personnes qui présentent quelque

irrégularité dans le verbe *querer*, vouloir ou aimer, se conjuguent ainsi :

Indicatif, présent.

Quiero, *je veux*.
Quieres, *tu veux*.
Quiere, *il veut*.

Quieren, *ils veulent*.

Prétérit défini.

Quise, *je voulus*.
Quisiste, *tu voulus*.
Quiso, *il voulut*.

Quisimos, *nous voulûmes*.
Quisisteis, *vous voulûtes*.
Quisieron, *ils voulurent*.

Futur.

Querré, *je voudrai*.
Querrás, *tu voudras*.
Querrá, *il voudra*.

Querrémos, *nous voudrons*.
Querréis, *vous voudrez*.
Querrán, *ils voudront*.

Conditionnel.

Querria, *je voudrais*.
Querrias, *tu voudrais*.
Querria, *il voudrait*.

Querriamos, *nous voudrions*.
Querriais, *vous voudriez*.
Querrian, *ils voudraient*.

Impératif.

Quiera, *qu'il veuille*.

Quieran, *qu'ils veuillent*.

Subjonctif, présent.

Quiera, *que je veuille*.
Quieras, *que tu veuilles*.
Quiera, *qu'il veuille*.

Quieran, *qu'ils veuillent*.

Imparfait.

Quisiera, *que je voulusse*.
Quisieras, *que tu voulusses*.
Quisiera, *qu'il voulût*.

Quisieramos, *que nous voulussions*.
Quisierais, *que vous voulussiez*.
Quisieran, *qu'ils voulussent*.

Futur.

Quisiere, *je voudrai*.
Quisieres, *tu voudras*.
Quisiere, *il voudra*.

Quisieremos, *nous voudrons*.
Quisiereis, *vous voudrez*.
Quisieren, *ils voudront*.

Conjuguez *saber*, savoir, ainsi qu'il suit :

SABER, *savoir* (1).

Indicatif, *présent*.

Sé, *je sais.*

Prétérit défini.

Supe, *je sus.* Supimos, *nous sûmes.*
Supiste, *tu sus.* Supisteis, *vous sûtes.*
Supó, *il sut.* Supieron, *ils surent.*

Futur.

Sabré, *je saurai.* Sabrémos, *nous saurons.*
Sabrás, *tu sauras.* Sabréis, *vous saurez.*
Sabrá, *il saura.* Sabrán, *ils sauront.*

Conditionnel.

Sabria, *je saurais.* Sabriamos, *nous saurions.*
Sabrias, *tu saurais.* Sabriais, *vous sauriez.*
Sabria, *il saurait.* Sabrian, *ils sauraient.*

Impératif.

Sepa, *qu'il sache.* Sepan, *qu'ils sachent.*

Subjonctif présent.

Sepa, *que je sache.* Sepamos, *que nous sachions.*
Sepas, *que tu saches.* Sepais, *que vous sachiez.*
Sepa, *qu'il sache.* Sepan, *qu'ils sachent.*

Imparfait.

Supiera, *que je susse.* Supieramos, *que nous sussions.*
Supieras, *que tu susses.* Supierais, *que vous sussiez.*
Supiera, *qu'il sût.* Supieran, *qu'ils sussent.*

---

(1) Ce verbe est aussi *très-irrégulier.*

Futur.

Supiere, *je saurai.*
Supieres, *tu sauras.*
Supiere, *il saura.*

Supieramos, *nous saurons.*
Supiereis, *vous saurez.*
Supieren, *ils sauront.*

Les personnes de ce verbe non conjuguées sont régulières.

Tous les verbes dérivés de *tener* (*voyez* ce verbe, pages 10 et suiv.), se conjuguent comme lui.

Traer, apporter, et ses dérivés doivent être conjugués comme ci-dessous.

TRAER, *apporter.*

Indicatif, présent.

Traigo, *j'apporte.*

Prétérit défini.

Traje, *j'apportai.*
Trajiste, *tu apportas.*
Trajó, *il apporta.*

Trajimos, *nous apportâmes.*
Trajisteis, *vous apportâtes.*
Trajeron, *ils apportèrent.*

Impératif.

Traiga, *qu'il apporte.*

Traigan, *qu'ils apportent.*

Subjonctif, présent.

Traiga, *que j'apporte.*
Traigas, *que tu apportes.*
Traiga, *qu'il apporte.*

Traigamos, *que nous apportions.*
Traigais, *que vous apportiez.*
Traigan, *qu'ils apportent.*

Imparfait.

Trajera, *que j'apportasse.*
Trajeras, *que tu apportasses.*
Trajera, *qu'il apportât.*

Trajeramos, *q. n. apportassions.*
Trajerais, *que vous apportassiez.*
Trajeran, *qu'ils apportassent.*

Futur.

Trajere, *j'apporterai.* Trajeremos, *nous apporterons.*
Trajeres, *tu apporteras.* Trajereis, *vous apporterez.*
Trajere, *il apportera.* Trajeren, *ils apporteront.*

Les personnes de ce verbe non conjuguées sont régulières.

Valer, valoir, et ses dérivés sont irréguliers aux temps et aux personnes ci-dessous.

VALER, *valoir.*

Indicatif, présent.

Valgo, *je vaux.*

Futur.

Valdré, *je vaudrai.* Valdrémos, *nous vaudrons.*
Valdras, *tu vaudras.* Valdréis, *vous vaudrez.*
Valdrà, *il vaudra.* Valdràn, *ils vaudront.*

Conditionnel.

Valdria, *je vaudrais.* Valdriamos, *nous vaudrions.*
Valdrias, *tu vaudrais.* Valdriais, *vous vaudriez.*
Valdria, *il vaudrait.* Valdrian, *ils vaudraient.*

Impératif.

Valga, *qu'il vaille.* Valgan, *qu'ils vaillent.*

Subjonctif, présent.

Valga, *que je vaille.* Valgamos, *que nous valions.*
Valgas, *que tu vailles.* Valgais, *que vous valiez.*
Valga, *qu'il vaille.* Valgan, *qu'ils vaillent.*

EQUIVALER, *équivaloir, a la même irrégularité.*

TROISIÈME CONJUGAISON IRRÉGULIÈRE EN *ir*.

Tous les verbes terminés en *ir* dont la racine change à quelques temps ou à quelques personnes appartiennent à cette conjugaison.

Les verbes *conducir*, conduire, *sentir*, sentir, *dormir*, dormir, *pedir*, demander, *venir*, venir, *asir*, saisir, *decir*, dire, sont irréguliers. *Oir*, entendre, *salir*, sortir, ainsi que tous leurs dérivés, sont irréguliers aussi.

Tous les verbes contenus dans les deux listes ci-après sont également irréguliers. Voici les règles pour les conjuguer :

RÈGLE PREMIÈRE. — Tous les verbes irréguliers terminés en *ucir* prennent un *z* devant le *c* radical au présent de l'indicatif, au présent du subjonctif et à l'impératif, mais seulement à la première personne pour l'indicatif présent, aux deux troisièmes personnes pour l'impératif, et à toutes les personnes du présent du subjonctif, c'est-à-dire, toutes les fois que le *c* radical frappe sur un *o* ou sur un *a*.

RÈGLE II. — Les verbes irréguliers de cette conjugaison terminés en *ducir*, tels que *inducir*, induire, *traducir*, traduire, etc., outre l'irrégularité désignée en la règle première, en ont une autre comme dans l'exemple suivant :

TRADUCIR, *traduire*.

Indicatif.—Prétérit défini.

Traduje, *je traduisis*.
Tradujiste, *tu traduisis*.
Tradujó, *il traduisit*.

Tradujimos, *nous traduisîmes*.
Tradujisteis, *vous traduisîtes*.
Tradujeron, *ils traduisirent*.

Subjonctif.—Imparfait.

Tradujera, *je traduisisse*.
Tradujeras, *tu traduisisses*.
Tradujera, *il traduisît*.

Tradujeramos, *nous traduisissions*.
Tradujerais, *vous traduisissiez*.
Tradujeran, *ils traduisissent*.

Futur.

Tradujere, *je traduirai.* Tradujeremos, *nous traduirons.*
Tradujeres, *tu traduiras.* Tradujereis, *vous traduirez.*
Tradujere, *il traduira.* Tradujeren, *ils traduiront.*

RÈGLE III. — *Sentir*, sentir. Ce verbe prend un *i* devant son *e* radical, aux trois personnes du singulier et à la troisième du pluriel du présent de l'indicatif, à toutes les personnes du présent du subjonctif, aux deux personnes du singulier et à la troisième du pluriel de l'impératif; et change l'*e* radical en *i* à toutes les personnes de l'imparfait et du futur du subjonctif, et aux deux troisièmes personnes du prétérit défini. Tous les verbes de la liste n° 1 présentent la même irrégularité, ainsi que leurs dérivés, et les dérivés de *sentir*.

Voici la conjugaison des temps irréguliers du verbe *sentir*.

SENTIR, *sentir.*

Indicatif, présent.

Siento, *je sens.*
Sientes, *tu sens.*
Siente, *il sent.* Sienten, *ils sentent.*

Prétérit défini.

Sintió, *il sentit.* Sintieron, *ils sentirent.*

Impératif.

Siente, *sens.*
Sienta, *qu'il sente.* Sientan, *qu'ils sentent.*

Subjonctif, présent.

Sienta, *que je sente.* Sintamos, *que nous sentions.*
Sientas, *que tu sentes.* Sintais, *que vous sentiez.*
Sienta, *qu'il sente.* Sientan, *qu'ils sentent.*

Imparfait.

Sintiera, *que je sentisse.* Sintieramos, *que nous sentissions.*
Sintieras, *que tu sentisses.* Sintierais, *que vous sentissiez.*
Sintiera, *qu'il sentît.* Sintieran, *qu'ils sentissent.*

Futur.

Sintiere, *je sentirai.* Sintieremos, *nous sentirons.*
Sintieres, *tu sentiras.* Sintiereis, *vous sentirez.*
Sintiere, *il sentira.* Sintieren, *ils sentiront.*

Les verbes suivants et leurs dérivés présentent la même irrégularité que le verbe *sentir*.

LISTE N° 1.

Adherir, *adhérer ;*	adhiere ;	adhirió.
Adquirir, *acquérir ;*	adquiere ;	adquirió.
Advertir, *prendre garde ;*	advierte ;	advirtió.
Arrepentirse, *se repentir ;*	arrepientese ;	arrepentióse.
Conferir, *conférer ;*	confiere ;	confirió.
Controvertir, *disputer sur une matière douteuse ;*	controvierte ;	controvirtió.
Convertir, *convertir ;*	convierte ;	convirtió.
Deferir, *déférer ;*	defiere ;	defirió.
Diferir, *différer ;*	difiere ;	difirió.
Digerir, *digerer ;*	digiere ;	digirió.
Divertir, *divertir ;*	divierte ;	divirtió.
Hervir, *bouillir ;*	hierve ;	hirvió.
Herir, *blesser ;*	hiere ;	hirió.
Inferir, *inférer ;*	infiere ;	infirió.
Invertir, *transposer ;*	invierte ;	invirtió.
Ingerir, *enter, greffer ;*	ingiere ;	ingirió.
Mentir, *mentir ;*	miente ;	mintió.
Pervertir, *pervertir ;*	pervierte ;	pervirtió.
Preferir, *préférer ;*	prefiere ;	prefirió.
Proferir, *proférer ;*	profiere ;	profirió.
Referir, *rapporter ;*	refiere ;	refirió.
Requerir, *requérir ;*	requiere ;	requirió.

RÈGLE IV.—*Dormir*, dormir. L'o radical de ce verbe se change en *u* au gérondif, aux deux troisièmes personnes du prétérit défini, et à toutes les personnes de l'imparfait et du futur du subjonctif. Ce même *o* se change en *ue* aux trois personnes du singulier et à la troisième du pluriel du présent de l'indicatif et du présent du subjonctif, et aux deux personnes du singulier et à la troisième du pluriel de l'impératif. Ex :

DORMIR, *dormir*.

Infinitif. — Gérondif.

Durmiendo, *dormant*.

Indicatif, présent.

Duermo, *je dors*.
Duermes, *tu dors*.
Duerme, *il dort*.

Duermen, *ils dorment*.

Prétérit défini.

Durmió, *il dormit*.

Durmieron, *ils dormirent*.

Impératif.

Duerme, *dors*.
Duerma, *qu'il dorme*.

Duerman, *qu'ils dorment*.

Subjonctif, présent.

Duerma, *que je dorme*.
Duermas, *que tu dormes*.
Duerma, *qu'il dorme*.

Dormamos, *que nous dormions*.
Dormais, *que vous dormiez*.
Duerman, *qu'ils dorment*.

Imparfait.

Durmiera, *que je dormisse*.
Durmieras, *que tu dormisses*.
Durmiera, *qu'il dormît*.

Durmieramos, *q. n. dormissions*.
Durmierais, *que vous dormissiez*.
Durmieran, *qu'ils dormissent*.

Futur.

Durmiere, *je dormirai*.
Durmieres, *tu dormiras*.
Durmiere, *il dormira*.

Durmieremos, *nous dormirons*.
Durmiereis, *vous dormirez*.
Durmieren, *ils dormiront*.

Le verbe *morir* présente les mêmes irrégularités que le verbe *dormir*.

RÈGLE V. — Le verbe *pedir*, demander, change son *e* radical en *i* au gérondif, aux trois personnes du singulier et à la troisième du pluriel du présent de l'indicatif, aux deux troisièmes personnes du prétérit défini, aux deux personnes du singulier et à la troisième du pluriel de l'impératif, et à toutes les personnes du présent, de l'imparfait et du futur du subjonctif. Exemple :

PEDIR, *demander.*

Infinitif. — *Gérondif.*

Pidiendo, *demandant.*

Indicatif, présent.

Pido, *je demande.*
Pides, *tu demandes.*
Pide, *il demande.*   Piden, *ils demandent.*

Prétérit défini.

Pidió, *il demanda.*   Pidieron, *ils demandèrent.*

Impératif.

Pide, *demande.*
Pida, *qu'il demande.*   Pidan, *qu'ils demandent.*

Subjonctif. présent.

Pida, *que je demande.*   Pidamos, *que nous demandions.*
Pidas, *que tu demandes.*   Pidais, *que vous demandiez.*
Pida, *qu'il demande.*   Pidan, *qu'ils demandent.*

Imparfait.

Pidiera, *que je demandasse.*   Pidieramos, *que nous demandassions.*
Pidieras, *que tu demandasses.*   Pidierais, *que vous demandassiez.*
Pidiera, *qu'il demandât.*   Pidieran, *qu'ils demandassent.*

Futur.

Pidiere, *je demanderai.* Pidieremos, *nous demanderons.*
Pidieres, *tu demanderas.* Pidiereis, *vous demanderez.*
Pidiere, *il demandera.*   Pidieren, *ils demanderont.*

LISTE N° 2.

Les verbes de cette liste se conjuguent comme *pedir*.

Ceñir, *ceindre* ;	ciñe ;	ciñió.
Colegir, *recueillir, inférer.*	colige ;	coligió.
Competir, *rivaliser* ;	compite ;	compitió.
Concebir, *concevoir* ;	concibe ;	concibió.
Constreñir, *contraindre* ;	constriñe ;	constriñió.
Corregir, *corriger* ;	corrige ;	corrigió.
Derretir, *fondre* ;	derrite ;	derritió.
Desleir, *délayer* ;	deslie ;	desleyó.
Elegir, *choisir* ;	elige ;	eligió.
Embestir, *attaquer* ;	embiste ;	embistió.
Engreirse, *s'enorgueillir.*	engriese ;	engrióse.
Estreñir, *étreindre* ;	estriñe ;	estriñió.
Freir, *frire* ;	frie ;	frió.
Gemir, *gémir* ;	gime ;	gimió.
Medir, *mesurer* ;	mide ;	midió.
Regir, *gouverner* ;	rige ;	rigió.
Reir, *rire* ;	rie ;	rió.
Rendir, *rendre* ;	rinde ;	rindió.
Reñir, *se disputer* ;	riñe ;	riñió.
Repetir, *répéter* ;	repite ;	repitió.
Seguir, *suivre* ;	sigue ;	siguió.
Servir, *servir* ;	sirve ;	sirvió.
Sonreir, *sourire* ;	sonrie ;	sonrió.
Teñir, *teindre* ;	tiñe ;	tiñió.
Vestir, *habiller* ;	viste ;	vistió.

RÈGLE VI. — *Venir*, venir, et ses dérivés se conjuguent comme il suit :

VENIR, *venir.*

Infinitif. — Gérondif.

Viniendo, *venant.*

Indicatif, présent.

Vengo, *je viens.*
Vienes, *tu viens.*
Viene, *il vient.*   Vienen, *ils viennent.*

Prétérit défini.

Vine, *je vins.*
Viniste, *tu vins.*
Vinó, *il vint.*

Vinimos, *nous vînmes.*
Vinisteis, *vous vîntes.*
Vinieron, *ils vinrent.*

Futur.

Vendré, *je viendrai.*
Vendrás, *tu viendras.*
Vendrá, *il viendra.*

Vendrémos, *nous viendrons.*
Vendréis, *vous viendrez.*
Vendrán, *ils viendront.*

Conditionnel.

Vendria, *je viendrais.*
Vendrias, *tu viendrais.*
Vendria, *il viendrait.*

Vendriamos, *nous viendrions.*
Vendriais, *vous viendriez.*
Vendrian, *ils viendraient.*

Impératif.

Ven, *viens.*
Venga, *qu'il vienne.*

Vengan, *qu'ils viennent.*

Subjonctif présent.

Venga, *que je vienne.*
Vengas, *que tu viennes.*
Venga, *qu'il vienne.*

Vengamos, *que nous venions.*
Vengais, *que vous veniez.*
Vengan, *qu'ils viennent.*

Imparfait.

Viniera, *que je vinsse.*
Vinieras, *que tu vinsses.*
Viniera, *qu'il vînt.*

Vinieramos, *que nous vinssions.*
Vinierais, *que vous vinssiez.*
Vinieran, *qu'ils vinssent.*

Futur.

Viniere, *je viendrai.*
Vinieres, *tu viendras.*
Viniere, *il viendra.*

Vinieremos, *nous viendrons.*
Viniereis, *vous viendrez.*
Vinieren, *ils viendront.*

Tous les autres temps et personnes de ce verbe sont réguliers.

Asir, saisir, et ses dérivés prennent après l's radical un *g* à la première personne du présent de l'indicatif, aux deux troisièmes personnes de l'impératif, et à toutes les personnes du présent du subjonctif. Ce verbe est aujourd'hui peu usité.

RÈGLE VII. — *Decir*, dire, et ses dérivés se conjuguent de la manière suivante :

DECIR, *dire.*

Infinitif. — *Gérondif.*

Diciendo, *disant.*

Indicatif, présent.

Digo, *je dis.*
Dices, *tu dis.*
Dice, *il dit.*
　　　　　　　　Dicen, *ils disent.*

Prétérit défini.

Dije, *je dis.*
Dijiste, *tu dis.*
Dijó, *il dit.*
　　　　　　　　Dijimos, *nous dîmes.*
　　　　　　　　Dijisteis, *vous dîtes.*
　　　　　　　　Dijeron, *ils dirent.*

Futur.

Diré, *je dirai.*
Diras, *tu diras.*
Dira, *il dira.*
　　　　　　　　Diremos, *nous dirons.*
　　　　　　　　Diréis, *vous direz.*
　　　　　　　　Diran, *ils diront.*

Conditionnel.

Diria, *je dirais.*
Dirias, *tu dirais.*
Diria, *il dirait.*
　　　　　　　　Diriamos, *nous dirions.*
　　　　　　　　Diriais, *vous diriez.*
　　　　　　　　Dirian, *ils diraient.*

Impératif.

Di, *dis.*
Diga, *qu'il dise.*
　　　　　　　　Digan, *qu'ils disent.*

Subjonctif, présent.

Diga, *que je dise.*
Digas, *que tu dises.*
Diga, *qu'il dise.*
　　　　　　　　Digamos, *que nous disions.*
　　　　　　　　Digais, *que vous disiez.*
　　　　　　　　Digan, *qu'ils disent.*

Imparfait.

Dijera, *que je disse.*
Dijeras, *que tu disses.*
Dijera, *qu'il dît.*

Dijeramos, *que nous dissions.*
Dijerais, *que vous dissiez.*
Dijeran, *qu'ils dissent.*

Futur.

Dijere, *je dirai.*
Dijeres, *tu diras.*
Dijere, *il dira.*

Dijeremos, *nous dirons.*
Dijereis, *vous direz.*
Dijeren, *ils diront.*

RÈGLE VIII.—*Bendecir*, bénir, et *maldecir*, maudire, se conjuguent comme *bendecir*, ci-dessous.

BENDECIR, *bénir.*

Infinitif. — Gérondif.

Bendiciendo, *bénissant.*

Indicatif, présent.

Bendigo, *je bénis.*
Bendices, *tu bénis.*
Bendice, *il bénit.*

Bendecimos, *nous bénissons.*
Bendecis, *vous bénissez.*
Bendicen, *ils bénissent.*

Imparfait.

Bendecia, *je bénissais.*
Bendecias, *tu bénissais.*
Bendecia, *il bénissait.*

Bendeciamos, *nous bénissions.*
Bendeciais, *vous bénissiez.*
Bendecian, *ils bénissaient.*

Prétérit défini.

Bendije, *je bénis.*
Bendijiste, *tu bénis.*
Bendijó, *il bénit.*

Bendijimos, *nous bénîmes.*
Bendijisteis, *vous bénîtes.*
Bendijeron, *ils bénirent.*

Futur.

Bendeciré, *je bénirai.*
Bendecirás, *tu béniras.*
Bendecirá, *il bénira.*

Bendecirémos, *nous bénirons.*
Bendeciréis, *vous bénirez.*
Bendecirán, *ils béniront.*

Impératif.

Bendice, *bénis.*
Bendiga, *qu'il bénisse.*

Bendecid, *bénissez.*
Bendigan, *qu'ils bénissent.*

Subjonctif, présent.

Bendiga, *que je bénisse.*
Bendigas, *que tu bénisses.*
Bendiga, *qu'il bénisse.*

Bendigamos, *que nous bénissions.*
Bendigais, *que vous bénissiez.*
Bendigan, *qu'ils bénissent.*

Imparfait.

Bendijera, *que je bénisse.*
Bendijeras, *que tu bénisses.*
Bendijera, *qu'il bénît.*

Bendijeramos, *que nous bénissions.*
Bendijerais, *que vous bénissiez.*
Bendijeran, *qu'ils bénissent.*

Futur.

Bendijere, *je bénirai.*
Bendijeres, *tu béniras.*
Bendijere, *il bénira.*

Bendijeremos, *nous bénirons.*
Bendijereis, *vous bénirez.*
Bendijeren, *ils béniront.*

RÈGLE IX. — Le verbe *predecir*, prédire, se conjugue comme *decir*. *Oir*, entendre, ouïr, prend un *y* immédiatement après l'*i* à la première personne de l'indicatif, aux deux troisièmes personnes de l'impératif et à toutes les personnes du présent du subjonctif; la même irrégularité est commune à tous ses dérivés. *Oir* change aussi l'*i* en *y* devant un *e* et devant un *o*.

RÈGLE X. — *Podrir*, pourrir, n'est usité qu'au présent de l'infinitif, au participe passé, à la deuxième personne du pluriel de l'impératif, et aux première et troisième personnes du singulier du conditionnel.

RÈGLE XI. — *Salir*, sortir, et ses dérivés, demandent un *g*, après l'*l* radical, aux mêmes personnes et aux mêmes temps que le verbe *oir*. Outre cette irrégularité, l'*i* du futur de l'indicatif et du conditionnel se change en *d*, et la seconde personne du singulier de l'impératif perd l'*e* final.

RÈGLE XII. — *Ir*, aller, est le plus irrégulier de la langue espagnole; il manque de racine. Voici sa conjugaison :

Ir, aller.

Infinitif. — Gérondif.

Yendo, *allant.*

Indicatif, présent.

Voy, *je vais.*
Vas, *tu vas.*
Va, *il va.*

Vamos, *nous allons.*
Vais, *vous allez.*
Van, *ils vont.*

Imparfait.

Iba, *j'allai.*
Ibas, *tu allais.*
Iba, *il allait.*

Ibamos, *nous allions.*
Ibais, *vous alliez.*
Iban, *ils allaient.*

Prétérit défini.

Fui, *j'allais.*
Fuiste, *tu allas.*
Fué, *il alla.*

Fuimos, *nous allâmes.*
Fuisteis, *vous allâtes.*
Fueron, *ils allèrent.*

Futur.

Iré, *j'irai.*
Irás, *tu iras.*
Irá, *il ira.*

Irémos, *nous irons.*
Iréis, *vous irez.*
Irán, *ils iront.*

Impératif.

Vé, *va.*
Vaya, *qu'il aille.*

Id, *allez.*
Vayan, *qu'ils aillent.*

Subjonctif, présent.

Vaya, *que j'aille.*
Vayas, *que tu ailles.*
Vaya, *qu'il aille.*

Vayamos, *que nous allions.*
Vayais, *que vous alliez.*
Vayan, *qu'ils aillent.*

Imparfait.

Fuera, *que j'allasse.*
Fueras, *que tu allasses.*
Fuera, *qu'il allât.*

Fueramos, *que nous allassions.*
Fuerais, *que vous allassiez.*
Fueran, *qu'ils allassent.*

Futur.

Fuere, *j'irai.*
Fueres, *tu iras.*
Fuere, *il ira.*

Fueremos, *nous irons.*
Fuereis, *vous irez.*
Fueren, *ils iront.*

DE L'EMPLOI DES VERBES.

Il faut pour employer les verbes espagnols observer les règles suivantes :

PREMIÈRE RÈGLE. Le présent de l'infinitif et de l'indicatif, ainsi que le prétérit défini du même mode, l'impératif et le présent du subjonctif traduisent parfaitement les mêmes temps français.

2e RÈGLE. L'imparfait de l'indicatif et le conditionnel simple français doivent toujours être traduits en espagnol, par l'imparfait du subjonctif, toutes les fois qu'ils se trouvent immédiatement précédés de la conjonction *si*. Exemple : Si j'avais des bijoux j'aurais de l'argent, *si tuviese alajas, tuviera dinero*, et non : *si tenia alajas, tendria dinero*.

3e RÈGLE. L'imparfait de l'indicatif français et le conditionnel simple français se traduisent en espagnol, le premier par l'imparfait de l'indicatif, le second par le conditionnel simple, toutes les fois qu'ils n'expriment pas une condition, ce qu'on reconnaît au manque de la conjonction *si*.

4e RÈGLE. Le plus-que-parfait de l'indicatif et le conditionnel composé français suivent les mêmes règles que les temps simples dont ils sont formés.

5e RÈGLE. Le futur simple de l'indicatif français se traduit par le présent du subjonctif espagnol, toutes les fois qu'il est immédiatement précédé d'un adverbe de manière, de quantité ou de temps, ou d'une expression équivalente à un de ces adverbes. Exemples : Quand je mangerai, tu me feras payer, *cuando coma, me haras pagar.*—Plus je prendrai, plus j'aurai, *cuanto mas coja mas tendré.* — Fais-le comme tu voudras, *hazlo como quisieres.*

6ᵉ RÈGLE. Le futur français se traduit par le futur espagnol, dans tous les autres cas; le futur composé suit les mêmes règles. L'imparfait du subjonctif français se traduit par le même temps espagnol. Il en est de même du plus-que-parfait du subjonctif.

REMARQUES.

1ʳᵉ REMARQUE. — Outre les temps des verbes français, les Espagnols ont un futur au subjonctif. Ce futur sert à traduire le futur de l'indicatif, quand ce temps est précédé d'un autre verbe à l'indicatif, ou suivi immédiatement d'un autre verbe au futur; enfin, le futur du subjonctif espagnol traduit le futur français, toutes les fois que ce temps est précédé d'un autre verbe à un temps quelconque, et d'un adverbe de manière ou de quantité, ou des relatifs *que, qui*. Exemples : J'aimerai comme je pourrai, *amaré como pudiere.* — Frappe comme tu voudras, *pega como quisieres.* — Aie le pain que tu voudras, *ten el pan que quisieres.*

2ᵉ REMARQUE. — Les verbes espagnols peuvent aussi se conjuguer tous au moyen du verbe *estar;* c'est-à-dire en les décomposant logiquement. Ainsi on doit dire en certains cas : *Estoy comiendo,* je suis mangeant. — *Estaba andando,* j'étais marchant. — *Estaré baylando,* je serai dansant; au lieu de je mange, je marchais, je danserai. Ces tournures ne sont usitées que lorsqu'il est question d'exprimer une action au moment où elle se fait, s'est faite ou se fera.

COURS DE THÈMES.

THÈME PREMIER.

Sur l'article simple (*).

La maison.—L'ombre.—La lumière.—Les hommes.
(1)   casa.   sombra.   luz.   hombres.
—Les femmes.—Le sort.—L'écritoire.—L'oiseau.—
     mugeres.   suerte. *f.* (2) tintero, *m.*   pájaro.
L'oiseau de proie.—L'eau.—L'aigle.—M. le marquis.
 ave (3) de rapiña.   agua.   águila. Señor marques (4).

___

(*) Tous les noms dont le genre n'est pas indiqué par un *m* (masculin) ou par un *f* (féminin), sont du même genre qu'en français.

(1) *El* est l'article espagnol au masculin singulier. *El* répond à *le* et *l'* ; les Espagnols n'ont point d'apostrophe. *El* fait *la* ad féminin singulier, *los* au masculin pluriel, et *las* au féminin pluriel.

(2) L'article espagnol s'accorde en genre et en nombre avec le nom qui le suit. Lorsqu'un nom est de genre différent en français qu'en espagnol, c'est avec le nom espagnol qu'on doit accorder l'article espagnol.

(3) Il y a des noms espagnols qui, quoique du genre féminin, demandent l'article du genre masculin, lorsqu'ils sont employés au singulier ; ce sont tous ceux qui commencent par un *a* long, tels que *agua*, eau ; *alma*, âme ; *águila*, aigle ; etc.

(4) Les qualifications monsieur, madame, mademoiselle, qui se traduisent en espagnol par *señor, señora, señorita*, demandent à être suivies de l'article en français ; elles doivent en être précédées en espagnol.

La table.—Le pupitre.—Le palais.—Les bergers.—
mesa.　　escritorio.　　palacio.　　pastores.
Les troupeaux.—Le jour.—La nuit.—Le matin.—
rebaños.　　dia.　　noche.　　mañana, f.
Le soir.—L'après-midi.
tardecita.　　tarde.

THÈME II.

Sur l'emploi de l'article contracté.

La soirée.—Le jour de fête.—L'ami des enfants.—
tertulia.　　dia de fiesta.　　amigo (1) niños.
La vertu des femmes.—Les eaux des montagnes.—Aux
virtud　　mujeres.　　aguas　　montañas.　　(2)
amis des arts.—Les draps de la Normandie.—Les
amigos　　artes, f.　　paños　　Normandia.
soieries du Lyonnais.—Les blanchisseuses du quar-
tisus de seda　Lionés.　　lavanderas　　bar-
tier Latin.—L'auberge des Adrets.—Les caravansérails
rio Latino.　　posada Adrets.　　caravanserrallos
de la Turquie.—Aux amis du beau et du vrai.—A la
Turquia.　　amigos (3) bello　　verdadero.

---

(1) *Du* se traduit par *del*; *de la* par *de la*; *des*, devant un nom masculin, par *de los*; *des*, devant un nom féminin, par *de las*. L'article *el* est le seul qui se contracte avec la préposition *de*; mais il se contracte toujours devant les noms qui commencent par une consonne, comme devant ceux qui commencent par une voyelle ou par une *h*.

(2) *Au* se traduit par *al*; *à la* par *á la*; *aux*, devant un nom masculin, par *á los*; et devant un nom féminin, par *á las*. L'article *el* est le seul qui se contracte avec la préposition *á*; mais il se contracte devant tous les noms, soit qu'ils commencent par une voyelle, par une consonne ou par une *h*.

(3) *Du*, devant un adjectif employé comme nom, se rend par *de lo*; *au*, dans les mêmes cas, se rend par *á lo* : dans ce cas, il y a ellipse : *du beau*, DE LO BELLO, signifie *de ce qui est beau*, de lo que es bueno; *au beau* signifie *á ce qui est beau*, á lo que es bello. Les mots qui est-

mémoire d'un homme de génie.— Achète du pain de
memoria   un   hombre   ingenio.   Compra (4) pan
Paris.— Mange des raisins.—|Donne-moi|de la den-
Paris.   Come   uvas. | dame | en-
telle que tu as |chez toi.|—Ne mange pas du melon
caje, m. (5) tienes|en tu casa.| No comas (6)   melon
qui est sur la table.—|Apporte-moi du papier, des
que está sobre mesa. | Traeme   papel,
plumes et de l'encre. —Je n'|aime |pas des cerises
plumas y   tinta.   (7) no| gusto de|(8)   cerezas
aigres. — Au lever du soleil.
agrias.   salir   sol.

THÈME III.

Sur le même sujet que le précédent, et autres usages de l'article espagnol.

Parle au roi.—Sors de la maison. —| Parle-moi |
Habla (1) rey (2). Sal (3) casa. | Hablame |

---

sont toujours sous-entendus dans cette sorte d'expressions, d'où il s'ensuit que *lo* n'est pas article, mais bien la traduction littérale du pronom démonstratif indéfini *ce*.

(4) *Du, de la, des*, devant un régime direct, ne se rendent pas en espagnol, à moins que ce nom ne soit suivi immédiatement d'un complément, c'est-à-dire de *qui, que, dont* ou *de*. Dans ce dernier cas, on rend *du, de la, des*, comme il a été dit dans la note 1 de ce thème.

(5) Les sujets des verbes, représentés par un pronom personnel, ne se rendent pas en espagnol.

(6) La négation *pas* n'a aucune traduction en espagnol : on ne la rend pas.

(7) Voyez note 5.

(8) Voyez note 6.

(1) Revoyez note 2, thème II.

(2) Ne mettez jamais un *i* latin à la fin d'un mot, à moins que cet *i* ne porte l'accent prosodique. Ainsi, écrivez *buey*, bœuf ; *ley*, loi ; *doy*, je donne ; et non *buei, lei, doi*. Ecrivez *Aleli*, œillet ; *tahali*, baudrier ; et non *alely, tahaly*.

(3) Les noms *casa*, maison ; *palacio*, palais ; *misa*, messe ; *caza*,

du bal.—Dis-moi quelque chose des dames qui dan-
baile. Dime algo señoras bai-
saient.—Donne du travail aux pauvres.—Il vient des
laban. Da trabajo pobres. viene
antipodes.—Elle va aux Indes Orientales.—Bois de
antipodas. va Indias Orientales. Bebe
l'eau que j'ai apportée.—Vends la laine de tes mou-
agua que he traido. Vende lana de tus car-
tons.—Celui qui travaille doit gagner sa vie.—Celle
neros. (4) que trabaja debe ganar su vida.
qui vient par là.—Ce que je vous demande est juste.—
qui viene por alli (5) que os pido es justo.
Celle d'hier est plus belle.—Celui que vous dites
de ayer es mas hermosa. que V. (6) dice
n'est pas bon.—Ceux de Paris sont meilleurs.—Celles
no es bueno. Paris son mejores.
que j'ai achetées.—Ceux qui me donnent la fièvre.—
que he comprado. que me dan (7) calentura.
Il se meurt de chagrin en l'absence de son père.—
se muere de pesadumbre en ausencia de su padre.
Je vais tous les jours au palais.—C'est l'usage de ma
voy todos dias (8) palacio. (9) es uso de mi

---

chasse ; *paseo*, promenade ; ainsi que tous les noms de royaumes ou de provinces, n'admettent pas l'article en espagnol, lorsqu'ils sont le régime indirect d'un verbe qui dénote le mouvement. Cependant, même dans ce dernier cas, si ces noms se trouvent suivis immédiatement de *qui*, *que*, *dont* ou *de*, l'article devient alors indispensable.

(4) Les pronoms démonstratifs français *ce*, *celui*, *celle*, *ceux*, *celles*, suivis immédiatement de *qui*, *que*, *dont* ou *de*, se rendent toujours en espagnol, *ce* par LO, *celui* par EL, *celle* par LA, *ceux* par LOS, et *celles* par LAS. Cette règle n'admet aucune exception.

(5) Voyez la note précédente.

(6) *v* est l'abréviation du pronom *vuesamerced* qui n'est plus usité ; *v* se prononce *usted* ; *v* peut s'écrire *vd* et *vm*. L'v seul est plus élégant. L'on n'écrit jamais *usted* en toutes lettres.

(7) Les noms des maladies n'admettent pas l'article, lorsqu'ils sont le régime direct ou indirect des verbes *avoir* ou *être* ; il en est de même des noms *uso*, *usage* ; AUSENCIA, *absence*.

(8) Voyez note 2.

(9) *Ce*, employé comme sujet indéterminé, ne se rend jamais en espagnol.

famille.—C'est le droit de la mienne.—Il est impos-
familia.   es derecho de   mia.   impo-

sible de vivre sans manger.—Oui, c'est une chose
sibe es (10) vivir sin comer.   Si, es   cosa

difficile que de vivre sans nourriture.—Je ne sais
difícil   (11)   vivir sin alimento.   no sé

ni quand, ni comment, ni pourquoi.
ni cuando, ni cómo   ni porqué (12).

THÈME IV.

Sur quelques différences existant entre l'article français et l'article espagnol.

J'aime le sucre.—La mer est orageuse.—Prends du
     azucar. (1)   mar está tempestuoso. Toma

muguet.—La France, l'Italie, l'Allemagne, l'Angleterre
estrellamar.(2) Francia,   Italia,   Alemania,   Inglaterra

---

(10) *De*, devant l'infinitif d'un verbe qui est le régime ou le sujet d'un autre verbe, se rend par *el* en espagnol.

(11) *Que de*, devant un verbe qui est le régime ou le sujet d'un autre verbe, se rend en espagnol par *el*.

(12) *Cómo, cuando* et *porque* doivent être précédés de l'article *el*, en espagnol, toutes les fois qu'ils pourront être rendus, le premier par le nom *manière*, le deuxième par le nom *époque*, et le troisième par les noms *raison* ou *motif*. L'exécution de cette règle demande beaucoup d'attention et surtout beaucoup de goût.

(1) Les noms *azucar*, sucre, et *mar*, mer, peuvent être employés indifféremment au masculin ou au féminin; mais les composés de ces noms appartiennent toujours au genre féminin. Ces noms qualifiés par un adjectif ne peuvent être employés qu'au féminin, en espagnol.

(2) Les noms propres de pays n'admettent pas l'article en espagnol, lorsqu'ils sont employés pour désigner un espace de territoire ; ils l'admettent, lorsqu'ils désignent une nation. Cependant, on peut les employer sans article, même dans ce dernier cas. Quant à moi, je les préfère sans article.

et la Suède ont envoyé des commissaires à Rome.—Les
y Suecia han enviado comisarios á Roma. (3)
Voltaire et les Diderot ont | fait plus de bruit que de
Voltaires han | metido mas ruido que bien han
bien. | —Tous les dimanches je vais à la messe de midi.
hecho. | domingos voy misa de doce (4).
—Les lundis je vais à la chasse, les mardis au palais de
lunes voy caza martis palacio de
la princesse, les mercredis à la promenade et les
la princesa miércoles paseo
jeudis à la campagne ; les vendredis et les samedis,
jueves campo viernes y sábados
j'écris. — Rien de si sain que de promener le matin,
escribo. Nada hay tan sano como pasear (5)
de manger peu, de | s'occuper | assez et dormir bien la
comer poco, | ocuparse | bastante y dormir bien
nuit (6).

THÈME V.

*Sur uno un, unos, unas, unos cuantos, unas
cuantas.*

Combien d'exemplaires voulez-vous ? un ; et | don-
Cuantos ejemplares quiere V. (1) | déme

---

(3) Les noms propres de personnes, employés en sens figuré, demandent l'article, et peuvent être employés au pluriel en espagnol.
(4) Voyez note 3, thème III.
(5) Les expressions françaises *le matin, le soir, dans l'après-midi, dans la nuit* ou *la nuit* se rendent en espagnol par *por la mañana, por la tardecita, por la tarde, por la noche*, c'est-à-dire en mettant la préposition *por*, par, devant l'article.
(6) Voyez la note précédente.
(1) Le mot *un* se rend en espagnol par *uno* ou par *un* ; *uno* perd l'o final toutes les fois qu'il est suivi immédiatement du nom auquel il se rapporte ou de l'adjectif qui qualifie ce nom.

nez-moi | aussi un reçu de l'argent que je vous donne.—
V. | tambien recibo dinero (2) le doy.

J'ai quelques amis qui me favorisent | sous main. |
Tengo (3) amigos que me favorecen | por debajo de cuerda. |

—Procurez-vous quelques renseignements sur cette
Procúrese V. (4) informaciones tocante á ne

affaire.—J'aime la couleur bleue du ciel de la Provence,
negocio. Me gusta (5) (6) azul cielo Provenza,

et, dans les pays montueux, la couleur blanche de la
y, en los paises montuosos, blanco

neige | se fondant | dans la couleur brumeuse du ciel.
nieve | fundiéndose | en nebuloso

—Un bon ami est un très-grand trésor.—Une bonne
buen (7) amigo es muy gran tesoro. (8) buena

rente suppose une grande fortune. — Je ne veux pas
renta supone grande haber. no quiero

---

(2) *Argent* se rend en espagnol par *dinero*, lorsqu'il est question d'argent monnayé ; s'il s'agit du métal, on le rend par *plata*.

(3) *Quelques* se rend en espagnol par *unos* au masculin, et par *unas* au féminin. On peut aussi rendre ce pronom par *unos cuantos* ou par *unas cuantas*. Cette dernière forme est idiotique de la langue espagnole.

(4) *Quelques*, dans le sens de *certains* ou *certaines*, se rend en espagnol par *algunos*, *algunas*, suivant le genre du nom qui suit.

(5) Le verbe *aimer* ne s'emploie en espagnol que pour exprimer une affection aimante de l'âme : pour exprimer la préférence du goût, les Espagnols se servent du verbe *gustar*, *avoir du goût à*...

(6) En vertu d'une forme idiotique de la langue espagnole, on n'exprime pas le mot *couleur* devant les adjectifs noir, blanc, rouge, etc. ; ces adjectifs, au masculin singulier, sont toujours employés pour le nom couleur qui est sous-entendu. Dans le cas dont nous parlons, l'article qui précède le mot *couleur* en français se rend par *lo*. Cette règle a fait penser à plusieurs grammairiens que *lo* était un article *neutre* : il n'en est rien. *Lo* est ici, comme partout, la traduction littérale du pronom indéterminé *ce*. Ainsi, *la couleur bleue*, que les Espagnols rendent par *lo azul*, peut se rendre aussi par CE *qui a une couleur bleue* : LO *que tiene color azul*.

(7) *Bueno* perd l'o final devant un nom, au masculin seulement.

(8) On peut mettre ou ne pas mettre le mot *una* dans les cas semblables à celui-ci, c'est-à-dire dans les formes proverbiales. Il vaut mieux le retrancher.

celui-là, | donnez-moi | un autre. — Eh bien ! | vous
ese,   déme   V.   (9) otro.   Pues bien!   no os

n'aurez | ni l'un ni l'autre.—Des six chevaux que je
daré   ni (10)   otro.   De seis caballos

vous ai achetés, les uns sont méchants et les autres
os he comprado, (11)   son malos y   otros

rétifs ; je donnerais les uns et les autres pour moitié
falsos ;   daria   por (12) mitad (13)

prix.
precio.

THÈME VI.

Sur l'article en général.

La tête,—de la tête,—à la tête.—Le visage,
cabeza (1).   cara, f. rostro, m.

au visage,—du visage.—Le nez,—au nez,—du nez,—
(2)   nariz, f.

sur le nez.—Les yeux,—aux yeux,—des yeux,—pour
sobre   ojos   (3)   para

les yeux.—La bouche.—L'oreille,—sans l'oreille.—
                 boca.   oreja   sin

Le bras,—par le bras.—De l'air.—Un feu.—Il vient
brazo,   por   aire.   fuego.   viene

---

(9) *Un* ne se rend jamais en espagnol devant le pronom *autre*.

(10) *Ni l'un ni l'autre* et *l'un et l'autre* peuvent se rendre avec ou sans article.

(11) Voyez la note précédente pour l'article qui précède *les uns et les autres*.

(12) Le mot *mitad* demande toujours à être précédé de l'article.

(13) Mettez *del* avant *precio* ; l'ellipse de l'article avant *moitié*, et de *du* devant *prix*, qui est permise en français, serait une faute en espagnol.

(1) Voyez note 1, thème II.

(2) Voyez note 2, thème II.

(3) Voyez note 4, thème II.

de la ville.—Il va en France.—Il demeure en Espagne.
de ciudad. va á Francia. vine en España.

—Il parle de l'Italie.— Il mange des pommes.— Il
habla de Italia. come (4) manzanas.

aime les bonbons.— Ne buvez pas des liqueurs.—
le gustan dulces. No beba V. licores, m.

Je parlais de l'homme dont vous avez parlé.— Celui
hablaba (5) hombre de que V. ha hablado.

qui ment est méprisable.— Je vis de l'air que je res-
que miente es despreciable. vivo aire que res-

pire aussi bien que du pain que je mange.— Madame
piro come pan que como. Señora

la baronne, allez à la promenade.—Non, je m'en vais
(6) baronesa, vaya V. á (7) paseo. No, me voy

à la maison de campagne de M. le duc.— Je tâcherai
(8) casa de campo (9) señor duque. trataré

de ne pas trop m'ennuyer en l'absence de mes
de no fastidiarme demasiado en (10) ausencia de mis

amis.— J'aime la danse, c'est l'usage de mon pays.
amigos. Me gusta baile, es (11) uso de mi pays.

—Il souffre de la fièvre tierce.— Il est impossible
tiene (12) tercianas. imposible es

de ne pas s'ennuyer sans rien faire.— Vous me
(13) no fastidiarse sin hacer nada. me

---

(4) Voyez note 4, thème II.
(5) Voyez note 4, thème II.
(6) Voyez note 4, thème I.
(7) Voyez note 3, thème III.
(8) Voyez note 3, thème III.
(9) *Campagne* se traduit par *campo*, par *campiña* et par *campaña*. Par *campo*, lorsque ce mot est pris dans un sens général ; par *campiña*, lorsqu'il est employé pour *vaste étendue de champ* ; et par *campaña*, lorsqu'il signifie *campagne militaire* ou *maritime*.
(10) Voyez note 7, thème III.
(11) Voyez note 7, thème III.
(12) Voyez note 7, thème III.
(13) Voyez note 10, thème III.

haïssez? je ne sais pourquoi.—Vous voulez que je
aborrece V? no sé porqué (14). Quiere V. que

vous plaise et je ne sais comment.—Vous me dites
le complazca y no sé como (15). Me dice V.

de venir et je ne sais quand. — C'est une chose
que venga cuando (16). es (17) cosa

inouïe que de faire des reproches à une personne
inaudita (18) hacer cargos à persona

comme moi!—Donnez-leur des prunes, des abricots
como yo! Déles V. ciruelas, albaricoques

et des raisins; mais non pas des prunes que vous avez
ubas, f. pero no (19) que V. ha

achetées hier, ni des abricots dont on fait la
comprado ayer, ni albaricoques con que se hace

confiture, ni des raisins qui ne soient pas mûrs.—Je
dulce, m., ni ubas, f. que esten (20) maduras.

vous parle de M. le comte de la Vega et de Ma-
le hablo à V. señor (21) conde Vega se-

demoiselle Thomasin. — Ceux qui s'enivrent se
ñorita Tomasin. (22) que se emborrachan se

mettent au-dessous des animaux. — Celles d'hier
abajan mas que los animales. ayer

étaient plus convenables.—Allez au palais du roi
eran mas convenientes. Vaya V. (23) rey

et entendez la messe de Monseigneur l'évêque. —
oiga (24) misa Ilustrisimo (25) obispo.

---

(14) Voyez note 12, thème III.
(15) Voyez note 12, thème III.
(16) Voyez la note précédente.
(17) Voyez note 8, thème V.
(18) Voyez note 11, thème III.
(19) Voyez note 4, thème II.
(20) Voyez note 6, thème II.
(21) Voyez note 4, thème I.
(22) Voyez note 4, thème III.
(23) Voyez note 3, thème III.
(24) Voyez la note précédente et le renvoi.
(25) Voyez note 4, thème I.

Non, je n'irai pas au palais et j'entendrai la messe
No, no iré (26) palacio oiré misa
dans une église quelconque. —C'est l'âme de mon
en iglesia cualquiera. es (27) ánima de mi
père.
padre.

THÈME VII.

Sur les noms, le nombre et le genre.

(Dès à présent, les noms seront traduits au singulier, et leur genre ne sera plus indiqué.

Les nations. —Les chevaux. —Les taureaux. —Les
(1) caballo (2). toro.
enfants. —La mer. —Le sucre brut. —Les pinces. —Les
niño. mar (3). azucar (4) moreno. tenazas (5).

---

(26) Voyez note 3, thème III.
(27) Voyez note 3, thème I.
(1) Les noms français terminés en *tion* ont la même orthographe et la même signification en espagnol, seulement le *t* de *tion* se change en *c* en espagnol. Tous ces noms appartiennent au genre féminin dans les deux langues. Les noms terminés en *tion* se terminent par une consonne au singulier ; or, tout nom espagnol terminé au singulier par une consonne, ou par un *y*, ou par une voyelle surmontée d'un accent aigu, prennent *es* au pluriel ; ceux terminés par une voyelle brève ne prennent qu'une *s* au pluriel.
(2) Tous les noms espagnols terminés par une voyelle qui ne porte aucun accent, forment le pluriel par l'addition d'une *s*.
(3) Les noms *mar*, la mer; *azucar*, sucre; *órden*, ordre religieux; *albala*, acquit, passavant; *anatema*, personne anathématisée, anathème; *canal*, canal; *cisma*, schisme; *cutis*, peau ; *dote, dotes*, dot, dons de la nature; *tribu*, tribut; *reuma*, rhume ; *nema*, sceau, cachet; *márgen*, marge; *emblema*, emblème ; *hermaphrodite*, hermaphrodite; *arte*, art; *neume*, expression d'une pensée par signes ; tous ces noms peuvent être employés indifféremment au masculin ou au féminin. (Académie espagnole.)
(4) Voyez la note précédente.
(5) Les noms suivants ne peuvent être employés qu'au pluriel : *Calzones*, culottes, *tenazas*, pinces ; *tijeras*, ciseaux ; *henaguas*, jupons de dessous ; *despaviladeras*, mouchettes ; *albricias*, félicitations ; *efe-*

4

ciseaux.—Les pantalons.—Les provinces Basques.—
tijeras (6). pantalon. provincia Bascongada (7).
Les soldats.—Les climats.—Les dogmes de la religion.
soldado. clima (8). dogma (9).
—Les poulets rôtis.—Six ormes.—Les poiriers des
pollo asado. Seis olmo. peral (10)
jardins. — Les ânes et les brebis. — Des giroflées
jardin. asno (11). obeja. aleli (12)
blanches qui coûtent sept maravédis.—Des hommes.
banco cuestan siete maravedi (13). hombre.

---

merides, éphémérides: *fasces*, faisceaux; *fauces*, les côtés latéraux du gosier; *llares*, crémaillère: *preces*, prières pour les morts; *trebedes ó bedes*, trépied; *parrillas*, gril; *viveres*, des vivres; *pinzas*, pincettes. (Académie espagnole.)

(6) Voyez la note précédente.

(7) Les adjectifs forment le pluriel comme les noms; voyez note 1 de ce thème.

(8) Sont du genre masculin, quoique terminés en *a*, *problema*, problème, *guarda*, garde: *prisma*, prisme; *poema*, poëme: *planeta*, planète; *teorema*, théorème; *tema*, thème; *tapa boca*, soufflet qu'on applique à quelqu'un sur la bouche; *sofisma*, sophisme; *sistema*, système; *sintoma*, symptôme; *mapa*, carte géographique; *mand*, manne; *lema*, lemme; *idioma*, idiome: *fa, la, fa, la*, notes de musique; *Etna*, Etna (le mont), une grande fournaise; *epigrama*, épigramme; *drama*, drame; *dogma*, dogme; *diploma*, diplôme; *dilema*, dilemme; *dia*, jour; *crisma*, chrême; *clima*, climat; *axioma*, axiome; *antipoda*, antipode; *anagrama*, anagramme. (Académie espagnole.)

(9) Tous les noms français terminés en *ion* ont la même orthographe et la même signification en espagnol; seulement, lorsque *ion* est précédé d'un *t*, on change ce *t* en *c*, en espagnol. *Ion* n'est jamais précédé de *ss* en espagnol, parce qu'en espagnol on ne double jamais l's.

(10) Les noms des arbres fruitiers se forment, en espagnol, en changeant l'*a* final qui termine le nom du fruit en *o*. Ainsi, de *manzana*, pomme: *manzano*, pommier; de *ciruela*, prune: *ciruelo*, prunier. Excepté *nogal*, noyer; *peral*, poirier, et quelques autres.

(11) Ane se traduit en espagnol par *asno, jumento, burro, borrico*; ces noms forment le féminin en changeant l'*o* final en *a*. Il en est de même de tous les noms espagnols qui sont susceptibles de changer de genre, excepté quelques-uns dont je parlerai en temps et lieu.

(12) Revoyez note 1 de ce thème.

(13) *Maravedi*, monnaie imaginaire; ce nom a trois pluriels: *Maravedis; maravedies* et *maravedices*. Le premier et le troisième seuls peuvent être usités, le premier surtout.

Des maisons. — Des chaumières. — Les problèmes
casa.   cabaña.   problema (14)

politiques.—Les axiomes.—La vérité des livres sacrés
politico.   axioma.   verdad (15) libro sagrado

est incontestable.—L'ambition des ministres compro-
  incontestable.   (16)   ministro   compro-

met les rois et ruine les peuples.— La sincérité et la
mete á rey (17) arruina á pueblo.   (18)

bonté sont sœurs. — J'aime sa pureté de mœurs.
 (19)   hermano (20). Me gusta su (21)   costumbre.

THÈME VIII.

Sur les noms des sensations (1), *le genre et les terminaisons des noms.*

L'*amour* (*) de Dieu | pour | ses créatures se mani-
  amor (2)   Dios | para con | sus criatura se mani-

---

(14) Revoyez note 8 de ce thème.

(15) La plupart des noms français terminés en *té* se terminent en *dad* en espagnol. Ces noms appartiennent tous au genre féminin dans les deux langues ; ils y ont presque tous la même racine.

(16) Revoyez note 1 de ce thème.

(17) Voyez note 1 de ce thème.

(18) Les noms français terminés en *ité* se terminent presque tous en *idad*, en espagnol ; ces noms sont du même genre et ont la même racine dans les deux langues.

(19) Revoyez note 15 de ce thème.

(20) Revoyez la note 11 de ce thème.

(21) *Té*, terminaison française, répond quelquefois à *eza* en espagnol ; pure*té* fait purezא.

(1) J'entends par noms de sensations tous ceux qui désignent les modifications qu'éprouve l'âme à la réception d'une impression nouvelle. Ainsi, les noms *amour, respect, joie*, etc., sont des *noms de sensations*.

(*) Les noms soulignés sont des *noms de sensation*.

(2) *Amor*, nom de sensation, est le mot primitif duquel dérivent : *amar*, aimer ; *enamorar*, courtiser ; *amante*, aimant, amant ; *amoroso*

feste en toutes ses œuvres.—Les peuples les plus ci-
fiesta en todas sus obra.   pueblo *(3) mas ci-
vilisés sont ceux qui ont le plus grand | *respect*
vilizado (4) son   tienen * | mayor (5) | respeto
pour les lois. —La véritable *joie* nous la trouvons
á   ley (6).   verdadera alegria (7) (8) la hallamos
toujours dans l'accomplissement de nos devoirs.—
siempre en   complimiento (9)   nuestros deber.
L'*estime* que nous accordent nos semblables est une
aprecio (10) que nos conceden nuestros semejante es
douce récompense de notre probité. —Le *mépris* des
dulce recompensa de nuestra (11) (12)
gens de bien n'est pas seulement un *châtiment*, c'est
gentes de bien no es (13) solamente castigo tambien
aussi | une marque d'ignominie. —Dieu est aimable
es | tacha de ignominia. Dios es amable

---

aimant; *enamorado*, amoureux; *amable*, aimable; *amabilidad*, amabi-
lité : *amador*, amateur. Remarquez que tous les noms de sensations produisent le même nombre de mots qu'amour, c'est-à-dire deux verbes
(rarement un seul), quatre adjectifs et au moins deux noms. Le nom
amour, ainsi que tous les noms de sensations terminés en *or* ou en *o*,
sont du genre féminin. Tous les autres noms de sensation appartiennent au genre féminin.

(3) Le * indique que le mot au-dessus de ce signe ne se traduit pas;
on expliquera plus tard la cause.

(4) Tous les adjectifs terminés en *o* sont du genre masculin. Ces adjectifs changent l'*o* en *a* au féminin.

(5) *Plus grand* se rend toujours par *mayor* en espagnol.

(6) Revoyez la note 1 du thème VII.

(7) Voyez la note 2 de ce thème pour le genre. Le nom *alegria* produit le verbe *alegrar*, égayer; l'adjectif *alegre*, alègre; et le nom *ale-
grador* (égayeur), celui qui égaye.

(8) Revoyez note 5, thème II.

(9) Masculin; nous verrons après pourquoi.

(10) *Aprecio* produit : *desprecio*, mépris; et, par conséquent, les
verbes *apreciar*, estimer; *despreciar*, mépriser. Il produit aussi les
adjectifs *apreciable*, *despreciable*; et les noms *apreciador*, priseur; *des-
preciador*, qui méprise, méprisant.

(11) Revoyez la note 21, thème VII.

(12) Voyez note 10 de ce thème.

(13) Revoyez la note 6, thème II.

envers ceux qui l'aiment.—Soyez aimant envers vos
para (14) aman. Sed amante (15) para con vuestros

semblables, et vous jouirez de leur *respect* et même de
sejante, gozarais (16) su aun

leur *amour*.—La *haine* fait plus de mal à celui qui la
odio (17) hace mas (18) mal

sent qu'à celui qui | en est l'objet. | — La *gratitude* est
siente | es objeto de él. | gratitud (19) es

la vertu des âmes généreuses.—Ne méprisez personne
virtud alma generosa. No despreciéis à nadie

si vous ne voulez | devenir vous-même | méprisable.
si no quoreis | haceros | despreciable (20).

—Le *plaisir* n'est plaisir que lorsqu'il ennoblit celui
placer no es sino cuando ennoblece à

qui l'éprouve.— | Présentez mes *respects* à M. le gé-
le siente. | Pongame v. à la disposicion del Señor ge-

néral.—Jésus n'est mort sur la croix que parce qu'il
neral. Jesus no ha muerto sobre cruz (21) sino porque

nous aimait; ne pas | l'aimer | c'est faire preuve d'une
nos amaba; no (22) | amarle | es dar (23) prueba de

impardonnable *ingratitude*.
ingratitud.

---

(14) Revoyez note 4, thème III.

(15) Revoyez note 2 de ce thème.

(16) *Gozar*, jouir, dérive de *gozo*, joie; nom de sensation soumis aux règles que j'ai données note 2 de ce thème.

(17) *Odio*, nom de sensation. Voyez, pour le genre, note 2 de ce thème.

(18) *De* ne se met jamais en espagnol après un adverbe de quantité.

(19) Les noms espagnols terminés en *ud* sont du genre féminin, excepté *ataud*, bière, cercueil.

(20) Dérivé de *aprecio*. Voyez note 10 de ce thème.

(21) Les noms espagnols terminés en *uz* sont du genre féminin, et changent le *z* final en *c* au pluriel, avant de prendre *es*. Voyez note 1, thème VII.

(22) Voyez note 6 thème II.

(23) L'idiotisme espagnol veut *dar prueba* et non *hacer prueba*, comme l'idiotisme français.

THÈME IX.

Sur les noms des corps matériels (1). *Genre, nombre et dérivation.*

Chacun a sa *croix* (*) dans ce monde.—Mettez
Cada cual tiene su cruz (2)   en este mundo.   Ponga V.
le *mortier* (3) sur la *table*.— Où as-tu mis le *fil*
almirez   encimade mesa.   Adonde has (4) puesto
d'*archal*?— Les *fusils* anglais ont plus de réputation
alambre (5).   fusil   ingles tienen mas (6)   (7)
que de mérite réel.—Paris est plus sain depuis qu'
      mérito real.   Paris es mas sano desde que
on y a fait beaucoup de *fontaines*.—Donne-moi les
se han hecho en él muche (8)   fuente.   Dáme

---

(1) On appelle *noms des corps matériels*, tous ceux qui servent à désigner un corps, pourvu que ce corps ne soit pas l'œuvre de Dieu. Ainsi, les noms des animaux, des végétaux et des minéraux à l'état primitif, ne sont pas, selon moi, des noms de *corps matériels*, mais des noms *génériques*. Cette distinction était nécessaire pour la compréhension des notes qui sont dans ce thème.

(*) Les noms soulignés sont des *noms de corps matériels*.

(2) Les noms des corps matériels terminés en *a*, *us*, *ez* ou *e*, appartiennent au genre féminin ; avec toute autre terminaison, ces noms sont du genre masculin.

(3) Voyez la note précédente.

(4) Revoyez note 5, thème II.

(5) Ce nom, quoique terminé en *e* et désignant un corps matériel, est du genre masculin, parce que l'*e* final est précédé d'un *r*.

(6) Revoyez note 18, thème VIII.

(7) Voyez note 1, thème VII.

(8) *Mucho*, beaucoup, invariable en français, prend le genre et le nombre du nom auquel il se rapporte. Les adverbes susceptibles de genre et de nombre, c'est-à-dire, ceux qui peuvent être employés comme adjectifs, changent l'*o* final en *a* au féminin, et forment le pluriel d'après les mêmes règles que les noms. Voyez, pour le pluriel des noms, note 1, thème VII, et note 21, thème VIII.

pantalons qui sont dans l'*armoire*.—Les *chapeaux* de
pantalon estan en armario (9). sombrero

castor ne sont presque plus de mode.—Achetez un
castor no son ya cuasi de moda. Compre V.

miroir.—La *pendule* avance.—Les *livres* sont la nour-
espejo. péndula adelanta. libro son ali-

riture de l'âme, ils la tuent s'ils sont mauvais, ils la
mento(10) (11) alma, la matan si son malo, la

fortifient s'ils sont bons.— | Versez | de l'*encre* dans
fortifican si son bueno. | Eche V. |(12) tinta en

l'*encrier*.—| Fermez | ce *tiroir*.—| Prenez le *collier* du
tintero. | Cierre V. | ese cajon. | Tome V. | collar

chien et | mettez-le lui. |— Où est la *besace* ?|—Ache-
perro(13) y | pongasele | ¿ adonde está morral ? | Com-

tez-moi | une | *pelle à feu*. —Le *bureau* est ouvert; nous
preme V. | | badil. | escritorio está abierto ;

ne pourrons | rien y garder. |—Fermez les *contrevents*
no podremos | guardar nada en él. | Cierre V. | ventana (14)

avant de | vous coucher. |—Le *plafond* était doré. —
ántes de | acostarse. | techo era dorado.

Qu'avez-vous dans ce *verre* ?— Les anciens conser-
Qué tiene V. en ese vaso? antiguo (15) conser-

vaient les morts dans des *cercueils* de plomb.—L'or est
vaban á muerto en ataud de plomo (16). Oro es

---

(9) Voyez note 2 de ce thème.

(10) Tous les noms espagnols terminés en *o* sont du genre masculin, moins *mano*, main, et les noms de femmes qui se terminent en *o*, tels que *Sapho*, Sapho, etc.

(11) Voyez, pour l'accord de l'article, note 3, thème 1.

(12) Voyez note 4, thème II.

(13) Voyez note 10 de ce thème.

(14) Voyez note 2, thème I.

(15) Voyez note 8 de ce thème.

(16) Les noms de métaux sont tous du genre masculin, excepté *plata*, argent, *platina*, platine, qui appartiennent au genre féminin en espagnol.

le plus noble de tous les métaux.—Les astres sont une
mas noble de todos metal. astro son (17)
grande preuve de l'existence de Dieu.—Les *pincettes*,
gran prueba (18) existencia Dios. pinza,
les *pinces*, les *ciseaux*, les *couteaux* et même les
tenaza, tijera (19), cuchillo y aun
couverts se sont rouillés.— Faites repasser vos
cubierto se han tomado. Manden Vs. amolar sus
canifs (20), ne les abîmez pas en taillant vos
cortaplumas, no los echen Vs. á perder cortando sus
crayons.—Le *papier* de coton est plus joli que celui
lapiz (21). papel de algodon es mas bonito que (22)
de fil, mais il n'est pas si solide.—L'*habit* que vous
hilo, pero no es tan sólido. Casaca que v.
m'ayez fait est trop large.—Et le *pantalon* vous
e ha hecho es demasiado ancho (23). Y pantalon le sienta
va-t-il bien ?—Oui, mais le *gilet* est trop court et
á V. bien? si, pero chaleco me está muy corto y
trop large.
muy ancho.

THÈME X.

Sur les noms abstraits (1). *Genre, nombre, dérivations de ces noms.*

La *raison* (ª) est une *lumière* qui nous éclaire
razon (2) luz nos alumbra

---

(17) Revoyez note 8, thème V.
(18) Voyez note 4, thème II.
(19) Voyez note 5, thème VII.
(20) Voyez note 2 de ce thème.
(21) Voyez note 2 de ce thème.
(22) Revoyez note 4, thème III.
(23) Voyez note 8 de ce thème.
(a) Tous les noms soulignés sont des *noms abstraits*.
(1) On peut appeler noms abstraits tous ceux qui désignent une

pendant la *vie*, et dont nous rendrons compte après
durante vida de que darémos cuenta despues de

la *mort*.— La *vertu* n'est pas un vain mot comme
muerte (3). virtud no es palabra vana como

le disent quelques gens ; c'est une réalité, un *fait*.—
lo dicen algunas gentes es realidad, hecho.

Pour qu'un *théorème* devienne *axiome* il faut qu'il
Para que teorema (4) llegue á ser axioma es menester que

ait été démontré ; encore il ne sera *axiome* que
haya sido demostrado ; aun entónces no será axioma (5) sino

pour ceux qui en (6) ont accepté la démonstration.
para hayan aceptado

—Le *vice*, enveloppé dans le manteau de l'*hypocrisie*,
vicio embozado en capa (7) hipocresia

est souvent tenu pour *vertu*, tandis que la *vertu*
se confunde amenudo con la mientras que

nue est souvent confondue avec le *vice*.—La musique
desnudo (8) confundida con música

est toujours une *poésie*, mais la poésie n'est pas tou-
es siempre poesia pero no es

jours une musique. — Rien n'égale l'*avarice* d'un
Nada (9) iguala avaricia (10)

---

chose non appréciable au moyen des sens, et qui ne désignent cependant pas une sensation (voyez note 1, thème VIII), ni une *qualité*. Les mots *vertu, valeur, courage*, etc., sont des noms abstraits, c'est-à-dire des noms qui désignent des *choses sans corps*.

(2) Les noms abstraits terminés en *o*, en *or* ou en *e* sont du genre masculin. Avec toute autre terminaison, ils appartiennent au genre féminin, excepté ceux déjà mentionnés à la note 3, thème VII, qui, quoique terminés en *a*, sont du genre masculin.

(3) *Muerte* est du genre féminin, nonobstant ce que dit la note précédente.

(4) Voyez note 3, thème VII.

(5) Voyez note précédente et renvoi.

(6) *En* se traduit ici par *de ella*, que l'élève doit mettre après le nom *démonstration*.

(7) Revoyez note 2, thème I, pour l'accord de l'article, et note 2, thème IX, pour le genre.

(8) Accordez l'adjectif, et pour cela voyez note 4, thème VIII, et note 8, thème IX.

(9) Jamais deux négations ne précèdent un verbe espagnol.

(10) Voyez la note 2 de ce thème.

4.

homme prodigue | devenu vieux. | — La *vérité* n'est
hombre pródigo que llega á ser viejo. verdad

pas toujours bonne à dire, dit le *proverbe*; il devrait
   biena de decir, dice   proverbio,   debiera

dire : la *vérité* a souvent besoin d'être tempérée par
decir :   tiene amenudo necesidad de ser temperada por

la *bienveillance*.—La *paresse* vient souvent du *décou-*
  benevolencia.   pereza nace   des-

ragement.—L'*avarice* dénote toujours une âme basse.
ánimo.   denota   bajo.

La *fureur* est faible.—Les *furies* sont les filles de
  furor (11) es débil.   furias son   hijas

l'enfer.—Sa *furie* est inconcevable.—Je prendrai ma
Infierno. Su furia es incomprensible.   tomaré mi

revanche.
desquite (12).

THÈME XI.

Sur les noms qualificatifs (1). *Genre, noms et origine de quelques-uns de ces noms.*

| Dites | au *menuisier* (a) qu'il vienne demain ma-
  Diga V. carpintero (2) que venga mañana (3)

---

(11) Voyez la note 2 de ce thème.

(12) Voyez la note 2 de ce thème.

(1) Tout nom qui désigne soit la *dignité*, soit la *profession*, soit le *métier*, soit l'occupation habituelle d'une personne, doit être considéré comme étant un nom qualificatif.

(a) Tous les noms soulignés sont des *noms qualificatifs*.

(2) Les *noms qualificatifs* sont du genre masculin, s'ils désignent la dignité, la profession, le métier ou l'occupation habituelle d'un homme, et du genre féminin, s'ils désignent la dignité, la profession, le métier ou l'occupation d'une femme, quelle que soit d'ailleurs leur terminaison.

(3) *Mañana*, signifiant demain, est adverbe.

tin. — Mon *cordonnier* n'a pas porté mes souliers.
(4)   Mi   zapato (5)   no ha   traido mis   zapato.
—La *couturière* a fini les chemises et les mouchoirs
    costura (6)   ha acabado   camisa   pañuelo
de poche.—La *modiste* a réclamé son argent.—On dit
de faltriquera.   modista ha reclamado su dinero.   Se dice
que le *geôlier* de la tour de Londres est un grand sei-
que   carcel (7)   torre   Londres   es   gran   se-
gneur.—Mon fils sera un *chimiste* de premier ordre et
ñor.   Mi   hijo   será   quimica (8)   primer   órden y
ma fille une bonne *pianiste*.—C'est un *charbonnier*.—
mi (9)   buena   pianista.   Es   carbon (10).

---

(4) Voyez note 5, thème IV.

(5) Presque tous les noms qualificatifs désignant les métiers se terminent par *ero* en espagnol, et par *ier* ou *er* en français. Ces noms dérivent, pour la plupart, du nom de la chose faite par l'artisan ; ainsi, le mot *zapatero* dérive de *zapato*, et on le forme en changeant la voyelle finale du nom *zapato* en *ero*. Tous les noms des métiers suivent la même règle quant à leur formation, c'est-à-dire que si le nom d'une chose se termine par une voyelle, on la retranche et on met *ero* pour avoir le nom qualificatif de l'artisan. Si le nom d'une chose dont on veut former le nom qualificatif d'un artisan se termine en consonne, on ne fera qu'y ajouter *ero*, et le nom qualificatif sera formé. Exemple : *lámpara*, lampe ; *lampar*ERO, lampiste ; *carbon*, charbon ; *carbon*ERO, charbonnier.

(6) Suivez la règle établie à la note précédente, pour former *couturière* du nom *couture* que vous avez. Seulement, comme *couturière* est le nom d'une femme, mettez *era* au lieu de *ero*, et sachez pour l'avenir que les noms qualificatifs espagnols pouvant appartenir tantôt à un *homme*, tantôt à une *femme*, changent souvent de genre ; pour qu'un nom qualificatif espagnol devienne du genre féminin, il suffit de changer l'*o* final en *a*, ou d'ajouter un *a* si le nom masculin se termine par une consonne.

(7) Voyez notes 5 et 6 de ce thème.

(8) Les noms qualificatifs qui désignent les professions dérivent presque tous du nom d'une science ou d'un art. On les forme en changeant l'*a* final du nom radical en *o* pour le masculin ; le féminin est le même que celui de la science. Exemple : *música*, musique ; *músico*, musicien.

(9) *Hijo*, fils, changez l'*o* en *a*.

(10) Revoyez la note 5 de ce thème, pour former le mot *charbonnier*, *carbon*, charbon.

Le *pape* est le *prince* de l'Église.—Cet enfant sera un
papa (11) es   principe   iglesia.   Este niño será

bon *poëte*. — Un bon *physicien* est rarement un
bueno (12) poeta.   bueno   físico   es   raramente

mauvais *médecin*.—Le *roi*, la *reine* et les *princes* sont
malo (13) médico.   rey   (14)   principe han

allés à Neuilly.—Le *contre-amiral*, *prince* de Joinville,
ido à Neuilly.   contra-almirante,   de Joinville,

sera bientôt *amiral*. — Le *général* d'une armée doit
será pronto   general   ejército debe

avoir le courage que donne le sang-froid, et non celui
tener   valor   que   da   sangre (15) frio,   no

de la colère.— Le *curé* de Saint-Étienne vient d'être
ira.   cura   San-Esteban   acaba ser

sacré évêque.—Le *vicaire* est un *martyr*.—L'*officier*
consagrado obispo.   vicario es   martir.   oficial

de dragons est venu me voir.—Dites au *cocher* que
dragon   ha venido à verme.   Diga V.   coche (16) que

je veux avoir la voiture à la porte, à sept heures
quiro   el coche   puerta   siete (17)

précises.—Vous avez un excellent *cuisinier*.— Les
en punto.   Tiene V.   escelente cocina (18).

pachas de Turquie sont des grands seigneurs.—J'ai-
pachá   Turquia son   grande señor.   Pre-

merais mieux être victime que bourreau.— Allez
feriri   ser vitima à ser   berdugo.   Vaya V.

---

(11) Voyez note 2 de ce thème.

(12) Revoyez la note 7, thème V.

(13) *Malo* perd l'o final dans le même cas que *bueno*.

(14) Changez l'*y* du nom *rey* en *ina*.

(15) *Sangre* est du genre féminin en espagnol.

(16) *Coche*, coche ; formez cocher, suivant la règle de la note 5 de ce thème.

(17) Retranchez le mot *heures*.

(18) *cocina*, cuisine, formez *cuisinier*, d'après la note 5 de ce thème.

chez | le *ferblantier* et | achetez-moi | une boîte. —
á casa de.   ojalata (19)   compre me   caja.
Le *charretier* | n'est pas de retour.—|La *blanchisseuse*
carro (20)   no está   vuelta.   labandera (21)
n'est jamais exacte pour rendre le linge.—Monsieur le
no es jamas exacta   en   traer   ropa.
président et madame la *présidente* viennent ce soir.—
presidente   presidente (22) vienen esta noche.
On entendra trois *témoins*. — | Il a été condamné |
Se   oirá á   tres   estigo.   ha sido condenado
comme *homicide*. — Sainte Barbe, *vierge* et *martyre*.
por   homicida.   Santa Barbara, virgen   martir.

THÈME XII.

Sur les noms de qualité qu'on pourrait appeler adjectivaux (1).

La *bonté* (a) est une grande vertu; mais elle n'exclut
    (2)   grande virtud; pero   escluye
pas la *fermeté*.—La *franchise* dans les affaires est une
firmeza.   franco (3) en   negocio es

---

(19) *Ojalata*, pour *oja de lata*, fer-blanc; formez ferblantier, d'après la note 5 de ce thème.

(20) *Carro*, charrette; formez charretier.

(21) *Lavandera* fait exception à la règle de la note 5 de ce thème.

(22) *Presidente* fait *presidenta* au féminin.

(1) On appelle ainsi tous les noms qui dérivent d'un adjectif. Ces noms appartiennent tous au genre féminin, quelle qu'en soit la terminaison, tant en espagnol qu'en français.

(2) Les noms de qualités ou *adjectivaux* français se terminent tous en *ise*, en *esse*, en *ité*, en *té*, en *eur*, en *ce* ou en *ie*. Ces mêmes noms se terminent tous en espagnol en *eza*, en *idad*, en *dad*, en *edad*, en *or* ou en *ura*, en *cia* ou en *ia*. Chacune de ces terminaisons caractéristiques espagnoles répond à une ou à plusieurs terminaisons françaises. J'indiquerai la correspondance de ces terminaisons dans les notes suivantes de ce thème.

(a) Tous les noms soulignés sont des *noms adjectivaux*.

(3) Changez *co* en *queza*, et de l'adjectif *franco*, franc, vous formerez *franqueza*, franchise; *eza* répond à *ise*.

grande *habileté*. — Ayez un peu de *générosité* pour
    —idad (4).   Tened poco de —idad para con

vos ennemis. — La *patience* vient à bout de tout;
vuestros enemigo.   paciencia (6) se sale con todo;

—Oui, mais l'*adresse* n' est pas à dédaigner. — La
si,   destreza (7) no debe descindarse.

paresse est la ruine de bien des gens. — L'*activité* est une
pereza (8) es ruina mucho (9) gente. —idad (10) es

source de *richesse*. — La *régularité* dans la conduite
manantial (11) de riqueza (12). —idad (13) de conducta

est comme la boussole de la vie. — C'est un homme
como brújula vida. Es hombre

d'une *probité* extraordinaire et d'une *franchise* sans
  —idad (14) —aria (15) franco (16) sin

---

(4) *Idad* répond toujours à *ité* et souvent à *été*. La racine des noms terminés en *idad* est la même à peu près dans les deux langues; ce nom dérive de *hábil*.

(5) Voyez la note précédente. Ce nom dérive de *generoso*, généreux.

(6) *Cia* répond à *ce*. Les noms terminés en *ce* en français et en *cia* en espagnol ont la même racine; seulement, comme le *t* n'a jamais le son doux du *c* en espagnol, on écrit *paciencia* au lieu de *patientia*, qu'on écrit en latin, d'où les Français et les Espagnols ont tiré ce mot qu'ils font dériver de *patiente*, patient, *patiens*.

(7) *Eza* répond à *esse* ; mais la racine des mots terminés en *esse* ou en *eza*, selon la langue, n'est presque jamais pareille. Ce nom dérive de *diestro*, adroit.

(8) Voyez la note précédente. Ce nom dérive de *perezoso*, paresseux.

(9) *Mucho*, beaucoup, est susceptible de genre et de nombre en espagnol. *Mucho* fait *mucha* au féminin singulier, *muchos* au pluriel masculin, et *muchas* au pluriel féminin. *Mucho* s'accorde toujours en genre et en nombre avec le nom qui le suit. Le nom *gente* appartient au genre féminin en espagnol.

(10) Voyez note 4 de ce thème. Ce nom dérive de *activo*, actif.

(11) *Manantial* est du genre *masculin*.

(12) Voyez la note 7 de ce thème. Ce nom dérive de *rico*, riche.

(13) Voyez la note 4 de ce thème. Ce nom dérive de *regular*, régulier.

(14) Voyez la note 4 de ce thème.

(15) *Aire*, terminaison caractéristique de quelques noms et de quelques adjectifs français, répond à *ario* pour le masculin, et à *aria* pour le féminin.

(16) Voyez note 3 de ce thème.

exemple. — La *blancheur* est l'absence de toute cou-
ejemplo.   blanco (17)   es   ausencia de todo (18) co-

leur. — La *noirceur* de son âme est égale à la *rougeur*
lor (19).   negro (20)   su alma es igual à   rojez

de son teint. — La *largeur* de ce fossé est de trente
de su color.   ancho (21) de ese foso es de treinta

pieds, sa *longueur* est de soixante, et sa *profondeur* est
pies, su largo (22) es   sesenta   y su profundidad es

de vingt. — La *vivacité* dans les mouvements annonce
de veinte.   —idad (23) en   movimientos   anuncia

presque toujours la *légèreté* dans le caractère. — L'in-
cuasi   siempre   ligero.(24) en   caracter.

stabilité des choses humaines est une des lois de la
—idad (25)   cosa   humana   es   ley de

nature. — | Je n'aime pas | la *fausseté* de ses procé-
naturaliza. | No gusto de | falso (26)   sus procedi-

dés. — L'*exactitude* | qu'il met à remplir ses engage-
miento.   — (27) | con que cumple   compro-

ments est le garant de sa réussite. — Ne me parlez pas
 miso   garante   acierto.   No me hable V.

---

(17) Changez *o* en *ura* ou en *or*, et vous aurez *blancura* ou *blancor*, blancheur ; *ura* et *or* répondent à la terminaison française *eur*, dans les noms dérivés d'un adjectif. La racine de ces noms est presque toujours différente dans les deux langues.

(18) Voyez ce qui a été dit, note 9 de ce thème, sur *mucho*, et appliquez-le à *todo*.

(19) Le nom *color* est de deux genres en espagnol ; on dit également *la color* ou *el color*.

(20) Voyez note 17 de ce thème.

(21) Voyez note 17 de ce thème.

(22) Voyez note 17 de ce thème.

(23) Voyez note 4 de ce thème ; ce nom dérive de *vivo*, vif.

(24) Changez l'*o* final en *eza*.

(25) Voyez note 4 de ce thème.

(26) Changez l'*o* final en *edad*, et voyez note 4 de ce thème.

(27) Retranchez l'*e* muet final du mot français, et vous aurez le mot espagnol. Il en est de même de tous les noms français qui se terminent en *ude* : *exacto*, exact, est l'adjectif radical.

toujours de la *friponnerie* de ces gens-là.—La *véracité*
siempre de truanería (28) esas gente. —idad (29)

d'un homme n' | est pas toujours | le signe de sa
hombre no | siempre es | • señal su

vertu. — L'*imprudence* est l'apanage des sots.
virtud.. —cia (30) es apanage sandio..

THÈME XIII.

Sur les noms verbaux (1), *leur genre, leur terminaison et leur dérivation.*

Les *orateurs*([a]) français ont toujours été très-puis-
orador (2) franceses han siempre sido muy pode-

sants, | parce que | toujours ils ont été logiques.— Cet
roso, | porque | han sido lógico. E-a

habit a une mauvaise façon.—Ne me tourmentez pas,
casaca tiene • malo (3) hechura (4). No me atormente V.

---

(28) *In, ie,* dans tous les noms dérivés d'un adjectif et dans beaucoup d'autres dont je parlerai en temps et lieu. La racine de ces mots est presque toujours différente dans les deux langues; *truan,* fripon, est le radical de ce nom.

(29) Voyez note 4 de ce thème.

(30) Voyez note 6 de ce thème. Ce nom dérive d'*imprudente,* imprudent.

(1) Tout nom qui dérive d'un verbe doit être rangé sous cette dénomination. Les noms verbaux désignent toujours une *action*, un *sujet* ou le *lieu* spécialement affecté à l'accomplissement d'une action.

([a]) Tous les noms soulignés sont des *noms verbaux.*

(2) Les noms verbaux espagnols se terminent tous en *ador, edor* ou *idor*; quand ils désignent le sujet d'un verbe, on forme ces noms en changeant la terminaison du verbe en *ador,* si le verbe radical se termine en *ar*; en *edor,* si le verbe se termine en *er,* et en *idor,* si le verbe se termine en *ir.* Les noms verbaux qui désignent le *sujet* sont du genre masculin, s'ils désignent un *sujet* masculin, et, dans ce cas, se terminent en *ador, edor* ou *idor.* Ces noms appartiennent au genre féminin, s'ils désignent un *sujet* féminin; dans ce dernier cas, ils prennent un *a* et se terminent en *adora, edora* ou *idora.*

(3) Accordez l'adjectif en genre et en nombre avec le nom auquel il se rapporte. Voyez pour cela note 7, thème VII, et note 4, thème VIII.

(4) Les noms verbaux qui désignent l'action d'un verbe se terminent

si vous voulez que je fasse une *confession* pleine et
si quiere que haga (5) pleno y

entière. — Les *chasseurs* du Tyrol | sont renommés
entero. cazar (6) Tirol tienena fama de

par leur adresse. — |Les *rémouleurs* sont presque tous
ser muy diestros. amolar son cuasi todo (7)

enfants de la Lorraine. — Cet homme est un terrible
hijo de (8) Lorraine. Ese es un terrible

mangeur et sa femme est aussi *mangeuse* que lui. —
comilon (9) y su muger es tan (10) como él (11).

Il est *relieur* et moi je suis *polisseuse*. — Nous avons
es enenadernar(12) y yo soy pulir (13). tenemos

un vaste *dortoir*, une bonne *disposition* et un *séchoir*
estenso dormir (14), bueno (15) (16) un secar

---

en *ion*, en *ura* ou en *amiento* ou *imiento*; ceux terminés en *ura* et en *ion* sont du genre féminin; tous les autres appartiennent au genre masculin.

(5) Revoyez note 1, thème VII.

(6) Voyez la note 2 de ce thème. *Cazar*, chasser.

(7) *Todo* fait *toda* au féminin singulier, *todos* au masculin pluriel, *todas* au féminin pluriel.

(8) Voyez note 2, thème IV, sur l'emploi de l'article devant les noms propres de pays.

(9) *Comilon*, par exception, au lieu de *comedor*, conformément à la note 2 de ce thème. *Comer*, manger.

(10) Ajoutez un *a* à *comilon*, mangeur, pour avoir *mangeuse*.

(11) *Él*, pronom personnel de la troisième personne, ne se distingue de *el*, article, que par l'accent aigu que porte l'*é* du premier. N'oubliez jamais cet accent.

(12) *Enenadernar*, relier. Voyez la note 2 de ce thème, et formez le nom.

(13) *Pulir*, polir. Voyez note 2 de ce thème, et formez le nom.

(14) Les noms verbaux qui désignent un lieu spécialement affecté à l'accomplissement d'une action se terminent en espagnol en *adero*, *edero*, *idero*, *itorio* ou *atorio*. Ces noms appartiennent tous au genre féminin, quelle que soit leur terminaison. On les forme en changeant la terminaison du verbe en *adero*, si le verbe se termine en *ar*; en *edero*, si le verbe se termine en *er*, et en *idero*, si le verbe se termine en *ir*. Le verbe *dormir* change ir en *itorio*, et le verbe *orar* change ar en *atorio*.

(15) Revoyez note 3 de ce thème et le renvoi.

(16) Voyez la note 1, thème VII.

magnifique.—Avez-vous aussi un *égouttoir?*—Allez à
magnífico.   tienen V.   tambien   sumir?   Vaya V.

l'*abattoir* et vous verrez comme on abat les bestiaux.
matar   y   verra como   se matan   ganado (17).

—Philippe II a passé les trois | quarts | de sa vie
Felipe   ha pasado   tres | cuartas partes | su vida

dans son *oratoire.*—Votre *comportement* décidera de
en su   orar (18).   Vuestro comportamiento (19) decidirá

votre sort.—Il a dit qu'on me fasse une boîte avec
vuestro suerte (20).   ha dicho que se me haga una   caja con

des *compartiments.*—Il vit dans un *retirement* incom-
compartir (21).   vive con   recogerse   incom-

préhensible.—Je ne voudrais pas demeurer dans
prensible.   no quisiera   vivir   en

| votre rue; | c'est un vrai *coupe-gorge.*—Paris
| su calle de V. | es   verdadero   degollar (22).   Paris

serait plus propre si, aux régiments de *balayeurs,*
fuera mas limpio si,   regimiento   de barrendero (23),

on ajoutait quelques *arroseurs.*—Faites attention au
se añadieran algunos   regar.   Hagan Vs.   (24).

commandement de vos chefs.— | Vous êtes | un beau
mandar (25)   de sus gefes. | Es V. | grato

_____

(17) Ce nom est collectif en espagnol, et on ne l'emploie qu'au singulier.

(18) *Orar,* prier, formez oratoire, d'après la règle établie note 2 de ce thème.

(19) Presque tous les noms verbaux français terminés en *ement,* se terminent en espagnol en *amiento* ou en *imiento,* suivant qu'on les fait dériver d'un verbe terminé en ar ou d'un verbe terminé en ir.

(20) *Suerte* est du genre féminin; par exception, accordez l'adjectif qui le précède.

(21) *Compartir,* faire des compartiments. Voyez la note 19 de ce thème, pour former le nom.

(22) *Degollar,* égorger, formez le nom *égorgeoir* en espagnol, suivant la règle établie à la note 14 de ce thème.

(23) *Barrendero* par exception; on peut aussi dire *barredor,* de *barrer,* balayer.

(24) Voyez note 1, thème VII.

(25) *Mandar,* commander; formez le nom commandement en changeant *ar* en *amiento.*

parleur, mais vous ne me tromperez pas. — Les bons
hablar,   pero   no me engañará V.   buen

lecteurs sont aussi rares et plus que les bons *acteurs*. —
leer (26) son   tan   raro y mas que   buen actar.

Vous avez l'air d'un *licteur* romain. — Et vous
Tiene V. efacha de   (27)   romano.   Y Vs.

ressemblez à des luteurs.
parecen   luchar (28).

THÈME XIV.

Sur les noms collectifs (1), *génériques* (2) *et locaux* (3).

Je suis l'*officier* (a) de la *marine* royale que vous
soy   oficial   marina   real   por quien

avez fait demander. — Quel est le *régiment* qui est
ha preguntado V.   Cual es   regimiento que ha

entré dans la Galice ? — Les *forêts* de l'Amérique sont
entrado en   Galicia?   floresta   América   son

---

(26) Les verbes *leer*, lire, *actar*, agir, forment les noms de sujet, le premier, en changeant *er* en *ector*; le second, en changeant *ar* en *or*. Tous les noms verbaux français terminés en *acteur*, *ecteur* ou *icteur*, se terminent en espagnol, les premiers, en *ector*, les seconds en *ector*, et les derniers en *ictor*, c'est-à-dire que les noms verbaux français terminés en *acteur*, *ecteur*, *icteur*, sont espagnols avec la même signification en changeant *eur* en *or*.

(27) Voyez la note précédente.

(28) Voyez la note 2 de ce thème.

(1) Tout nom qui, sans être au pluriel, sert à désigner plusieurs personnes, plusieurs personnes et plusieurs choses, ou plusieurs choses, est un nom collectif. Terminés en *a* ou en *ud*, ces noms sont du genre féminin en espagnol; ils appartiennent au genre masculin avec toute autre terminaison.

(a) Tous les noms en italique sont des *noms collectifs génériques ou locaux*.

(2) Tout nom qui sert à désigner soit un *animal*, soit un *végétal*, soit un *minéral*, est un nom générique.

(3) Tout nom qui sert à désigner le *lieu* où l'on *fabrique*, où l'on

presque toujours vertes. — Les *communautés* religieuses
cuasi   siempre   verde.   comunidad (4)   (5)
ont fait beaucoup de bien | dans le | commencement
han hecho mucho   bien   al   principio
de leur installation. — Tous les *serpents* ne sont pas
de su   (6).   Todo (7) serpiente (8) no son
venimeux. — Dieu créa les arbres et les *plantes*, les
venenoso.   Dios creó   árbol   planta,
fleurs et les rivières, les *animaux* et les *reptiles*,
flor (9) y   rio (10);   animal   reptil
avant de créer l'*homme*. — La *femme* sage, vertueuse
ántes de crear   muger (11) honesto, virtuoso
et modeste est un présent que Dieu a fait à la terre. —
modesto es   don   que Dios ha hecho á   tierra.

---

vend, où l'on met en *entrepôt* quelque chose, est un nom local. *Sucrerie, chapellerie, bijouterie*, etc.; tous ces noms se terminent en *erie* en français et en *eria* en espagnol. Dans les deux langues, les noms locaux appartiennent au genre féminin sans exception.

(4) Les noms collectifs espagnols sont du genre féminin, lorsqu'ils se terminent en *a*, en *ud* ou en *idad*, et du genre masculin avec toute autre terminaison. Ces noms peuvent être employés au sens propre et au sens figuré.

(5) Tous les adjectifs français terminés en *eux* se terminent en *oso* en espagnol; quelquefois ces adjectifs ont une racine différente dans les deux langues. Exceptez *heureux*, qui fait *feliz* en espagnol.

(6) Voyez note 1, thème VII, et retranchez un *l* au mot français.

(7) *Todo* fait *toda* au féminin, *todos* au masculin pluriel, *todas* au pluriel féminin.

(8) Le mot serpent est du genre féminin en espagnol.

(9) Les noms génériques terminés en *a* ou en *or* appartiennent au genre féminin; avec toute autre terminaison, ces noms appartiennent au genre masculin.

(10) *Rio*, rivière, est du genre masculin en espagnol.

(11) Les noms génériques qui désignent une personne ou un animal peuvent appartenir soit au masculin ou au féminin, selon qu'ils désignent le mâle ou la femelle. En général, tout nom qui désigne un animal est du genre masculin, s'il se termine par un *o* ou par une consonne, et devient du genre féminin en changeant l'*o* final en *a*, ou en ajoutant un *a* à la consonne finale. Les noms *hombre*, homme; *toro*, taureau; *caballo*, cheval, font exception à la règle: *hombre* fait *muger*; *toro* fait *baca* et *tora* (ce dernier signifie *génisse*); *caballo* fait *yegua*.

Le *boa* est un *serpent* qui abonde dans l'Amérique
boa (12) es   serpiente que abunda,   en

du Sud.— La *lionne* n'est jamais aussi méchante que
Sur.   leon (13) no es nunca   tan   malo (14) como

quand elle a des petits. — J'ai une jolie *vache*
cuando   tiene   cachorro (15). Tengo un bonito   baca

blanche. — La *tigresse* n'est pas si carnassière que le
blanco.   tigre (16) no es   tan carnicero   como

chacal.—La *panthère* (17) est une jolie bête.—La *pie*
chacal.   pantera   es un bonito bestia: marica

est voleuse.—|Il n'y a pas| de *crocodiles* blancs.—Allez
es   ladron. |No hay | cocodrillo blanco. Vaya V.

à la *chapellerie* de Paris, en face de l'*orfévrerie* de
    sombrero (18) Paris, en frente de   plata

Jacques Brun, à côté du |*magasin de bonbons*| de
Santiago Brun, al lado | confite (19)| de

madame Luciane.—La *lingerie* de Paris ne peut être
la señora Luciana.   lienzo (20) de Paris no puede ser

---

(12) *Boa*, quoique terminé en *a*, est du genre masculin.

(13) Formez le féminin.

(14) Accordez l'adjectif avec le nom lionne.

(15) Les petits des chiennes ainsi que ceux de toutes les bêtes fauves s'appellent *cachorros*.

(16) Le *tigre* n'a qu'un genre en espagnol pour le mâle ou pour la femelle. On dit un tigre *macho*, un *tigre mâle* ; un tigre *hembra* ou *la hembra del tigre*, pour désigner *la tigresse*.

(17) Même règle que pour le *tigre* ; voyez la note précédente. Il en est de même pour les noms *crocodile*, *pie* et *serpent*. Ces noms demandent toujours l'article au masculin, et l'adjectif se met au féminin, lorsqu'il se rapporte à une femelle.

(18) Les noms *orfévrerie* et tous les noms qui désignent un *magasin*; une *fabrique*, un *entrepôt* ou *une spécialité de commerce*, appartiennent tous au genre féminin dans les deux langues ; ces noms se terminent tous en *erie* en français et en *eria* en espagnol. Ces noms se forment en français en ajoutant *erie* au nom de la chose fabriquée, entreposée ou vendue dans les lieux désignés ; en espagnol, on les forme en ajoutant *eria* aux mêmes noms. Ainsi, en français, de *bijou* on fait *bijou*ERIE ; de *linge*, *ling*ERIE : en espagnol on fait également *alaj*ERIA de *alaja*, bijou ; et *lenceria* de *lienzo*, linge.

(19) *Bonbon*, CONFITE, formez bonbonnerie, suivant la règle donnée à la note précédente.

(20) Voyez la note 18 de ce thème.

comparée à aucune autre.—M. Antoine vient d'être
comparada á ninguno (21) otro (22). El señor Antonio acaba de ser
employé dans la *rouennerie*.—J'ai une petite ména-
empleado en Rouen (23). Tengo casa (24) de fie-
gerie composée d'un *renard et sa femelle*, d'un
ras compuesta de zorro (25) y su hembra, de
lièvre, d'un *lapin*, de six *pigeons*, d'un *éléphant*,
liévre (26), conejo, de seis paloma (27), elefante,
de trois *cerfs* et de plus de soixante espèces d'*oiseaux*
de tres ciervo y de mas de sesenta especies de pájaro
rares.
raro.

---

(21) *Ninguno* doit s'accorder en genre et en nombre avec le nom auquel il se rapporte ; ce mot forme le féminin par le changement de son *o* final en *a*, et le pluriel par l'addition d'une *s*.

(22) Même règle pour *otro* que pour *ninguno*. Voyez la note précédente.

(23) Formez *rouennerie*.

(24) Formez le diminutif du mot CASA par l'addition de *ita*, après que vous aurez retranché l'*a* final.

(25) *Zorra* est le nom générique de la race *renard*. Ce nom étant terminé en *a*, appartient au genre féminin. Lorsqu'on veut désigner le mâle de l'espèce, on dit *una zorra macho*, un *renard mâle*. Ce nom demande toujours l'article au féminin ; mais les adjectifs qui s'y peuvent rapporter doivent s'accorder avec le nom qu'ils qualifient, suivant que ce nom désigne un *mâle* ou une *femelle* de l'espèce. On dit aussi *un zorro*, pour désigner le mâle.

(26) Voyez la note précédente. Tout ce qui y est dit touchant le nom *zorra*, renard, est applicable au nom *lievre*, lièvre. Seulement ce nom est toujours invariable.

(27) Mêmes règles et mêmes observations que pour les noms *zorra* et *lièvre* ; ajoutez à ces noms *tortola*, tourterelle ; — *codorniz*, caille ; — *alondra* ou *calandria*, alouette ; — *mosca*, mouche ; — *abispa*, guêpe ; *abeja*, abeille, et un grand nombre d'autres noms d'animaux, d'oiseaux, de reptiles et d'insectes dont on désigne l'espèce (en espagnol) par le nom de la femelle, et qui, par conséquent, appartiennent au genre féminin.

THÈME XV.

Sur les noms de nombre (1) *et sur ceux qui servent à désigner nos organes et ceux des animaux* (2).

A la bataille d'Isly, *sept mille* Français ont mis
batalla de Isly (3) Franceses han

en fuite | *vingt-huit mille* Marocains; chaque
derrotado á (4) Maruecos; cada

Français a eu donc *quatre* barbares à combattre. —
ha tenido pues (5) barbaro que combater.

Six mille cinq cent quatre-vingt-dix-sept pièces d'or
(6) monedas de oro

ont été | trouvées dans un trou sur les bords du
se han hallado en agugero en ribera

Xénil | le lendemain de la retraite du Boaldil. —
Xenil el dia siguiente del de retirada de Boaldil.

Envoyez-moi *six douzaines* de boutons d'os. —
Envieme v. boton de hueso.

Un navire s'est perdu sur les côtes du Havre de
navio se ha perdido en costa Havre de

Grâce, | ayant à bord : *neuf cents* lingots d'argent
Gracia, en cuyo bordo habia : barra plata

---

(1) Tout mot qui désigne soit une quantité, soit une *unité*, soit une fraction d'*unité*, doit être considéré comme un *nom de nombre*. Tous les noms de nombre qui se trouvent dans ce thème ont été soulignés.

(2) Les noms qui désignent quelqu'un de nos organes ou de ceux des animaux sont tous soulignés dans ce thème.

(3) Voyez les noms de nombre à la fin de la première partie.

(4) Dans les quantités exprimées par deux, trois ou plus de nombres, le dernier nombre est toujours séparé des autres par la conjonction *y*. Exemple : *trente-neuf, trienta y nueve; mil cent trois, mil ciento y tres*, etc.

(5) Ce nombre s'écrit *cuatro* et non *quatro*, le *q* ne pouvant s'écrire devant *ua, uo*, en espagnol.

(6) Les combinaisons de plusieurs nombres pour exprimer une quantité se font en espagnol de la même manière qu'en français, en ayant toutefois égard à la règle déjà posée note 4 de ce thème.

pur, *quatre-vingt-quatorze* caisses de savon, *mille*
puro, caja de jabon,

cinq cent soixante-dix-sept bouteilles d'encre, *onze cents*
botella de tinta,

balles de coton et *un million cinq cent quatorze mille*
fardo de algodon

sept cent trente-trois francs, en monnaie de France. —
franco, moneda francesa (7).

Cette barrique ne contient pas la *moitié* ni même le
En esa barril no cabe ni aun

quart de ce que vous pensiez. — Elle contient au moins
de lo que V. pensaba. cabe por lo ménos

le *tiers* de ce que vous avez à y mettre. — Il a la
de V. tiene que poner en él. Tiene

jambe trop grosse, le *nez* trop camard, les
pierna demasiado grueso, nariz romo,

bras trop maigres et trop longs, et les *mains* sèches
brazo flaco y largo, y mano seco

comme celles d'*un* squelette. — Cela est vrai : mais
como (8) esqueleto. Es verdad ; pero

il a le *front* haut et très-beau, les *yeux* vifs, les
tiene frente alto y muy hermoso, ojo vivo;

joues assez fraîches, le *pied* joli et *une taille* magni-
carrillo bastante fresco, pié lindo y talle magni-

fique. — Oui, s'il n'avait pas *un ventre* aussi rond,
fico. Si, si no tuviera vientre tan redondo,

des *hanches* aussi épaisses, des *dents* aussi *longues*
cadera azoquelados, diente

et aussi décharnées, et des *cheveux* aussi roux, notre
descarnado cabello rojo, nuestro

homme serait presque beau. — Allons, vous êtes une
hombre fuera cuasi bello. Vamos, es V.

---

(7) Les adjectifs désignant la nationalité de personnes ou de choses, prennent un *a* au féminin, même quand ils se terminent par une consonne.

(8) Voyez note 4, thème III.

mauvaise *langue;* vous ne nierez pas, cependant,
malo lengua; no negará V. sin embargo,
que ses *lèvres* soient bien jolies.— Pas plus jolies
sus labio sean muy bonito. No mas
que ses *moustaches* et que ses *favoris;* je n'ai jamais
que vigóte patilla(9); no he jamas
trouvé beau un homme qui a la *barbe* rousse et
creido bello á que tiene barba roja
un menton pointu; ajoutez que ses *oreilles* sont aussi
barba puntiagudo; añada V. sus orejá son tan
larges et aussi plates que celles d'un éléphant.— Voilà
largo y aplastado como (10) elefante. Hé aqui
un taureau qui a de belles *cornes;* et *un* âne qui
toro que tiene hermoso cuerno; (11) asno que
a de bien vilains *sabots* et une *queue* bien pelée.—
tiene muy feo casco y cola muy pelado.
Que pensez-vous des *crins* de cette *jument?* — Ils
Qué piensa V. de crin de esta
sont beaux, mais j'aime mieux ses *jambes* et son
son hermoso, pero prefiero sus pierna y su
poitrail.— Le joli *museau* qu'a cet écureil!— Quelles
pecho! Qué lindo hocico tiene ese ardilla! Qué
terribles *défenses* que celles de l'éléphant, s'il vou-
terrible colmillo son elefante, si qui-
lait s'en servir pour faire du mal!— A propos
siera servirse de ellos par hacer daño! Hablando
de *défenses,* vous avez aussi *deux canines* qui
de tiene V. tambien que

---

(9) Les noms de nos organes, ainsi que ceux des organes des animaux, appartiennent au genre féminin, quand ils se terminent par un *a*, par *iz* ou par un *e*; ils appartiennent au genre masculin avec toute autre terminaison, excepté *mano*, la main, et *vientre*, le ventre, qui sont, le premier du genre féminin, quoique terminé par un *o*, et le second du genre masculin, quoique terminé par un *e*.

(10) Voyez note 4, thème III.

(11) *Uno*, un, perd l'*o* final lorsqu'il est suivi immédiatement d'un nom ou d'un adjectif.

5

ne ressemblent pas mal, | aux deux *défenses* d'un san-
se parecen mucho | dos ja-
glier. — J'ai une inflammation dans le *poumon* gauche.
bali. Tengo en pulmon izquierdo.
— Et moi une irritation | au | *palais de la bou-*
Y yo en el paladar
che. | — Il est mort | d'une obstruction au *foie*. —
Se ha muerto de de hígado.
On m'avait dit que c'était à la *rate*. — Je crois que sa
me habian dicho que era en bazo. Creo su
mort vient | plutôt | d'une maladie de l'*estomac* ou
muerte resulta mas bien enfermedad en estomago ó
des *intestins*. — | N'avait-il pas | le *cerveau* un peu
en (12) intestino No tenia cerebro poco
dérangé? — Non; mais sa *cervelle* | battait la campa-
desarreglado? No; los sesos (13) disparataban.
gne. | — Je crois que j'ai une maladie nerveuse. —
creo que tengo enfermedad nervio (14).
Non; | vos *nerfs* | ne sont pas malades : | ce sont vos
No; sus nervio de V. no estan malos : son los
tendons. — Et moi je pense que | monsieur | a
tendon. Y yo creo que el señor tiene
les *muscles* meurtris. — Je ne sais ; mais souvent les
músculo magullado. No lo sé; pero amenudo
os même me | font mal. | — Prenez | *un* bain. —
hueso aun me duelen. Tome V. baño.
Prenez | *cent* bains. — Je n' | en prendrai ni *un* ni
Tome V. ciento (15). No tomaré ni ni
cent.

---

(12) Voyez notes 1 et 4, thème II.

(13) Le mot *sesos* au pluriel, signifie la cervelle matérielle des animaux ; au singulier, *seso* signifie *intelligence*.

(14) *Nervio* signifie *énergie* et *nerf*.

(15) *Ciento* perd la dernière syllabe devant un nom et devant un adjectif, mais il demeure intact dans tous les autres cas. Les noms de nombre sont employés pour désigner les heures, pour indiquer l'ordre de suc-

THÈME XVI.

Sur les noms qui ne s'emploient qu'au pluriel (1).

| Faites-moi | une paire de *culottes*.— Achète des
Hagame v. | par calzon. Compra

pinces, des *ciseaux* et des *mouchettes* (2).— Vendez
tenaza, tijera despabiladera. Venda V.

votre *trépied*, et achetez-vous une *crémaillère*.— Je vais
su trebede, compre llar. Voy

m'acheter un *gril* aussi.— Elle a reçu des *félicita-*
á comprarme parrilla tambien. Ha recibido albri-

tions de tous ses amis.— Les jolies *pincettes* que
cia todos (3) sus amigo. Qué bonito (4) pinza

vous avez là !— Les *prières* sont pour les morts ce
Tiene. V. Prez son para muerto

---

cession de souverains qui ont *Louis* pour nom, et à tous les autres usages qu'ils ont en français.

Les fractions 1/2, 1/3, 1/4, etc., s'expriment en espagnol par *la mitad* ou *media parte*, *una tercera parte*, *una cuarta parte*, etc., en mettant toujours le mot *parte* après le nombre. On dit aussi un *torcio* pour 1/3, et un *quinto* pour 1/5, mais cette manière de parler est incorrecte.

(1) Quoique tous les noms soulignés de ce thème doivent être employés au pluriel en espagnol et non autrement, nous les avons traduits au singulier, afin que les élèves puissent s'exercer à former le pluriel.

(2) Les noms espagnols qui ne peuvent être employés qu'au pluriel sont tous du genre féminin, excepté *calzones*, culottes ; *fauces*, côtés latéraux du gosier ; et *llares*, crémaillère.

(3) *Todo* est susceptible de genre et de nombre, et s'accorde toujours avec le nom auquel il se rapporte.

(4) Nous rappellerons aux élèves que les adjectifs ont été traduits tous au singulier et au masculin, et que les élèves doivent les faire accorder en genre, en nombre avec les noms qu'ils qualifient. On doit aussi se souvenir que les adjectifs forment le pluriel comme les noms, et l'on sait comment les adjectifs forment le féminin. Voyez, au besoin, notes 1 et 7, thème VII ; et note 4 du thème VIII. Les adjectifs terminés en e ou par une consonne qui n'est pas un *n*, sont de deux genres, à moins qu'ils ne dénotent la nationalité ; pour ces derniers, voyez note 7 du thème XV.

que le pain est pour les vivants.—Il a les *deux côtés*
pan es para vivo. Tiene fauce

latéraux du gosier malades. Il a écrit des *éphémérides*
malo. Ha escrito efemeride

très-intéressantes.—L'armée française n'a pas des
muy interesante. Ejército frances no tiene

vivres pour deux ans.
vívere para

THÈME XVII.

Ce thème et les suivants roulent sur les adjectifs en général, — leur genre, — leur nombre, — leur accord avec les noms, — leurs irrégularités.— leurs différents degrés de comparaison, — leurs superlatifs ; — sur quelques observations qui y ont rapport, et sur la manière de former les mots qui en dérivent.

Le climat de Paris est humide.—Les Françaises
Clima (1) Paris es húmedo. Frances (2)

sont gracieuses ; mais un peu trop coquettes.—Les
son gracioso ; pero demasiado coqueta (3).

rues de Londres sont larges, longues et bien alignées.
Calle Londres ancho, largo y bien alineado.

---

(1) *Clima* est du genre féminin.

(2) Tous les adjectifs qui dénotent la nationalité peuvent être employés comme noms. Ces adjectifs, quoique terminés souvent par une consonne, prennent un *a* au féminin.

(3) L'adjectif *coqueta*, ainsi que les noms *poeta, mártir, virgen, hermafrodita*, appartiennent indistinctement aux deux genres, et ne changent jamais de terminaison. Ainsi, l'on dit également un *hombre coqueta, poeta, mártir, virgen, hermafrodita*, etc., un *homme* coquet, poëte, martyr, vierge, hermaphrodite, etc.; ou *una muger coqueta, poeta, mártir*, etc., une *femme* coquette, poëte, martyre, etc.

—L'émulation excessive, c'est de l'ambition.—Une âme
　　　　　　escesivo　　　es　　　　　　　　　　　(4) Alma

noble et généreuse pardonne; mais elle n'oublie pas
　　　　　(5)　　　　pardona;　　　　　　　　no olvida

les injures. |—Vous êtes en tout digne de votre père.—
　injuria.　|　Es V.　en todo　digno　　　su padre.

Il est aimable, mais très-imprudent.—C'est un homme
　　　(6)　　　　　muy　　(7)　　　　　Es

méprisable.—| Il faut vous consoler; nous sommes
despreciable. |Es necesario que V. se consuele.　　　todos

tous |mortels.—Les Orientaux| aiment beaucoup | les
somos|　(8)　　　Oriental　　| gustan mucho de |

pierres précieuses.—Le beau cheval!—Vous êtes bien
piedra　　(9)　　Qué hermoso caballo!　Está V.　bien

élevée; mais | vous n'êtes pas | franche.—Ils sont
educado; pero |　no　es　　　| franco.　　son

---

(4) *Alma*, âme, ainsi que tous les noms espagnols qui commencent par un *a* long, demandent *un* et non *una* au singulier féminin. Cette règle, quoique contraire à la grammaire, est commandée par l'euphonie, comme celle qui veut qu'on mette l'article *el* au lieu de *la* devant les noms du genre féminin employés au singulier, lorsque ces noms commencent par un *a* long. Voyez note 3, thème I.

(5) Accordez l'adjectif. La plupart des adjectifs français terminés en *eux* ont la même racine en français et en espagnol, et se terminent en *oso* dans cette dernière langue. Tous ces adjectifs suivent la règle générale quant à la formation du féminin.

(6) Tous les adjectifs français terminés en *able* ou en *ible* sont tirés de la langue latine. Ces adjectifs sont identiques en espagnol et en français, et dans leur orthographe et dans leur signification.

(7) Les adjectifs terminés en *ent* en français se terminent tous en *ente* en espagnol. Ces adjectifs dérivent tous d'un nom terminé en *ce* en français et terminés en *cia* en espagnol. Ils sont invariables, quant au genre, dans la langue espagnole. Les Espagnols et les Français ont pris tous ces adjectifs à la langue latine. En latin, ces adjectifs se terminent tous en *ens*; ex.: *prudent*, PRUDENTE, PRUDENS, dérivé de prudence, prudencia, prudentia.

(8) Les adjectifs français *terminés* en *el* ou en *al*. se terminent tous en *al* en espagnol. A cette modification près, ces adjectifs ont la même orthographe et la même signification dans les deux langues. Les deux nations les ont pris à la langue latine. En latin, la plupart de ces adjectifs se terminent en *alis*.

(9) Voyez la note 5 de ce thème.

charitables par ostentation.—Nous ne sommes pas
caritativo   por   (10)   No   somos
heureux!—Il est Français et elle est Française, et
feliz!   Es   Frances   y   ella *   (11),
leurs enfants sont Anglais, Espagnols et Allemands,
sus   hijo   son Ingles,   Español   Aleman,
et ses frères sont Piémontais.—Êtes-vous malade?—
sus hermano son   Piamontes.   Está V. malo (12)?
Non; je suis paresseux.—Ses repas sont chers.—Tenez
No; soy   parezoso.   Sus comida son caro.   Tenga V.
vos portes et vos fenêtres fermées.—Mon cousin est
sus puerta   sus ventana cerrado.   Mi primo es
grand.—Oui; mais ce n'est pas un grand homme.—J'ai
(13). Si; pero no es * grande hombre. Tengo
un grand cheval et un grand écureuil. |—Vous êtes
(14) caballo   .   ardilla. | Son V.
petites; mais vous êtes jolies, gracieuses et lestes.
bajo (15); pero ** * bonito, gracioso y listo.

---

(10) Revoyez la note 1, thème VII.

(11) Revoyez la note 2 de ce thème.

(12) Les adjectifs espagnols *malo, bueno, primero, tercero*, et *postrero* perdent l'*o* final lorsqu'ils sont immédiatement suivis d'un nom s'y rapportant.

(13) L'adjectif *grand* se traduit en espagnol par *grande* ou par *gran*; par *grande* devant un mot qui commence par une voyelle ou devant un *h*, et par *gran* devant un mot qui commence par une consonne.

(14) *Grand*, signifiant *grand de taille*, se rend en espagnol par *alto, alta*, suivant le genre. En espagnol, *grand* signifie souvent *beau, noble*. Ex.: *gran* CASA, belle, noble *maison*. Dans ce cas, *gran* doit toujours précéder le nom auquel il se rapporte. *Grande* ou *gran* est invariable quant au genre, ainsi que tous les adjectifs espagnols terminés en *e* ou par une *consonne*.

(15) *Petit* se traduit par *bajo*, lorsqu'il qualifie le nom *taille* exprimé ou sous-entendu; et par *pequeño, chico* ou *menudo*, lorsqu'il qualifie le nom *volume* exprimé ou sous-entendu. Ex.: votre frère est petit (de taille), *su hermano de v. es* BAJO; ce morceau est trop petit, *ese pedazo es demasiado pequeño, chico ó menudo*.

THÈME XVIII.

Sur les degrés de comparaison des adjectifs (1).

Les gens du Nord sont plus adonnés aux liqueurs
   Gentes   Norte   (2)   dados   licor

fortes que les gens du Midi.—Je suis aussi noble que
 fuerte   Mediodia. Soy tan (3) noble como

vous, sinon par le sang, par mes actions.—Oúi; mais
 V.   de sangre, en mis action. Si; pero

vous êtes moins riche que votre frère.—J'ai autant (5)
 es V. ménos (4) rico   su hermano.   tanto

de richesses qu'il m'en faut. —La bibliothèque de
  riqueza   (*) necesito.   Biblioteca

Sainte-Geneviève a plus de (6) romans que celle de
 Santa-Genoveva tiene   novelas   (7)

l'Arsenal; mais elle a moins de livres de science.
 Arsenal; pero   tiene (8) libro   ciencia.

---

(1) Ainsi que les Français, les Espagnols ont trois degrés de comparaison, savoir : comparaisons d'égalité, de supériorité et d'infériorité.

(2) En espagnol, la comparaison de supériorité se forme comme en français ; pour bien la former en espagnol, il suffit de traduire mot pour mot la comparaison française. Ex. : Je suis *plus* blanc que *vous*, soy *mas* blanco que V. (prononcez *usted*).

(3) La comparaison d'égalité espagnole ne diffère de la française que dans le *que* comparatif que les Espagnols rendent par *como*. Ex. : Je travaille *aussi* bien *que* vous, trabajo TAN bien como V.

(4) Traduisez mot pour mot toutes les comparaisons d'infériorité.

(5) *Autant*, comparatif, se rend par *tanto, tanta, tantos* ou *tantas*, suivant le genre et le nombre du sujet de la comparaison avec lequel *tanto* doit toujours s'accorder en genre et en nombre ; dans le cas présent, *autant* se rend par *cuanto, a, os, as*.

(6) *De*, après un adverbe de quantité, ne se rend jamais en espagnol.

(7) Revoyez note 4, thème III.

(8) Voyez la note 6 de ce thème.

—Je l'aime d'autant plus qu'il me fait plus de bien (9).
Le amo　　　　　　　　　　　　me hace mas　　　bien.
—Et moi je l'aime d'autant moins (10) qu'il est plus
Y yo　　　le amo　　　　　　　　　　　　　es mas
méchant.—Plus je lis, plus j'aime à lire.—Moins je
malo.　　　(11) leo,　gusto de　　leer.　　(12)
marche, moins j'ai envie de marcher.—Plus (13)
ando,　　　　　　　　gana tengo
je le connais, moins je l'estime.—Moins je le vois, plus
　le conozco,　　　　　le estimo.　　(14)　　le veo,
je désire　　le voir.　— Il ne boit pas moins d'eau
deseo　　　　verle.　　　　No bebe　　　　　agua
que de vin.—Il marche aussi vite (15) que son frère;
　　vino.　　　　Anda　　　　　aprisa　　　su hermano;
mais il étudie moins que son cousin.—Vous n'êtes
pero　　estudia　　　　　su　primo.　　　No es V.
pas si vieux qu'eux.— Je ne suis pas plus jeune;
　　(16) viejo ellos.　　　　No soy　　　　　jóven;
croyez-moi.—Ils se lèvent plus de bonne heure,
creame V.　　　　Se levantan　　　　　temprano,
et se couchent moins tard qu'auparavant.—Quelle
se acuestan　　　　tarde　　　antes.

---

(9) *D'autant que* se rend en espagnol par *tanto mas, cuanto que*. Ex. : Je travaille *d'autant plus que* je veux parvenir vite, *trabajo tanto mas, cuanto que* deseo adelantar rapidamente.

(10) Même règle pour *d'autant moins que* que pour *d'autant plus que*; seulement on traduit *moins* par MÉNOS et *plus* par MAS.

(11) *Plus, plus,* se rend en espagnol par *cuanto mas, mas,* ou par *cuanto mas, tanto mas*; la première forme est la plus élégante. Exemple : *Plus* je vais, *plus* je me sens faible, *cuanto* MAS *adelanto,* MAS *débil me siento*; ou *cuanto* MAS *adelanto, tanto* MAS *débil me siento.* Cette dernière forme est de mauvais goût.

(12) *Moins, moins,* suivent la même règle que *plus, plus.*

(13) *Plus, moins,* suivent la même règle que *plus, plus*; seulement on traduit *plus* par *mas,* et *moins* par *ménos.*

(14) Même règle et même observation pour *moins, plus* que pour *plus, moins.*

(15) Les comparaisons des adverbes suivent les mêmes règles que celles des adjectifs.

(16) *Si* et *aussi* se rendent également par *tan.*

puissante créature (17)!—Quel homme extraordi-
poderosa   criatura!   estraordi-

naire (18)!—L'Espagnol est plus sobre, plus courageux
nario!   Español   es   sobrio,   valeroso

et plus (19) dur | aux | fatigues de la guerre, qu'aucun
        duro, |en las| fatiga   guerra ningun

soldat de l'Europe; mais l'armée espagnole est mal
soldado   Europa;   ejército   español está mal

organisée.
organizado.

THÈME XIX.

Sur les superlatifs (1).

Le plus beau fleuron (2) de la couronne de Charles-
Mas hermoso floron   corona   Carlos

Quint fut la conquête de Fez.—C'est l'enfant le plus
Quinto fué conquista   Fez.   Es el niño (3)

---

(17) *Quelle puissante créature!* Dans ces sortes de comparaisons, on doit traduire le *quel* exclamatif par *cuan*, si l'adjectif précède le nom; si le nom précède l'adjectif, on doit mettre l'adverbe *tan* entre le nom et l'adjectif, et traduire le *quel* exclamatif par *qué*.

(18) Revoyez la note précédente.

(19) L'adverbe *plus*, répété devant chaque adjectif français sujet d'une comparaison, ne se met que devant le premier adjectif en espagnol. Ex.: Je suis *plus* noble, *plus* courageux et *plus* loyal que vous; *soy* MAS *noble, valeroso y leal que V.* Cependant, dans les phrases graduées, c'est-à-dire dans celles où chaque épithète est suivie d'une virgule, sans que la dernière soit séparée des autres par la conjonction *et*, on répétera l'adverbe *plus, moins, si* ou *aussi* devant chaque adjectif. Ex.: Je suis *plus* fort, *plus* franc, *plus* courageux que vous; *soy* MAS *fuerte,* MAS *franco,* MAS *valeroso que V.*

(1) Ainsi que les Français, les Espagnols ont deux sortes de superlatifs : le superlatif absolu et le superlatif relatif.

(2) Le superlatif relatif se forme en faisant précéder l'adjectif de *el mas, la mas, los mas, las mas,* suivant le genre et le nombre de la personne ou de la chose à comparer.

(3) *Le plus*, servant à former le superlatif espagnol, perd l'article

5.

extraordinaire que | j'aie jamais vu. | — | Vous avez
estraordinario — vi — jamas. — Tiene V.

une très-jolie maison de campagne; mais elle est
bonito casa de campo; pero está

trop loin d'ici. — Ajoutez qu'elle est située au
demasiado lijos aqui. Añada V. (4) está situado en

milieu d'une plaine très (5) aride et entourée de mon-
medio de llanura árido rodeado mon-

tagnes très-hautes, très-froides et toujours couvertes
taña alto, frio siempre cubierto

d'une très-épaisse couche de neige. — Le plus savant
de espeso nievé. Mas sabio

des hommes ignore encore beaucoup. — Plus un pays
ignora aun mucho. Un pais

est fertile, plus ses habitants sont paresseux (6). — Pour
es fértil, sus habitante son perezoso. Por

peu que | vous l'aimiez, je | ferai sauter la porte
poco á V. le agrade, echaré abajo la puerta

très-facilement. — Les rues de Séville sont très-étroites
fácilmente. calle Sevilla son estrecho

---

toutes les fois que le nom de la personne ou de la chose comparée le précède. Ex. : *C'est l'homme* LE PLUS *brave de France*, *es el hombre* MAS *valiente de Francia*, et non *es el hombre* EL MAS, etc. *Le moins*, superlatif d'infériorité, suit la même règle.

(4) Le sujet ne se rend pas en espagnol lorsqu'il est représenté par un pronom.

(5) Le superlatif absolu espagnol se forme de deux manières : l'une en mettant *muy* devant l'adjectif, et l'autre en ajoutant *ísimo, ísima, ísimos, ísimas* à l'adjectif, suivant le genre et le nombre de la personne ou de la chose à qualifier. Exemples : *Il est très-joli, es muy bonito; c'est une très-belle affaire; es un hermosísimo negocio.*

Mais les superlatifs en *ísimo* ne sont pas toujours bons en espagnol; c'est pourquoi les élèves formeront toujours le superlatif absolu espagnol en faisant précéder de *muy* l'adjectif positif, sauf les cas que j'indiquerai ci-après.

(6) J'ai dit, note 11, thème XVIII, que *plus, plus* se rendaient en espagnol par *cuanto mas, mas,* etc. ; j'ajouterai que, dans ces doubles comparaisons, *cuanto mas* et *cuanto ménos* doivent toujours être immédiatement suivis de l'adjectif positif. Ex. : *Plus les hommes sont* FRANCS, *moins ils doivent craindre d'*EMBARRAS; CUANTO MAS FRANCOS *son los hombres* MÉNOS EMBARAZOS *deben temer*. Dans ces sortes de comparaisons, les deux termes, qui sont toujours des *noms* ou des *adjectifs*, doivent suivre immédiatement les adverbes comparatifs *plus*

et les plus tortueuses que j'aie vues en Europe.—
   tortuosa   he visto Europa.

Après celles d'Albi, qui sont les plus laides, les plus
Despues de Albi que son feo,

embrouillées et les plus antiques de France et de Na-
encrucijado   antiguas Francia Na-

varre.—La ville de Londres est bien la plus grande
varra. Villa Londres es seguramente (7)

d'Europe; mais elle n'est pas la plus peuplée, relati-
   no es   poblada relati-

vement à son étendue.—Paris contient plus de monde
vamente à su estension. Paris contiene gente

proportionnellement.—Madrid est à la fois le pays le
proporcionalmente. Madrid es à la vez pais (8)

plus triste, le plus gai, le plus turbulent et | celui où |
triste, alegre, turbulento en el que

l'on jouit d'une plus grande tranquillité. | —Il ne s'agit
se goza de (9) tranquilidad. Basta para

que | de ne pas | se mêler d'affaires politiques.—Le
  (10) no mezclarse en negocio politico.

vin de Valdepeñas est très-goûté en Espagne; celui
Vino de Valdepeñas es apetecido España;

de Malaga a un très-grand débit | chez les étrangers;
de Malaga tiene grande dupacho | en el estrangero;

celui de Xérez est très-estimé en France et en Angle-
  Xerez es estimado Francia Ingla-

terre; mais le vin de Bordeaux est très-estimé dans
terra; vino Burdeos es estimado en

---

ou *moins*. Le verbe *être* qui, en français, suit le nom dans le premier membre de la phrase, doit suivre immédiatement l'adjectif en espagnol. Revoyez l'exemple de cette note.

(7) *Le plus grand, la plus grande* se rendent en espagnol par *el mayor* ou par *la mayor*, suivant le genre du terme de la comparaison. *Mayor* admet le pluriel qu'on forme d'après les règles données pour les noms; on peut aussi rendre *le plus grand* par *el mas grande*; *la plus grande* par *la mas grande*; *les plus grands* par *los mas grandes*, et *les plus grandes* par *las mas grandes*.

(8) Revoyez la note 3 de ce thème.

(9) Revoyez la note 8 de ce thème.

| tout le monde connu. | —Les Français sont les plus
| todas partes conocido. | Franceses son

intrépides danseurs de l'Europe, et les Indiens les
intrépido bailarin Europa, Indios

| escamoteurs les plus habiles du monde.—Il lit très-
| jugador de manos (10) hábil mundo. Lée

bien le français, l'anglais et l'espagnol; mais il parle
bien francés, inglés español; pero habla

fort mal l'italien (11).
mal italiano.

THÈME XX.

Sur les comparaisons et les superlatifs irréguliers.

La bonne conduite est | la chose qui | contribue le
Buena conducta es | lo que | contribuye

plus (1) à fortifier le corps et à développer l'esprit.
fortificar cuerpo desenvolver ingenio.

—Meyerbeer, Rossini, Auber et Bellini sont, de tous
Meyerbeer, son todos

les compositeurs, ceux qui ont | le plus répandu | le
compositor, | generalizado mas (2) |

goût de la musique dramatique en Europe.—Ce man-
música dramática Europa. Esa capa

teau est meilleur que le mien.— | Il est très-chaud. | —
es (3) mia. | Abriga mucho. |

---

(10) Revoyez la note 3 de ce thème.

(11) Les adjectifs de nationalité prennent toujours l'article masculin, s'ils sont employés comme des noms : c'est que, dans ces cas, le mot *homme* ou le mot *idiome* sont toujours sous-entendus.

(1) *Le plus* et *le moins*, servant à former le superlatif espagnol, perdent l'article entre un verbe et la préposition A. Il en est de même lorsque la comparaison a pour terme une action quelconque.

(2) Voyez la note précédente.

(3) *Meilleur* et *mieux* se rendent en espagnol par *mejor* et jamais par *mas bueno*.

La baleine est le plus grand (4) des poissons qui habitent
ballena — peze — habitan
les mers. — La moindre (5) chose que vous puissiez
mar. — cosa — pudiera V.
faire pour vos amis, c'est de les aimer. — Le pire (6)
hacer por sus amigo es — amarlos.
de tous les défauts est la paresse. — C'est le pis (7) qu'
todo defecto es pereza. es
il puisse vous arriver. — Cette affaire est infini-
pudiera sucederle à V. Este negocio es (8)
ment petite, comparée aux autres. — Vous êtes le plus
comparado los demas. Es V.
petit de tous les enfants de votre père. — La plus
(9) sus hermanos
grande peine qu'on puisse infliger à un homme, est
pena se puede imponer à hombre es
la perte de sa liberté. — C'est une très-grave affaire que
pérdida (10). Es (11) negocio (12)
de vouloir lutter contre les préjugés du pays que l'on
querer luchar contra preocupacion pais se
habite. — Ils se sont réunis hier soir pour traiter une
habita. Se han reunido ayer noche para tratar de

---

(4) *Plus grand* se rend en espagnol par *mayor*; mais on peut aussi le rendre par *mas grande*, plus grand.

(5) *Le moindre* se rend en espagnol par *el menor*; mais on peut le rendre également par *el mas chico, el mas pequeño*, le plus petit.

(6) *Le pire* se rend par *el peor*, et jamais par *el mas malo*.

(7) *Le pis* se rend par *lo peor*; *el peor* avec l'article est l'adjectif mauvais, *malo*, au superlatif; *lo peor* avec le pronom indéterminé *lo* est l'adverbe *mauvais, malo*, au superlatif.

(8) *Infiniment petit* se rend en espagnol par *chiquirritito* ou par *pequeñisimo*; le premier est un diminutif de *chico*, petit: le dernier est le superlatif pe *pequeño*, petit. On peut également rendre *infiniment petit* par *piquirritito* et par *pequeñisimo*.

(9) *Le plus petit* se rend par *el menor* ou bien par *el mas chiro* ou par *el mas pequeño*.

(10) Revoyez note 4 du thème XII.

(11) *Très-grave* peut se rendre également par *muy grave* ou par *gravísima*; la première forme seulement est vraiment espagnole.

(12) *Que de*. Voyez la note 11 du thème IV.

très-grande affaire ; nous ne les verrons pas aujour-
　　　　　　　　　　　no los verémos　　　　hoy
d'hui. — Le meilleur ami, c'est Dieu ; la meilleure re-
　　　　　amigo,　　es
nommée, celle que nous acquérons à force de probité ;
fama　　　　　　　adquirimos　à fuerza
le plus sûr moyen de parvenir, c'est d'être honnête
seguro　medio　prosperar,　es　　honrado
envers | nos semblables et sévère envers nous-mê-
para con | nuestros semejante　severo　para con nosotros mis-
mes. — Salomon était un des hommes les plus instruits
mos.　Salomon era　　　　(13)　　instruidos
et les plus poétiques de son temps.
　　　poéticos　　　su tiempo.

THÈME XXI.

Sur les adjectifs numéraux (1).

Ferdinand VII, fils de Charles IV et petit-fils de
Fernando　(2)　hijo　Carlos　　nieto

---

(13) Revoyez la note 3 du thème XIX.

(1) Les adjectifs numéraux espagnols sont :
Primero ou *primer*, 1er ; *segundo*, 2e ; *tercero* ou *tercer*, 3e ; *cuarto*, 4e ; *quinto*, 5e ; *sesto*, 6e ; *sétimo*, 7e ; *octavo*, 8e ; *nono* ou *noveno*, 9e ; *décimo*, 10e ; *undécimo*, 11e ; *duodécimo*, 12e ; *décimo tercio*, 13e ; *décimo cuarto*, 14e ; et ainsi de suite, en ajoutant les mots *quinto*, *sesto*, *sétimo*, etc., au mot *décimo*, jusqu'à *décimo nono*, 19e ; puis *vigésimo*, 20e, et jusqu'à *vigésimo nono* inclusivement ; puis *trigésimo*, 30e, etc. ; *cuadragésimo*, 40e, etc. ; *quincuagésimo*, 50e, etc. ; *sexagésimo*, 60e, etc. ; *septuagésimo*, 70e, etc. ; *octogésimo*, 80e, etc. ; *nonagésimo*, 90e, etc. ; *centésimo*, 100e, etc. ; *centésimo primo*, 101e ; *centésimo segundo*, 102e, etc. ; *duocentésimo*, 200e, etc. ; *trecentésimo*, 300e, etc. ; *cuadragentésimo*, 400e, etc., *quingentésimo*, 500e, etc. ; *sescentésimo*, 600e, etc. ; *septigésimo*, 700e, etc. ; *octogentésimo*, 800e, etc. ; *nonagentésimo*, 900e, etc. ; *milésimo*, 1000e, etc., *último*, *postrero*, *postrimero*, dernier.

(2) Les adjectifs ordinaux sont employés en espagnol, 1° pour désigner l'ordre dans lequel ont régné plusieurs rois du même nom. Ainsi, les Français disent Charles IX ; on dit en espagnol Charles neuvième, *Carlos nono* ; 2° pour indiquer la ligne, la page et le chapitre d'une citation ; 3° pour indiquer l'ordre ou le rang qu'occupent les personnes ou les choses.

Charles III, a légué la guerre civile à sa fille Isa-
　　　　　ha legado　　guerra　civil à　　hijo(3) Isabelle II et à la nation espagnole.—Le règne de Char-
bel　　　　 española.　　　　　reino
les IV d'Espagne | a fini en 1808, | par le fait d'une
　　de España　　 fenecio　　　　en virtud de
conspiration qu' | on a osé | appeler une abdication.
　　　　　　　　han osado　 llamar
—Isabelle la Catholique et Ferdinand d'Aragon ont
　　　　　　Católico　　　　　　　　　　　　han
conquis Grenade vers | la fin | du quinzième siècle.—
conquistado à Granada hacia | fines | (4)　　siglo.
De tous les règnes des rois de France, le plus long a
　　　　　reinados　　rey　　Francia,　　　　largo ha
été celui de Louis XIV; le plus malheureux celui de
sido　　　　Luis　(5)　　　desgraciado
Louis XVI, | le plus maladroit | celui de Charles X.
　　　　　　el menos sagaz (6)
Dieu sait ce que l'histoire dira des règnes | à venir!—
　　sabe　　　　historia dirá　　　　　　 venideros!
Charles-Quint a été, | dit-on, | un grand politique;
　　(7)　 ha sido, | segun se dice, | grande político;
on devrait dire | qu'il a été un rusé politique.— Con-
debiera decirse | 　 ha sido un astuto　　　　　Con-
temporain de François Ier, il l'a trompé comme il | a
temporáneo　　Francisco　　le ha engañado

(3) *Hijo* est le masculin; ce nom forme le féminin comme les adjectifs et comme les noms génériques terminés en *o*.

(4) En espagnol ainsi qu'en français, on se sert des adjectifs numéraux pour désigner les siècles, les années, les mois, les jours et les heures dans un ordre successif.

(5) Contrairement à la règle donnée à la note 2 de ce thème, l'ordre de succession des rois appelés *Louis* demande *un nom de nombre*, et non *un adjectif numéral*. Ex. *Louis XI, Louis once* et non *Louis undécimo*, etc.

(6) *Sagaz* signifie *adroit*; mais les Espagnols n'ayant pas le mot maladroit, j'ai tourné *le plus maladroit* par *le moins adroit*.

(7) *Quint* signifie *cinquième*.

trompé | les cortès d'Aragon, de Castille et de Cata-
engañó á | cortes   Castilla   Cata-
logne, comme il | a trompé | l'inquisition, comme
luña,   engañó á
il | a trompé | les princes protestants de l'Allemagne,
   engañó (8) á   príncipe protestante de (9) Alemania,
le pape | et | tous ceux qui | ont eu affaire | à lui.
á el(10) papa | y á | | han tenido que hacer | con (11).
—Henri IV et Sixte-Quint ont vécu | en même temps |
Henrique y Sixto (11) han vivido | en la misma época
et | sont morts | de la même main.
   murieron   mano.

THÈME XXII.

Suite des adjectifs numéraux.

Le premier homme fut créé à l'image de Dieu; les
           hombre fué creado á imágen de Dios;
vices ont | rendu ses | successeurs | la véritable |
vicio han | convertido á sus | sucesor | en la verdadero |
image du diable.—Le dernier jour de la vie se res-
imagen diablo.   último   dia de   vida   pa-
semble au premier; l'un et l'autre sont près de l'é-
rece   uno   otro   estan cerca de
ternité.—Sa majesté Philippe Ier a été élu roi des
         Su majestad (1) Felipe   ha sido electo rey

---

(8) J'ai traduit *a trompé* par *engañó il trompa*, parce que les Espagnols préfèrent les temps simples.

(9) Voyez note 2 du thème IV.

(10) J'ai déjà dit que les verbes ayant pour régime une personne, gouvernaient le datif avec la préposition *á*, même lorsqu'ils étaient actifs. Quant à la contraction de l'article *el* et de la préposition *á*, voyez note 2 du thème II.

(11) Revoyez note 7 de ce thème.

(1) Voyez note 4, thème XII.

Français le 9 août de 1830.—Quelle heure est-il ?
Frances   de   (2).   Qué   hora   es (3) ?
—Quatre heures 35 minutes. |—C'est en 1808 que|
Cuatro   (4)   minuto.   En 1808 fué cuando
500,000 Français, sous les ordres de Napoléon Ier,
        Franceses, bajo   órden de Napoleon,
| ont envahi l'Espagne, alors gouvernée par le roi
| invadieron á España, entónces gobernado (5) por rey
Charles IV ou, pour mieux dire, par Manuel Godoy.—
         ó, por   decir, por Manuel Godoy.
En quinze jours, 30 forteresses sont tombées au pou-
En   dias,   fortaleza   han   caido   en   po
voir des Français.—Un Français| vaut | quatre Ma-
der   Franceses.   Frances, |vale por| Mar-
rocains, témoin la bataille d'Isly.—Rothschild Ier, roi
ruecos, dígalo (6) batalla Isly.   Rotchild   rey
des Juifs, va,| dit-on, |acheter Jérusalem et toute la
Judio, va, |segun dicen, á| comprar Jerusalem   todo (7)
Palestine.|—La nouvelle majesté sera couronnée sur le
Palestina. | Nuevo   majestad será   coronado sobre
mont Thabor.—Rothschild| devenu roi, | les souve-
monte Tabor.   Rotchild |llegado á ser rey,| sobe-
rains de l'Europe pourront traiter avec lui de puis-
rano   Europa   podrán tratar con él de po-
sance à puissance, à cinq pour cent, plus une prime.
tencia á potencia, á   por   y   prima.

---

(2) Les dates et les quantièmes doivent être indiqués par des noms de nombre et non par des adjectifs numéraux.

(3) Le pronom *il* ne s'exprime jamais en demandant l'heure.

(4) Le mot heures ne s'exprime jamais en espagnol, en disant l'heure ; mais le nombre qui indique l'heure doit être précédé de *la*, s'il est *une unité*, et de *las* dans tous les autres cas.

(5) Traduisez comme s'il y avait *gouvernée alors*.

(6) *Témoin* telle chose, c'est-à-dire *la preuve de cela est telle chose*, se rend en espagnol par *dígalo*, mot pour mot *que le dise*, c'est-à-dire *telle chose* ou *ce qui s'est passé en tel endroit* LE DIT.

(7) Faites bien attention à ne pas traduire l'article devant Palestine ; s'il doit pas être traduit, vous pourrez vous en assurer en revoyant la note 2 du thème IV.

J'ai reçu | pour mes étrennes | 34 livres de truffes,
He recibido, de aguinaldos (8) libra criadillas
de tierra,
dix-huit paniers de vin, 75 | petits cadeaux | as-
cestos vino, regalitos de toda
sortis, | 15 pots de confiture, une belle pendule, six
especie, tarros dulce, hermoso péndula,
sacs de bonbons et une bibliothèque composée de
sacos dulces, biblioteca compuesto
75,175 volumes | dont | chacun vaut | au
volumen de los cuales cada vale por
uno
moins 5 francs 50 centimes.
lo menos franco céntimos.

THÈME XXIII.

Sur les particules augmentatives (1).

Je n'aime pas | les | gros hommes. — Et moi
No gusto de (2) hombre. Yo
j'aime assez un | homme fort, robuste et bien fait. —
gusto bastante de (3)

---

(8) Ne mettez pas des chiffres, mais exprimez les nombres par des mots.

(1) Les particules augmentatives espagnoles sont au nombre de deux, à savoir : *ote*, *on*; de la dernière, on peut en former d'autres. Les principales sont *achon*, *achonazo* et *onazo* ; ainsi de *hombre*, homme, on fait *hombron*, homme gros et grand ; *hombrachon*, homme gros, grand et grossier ; *hombrachonazo*, homme gros, grand, grossier et malpropre, *gros homme*, ignoble en un mot. Hombre fait *hombrote*, homme fort, grand et robuste. Remarquez que toutes les fois que *ote*, *on*, *onazo*, *achon* ou *achonazo* sont ajoutés au nom *hombre*, l'e final de ce dernier mot est retranché ; il en est de même toutes les fois qu'une de ces particules est ajoutée à un mot qui se termine en voyelle ; dans ce cas, la voyelle finale se retranche toujours avant d'y ajouter la particule. Les particules augmentatives prennent un a ou changent leur dernière voyelle en a au féminin, et prennent un s au pluriel ; elles modifient les noms et les adjectifs.

(2) Traduisez *gros homme* par le mot *hombre*, modifié par *on* ; cette

Quand je dis que je n'aime pas les gros hom-
Cuando digo que no gusto de
mes, j'ai voulu dire les hommes gros, malfaits, dé-
 (4) des-
gingandés. — Et les grosses vilaines femmes, les
galichado. (5) muger, las
trouvez-vous d'un extérieur agréable?—C'est selon;
cree V. de aspecto agradable? es segun;
une femme grosse, malfaite et sans grâce, je la
muger (6) me
trouve laide; mais une femme grosse, grande et bien
parece feo; pero (7)
faite, comme elle a toujours un peu de grâce, résul-
tiene siempre poco gracia, que re-
tant de l'harmonie des formes, n'est pas désagréa-
sulta armonia forma, no es desagra-
ble.—Renvoyez cette femme de mœurs équivoques
dable. Eche V. á esa (8)

---

particule qui dénote la force, la puissance musculaire, la grosseur du volume, n'est pas dégradante; elle ne peut donc être employée qu'avec discernement.

(3) Traduisez *homme fort, robuste et bien fait* par le mot *hombre* modifié par *ote*. Cette particule dénote, comme la précédente, la force, la grosseur du volume et la puissance musculaire, et de plus la beauté des formes.

(4) Traduisez hommes GROS, *malfaits* et *dégingandés* par le mot *hombre* modifié par la particule *achon*. Cette particule dénote le désordre, le manque de goût, la grossièreté de l'esprit plutôt que la grosseur du volume ou la puissance musculaire. C'est une grande insulte que d'appeler un homme *hombrachon*.

(5) Traduisez *grosses vilaines femmes* par *muger* et la particule *ota*, qui est le féminin de *ote*. Au féminin, cette particule est toujours une insulte.

(6) Traduisez *femme grosse, malfaite et sans grâce* par *onaza* ajouté au mot *muger*. Cette particule, après le mot femme, est une grosse insulte. *Onaza* est le féminin de *onazo*.

(7) Employez *ona* avec le mot *muger*. Cette particule, féminin de *on*, ne dénote que le volume; cependant avec le mot femme, elle constitue une grossièreté.

(8) Femme de mœurs équivoques se rend parfaitement par *muger*AZA; c'est même une manière de dire une insulte à une femme qui la mérite, sans blesser la pudeur.

| de.| votre maison.|—Monsieur veut-il| |recevoir
| su⁻ casa de V. | Querra el señor | recibierá
| ce | gros homme | qui fait l'Hercule sur la place ?
| ese | (9) | representa á Hercules en plaza?
—Que voulez-vous qu'un chat fasse contre ce| chien |
Qué quiere V. que gato haga cotra ese
énorme ?|— Oh! le |gros vilain| oiseau !—|Montrez-
(10) (11) pájaro! Enseñeme
moi.| le | gros | vilain singe que | vous avez apporté
V. mico que traido V.
du Brésil.—Non ; j'| aime mieux | | vous montrer
preferio emeñarle á V.
| la | grosse vilaine rosse | que m'a vendue ce grand
caballazo me ha vendido ese (13)
voleur de Gitano.—Lequel?—Ce| vieux vilain | Gi-
ladron de Gitano. Cual? Ese (14)
tano, gros et ventru. |—| Il a été tué d'| un coup de
barrigudo. |Se han muerto (15)
pistolet. |—Non ; il est mort | d' | un coup de poi-
pistolete. Non ; ha muerto de pu-
gnard.
ñat.

OBSERVATION.

Il n'est pas indispensable de traduire les phrases de ce thème par le moyen des particules; on peut les traduire également en traduisant tous les adjectifs. Aussi n'ai-je donné ces particules que pour familiariser les élèves avec les idiotismes qui résultent de ces particules combinées avec certains noms espagnols.

---

(9) Voyez, pour rendre *gros homme* dans cette phrase, note 8 de ce thème.
(10) Voyez les notes précédentes de ce thème.
(11) Voyez les notes précédentes de ce thème.
(12) Voyez les notes précédentes de ce thème.
(13) Voyez les notes précédentes de ce thème.
(14) Voyez les notes précédentes de ce thème.
(15) *Azo* signifie *coup* d'un instrument contondant ou d'une arme à

THÈME XXIV.

*Sur les particules diminutives*ᵉ (1).

Le comte d'Altamira était un homme | très-petit,
Conde de Altamira   era   (2)
mais très-bien fait | et très-courageux.—Il a une | pe-
pero   bien echo   valeroso.   tiene
tite maison   de campagne | de peu de valeur | avec
(3) casa   de   campo   con
un | mauvais petit jardin | et quelques petits ar-
     (4)   jardin   y   algunos   ár-
bres rachitiques et rabougris. |— Vous avez oublié la
bol (5)   V.   ha   olvidado
petite mauvaise | rivière | qui passe dans ses | mau-
          (6)   rio   que pasa   en   sus

---

feu. *Coup* d'un instrument tranchant se rend par *ada*. Ainsi, au lieu de dire *coup de canon*, les Espagnols disent *cañon*AZO ; ce mot est formé de *cañon*, canon, et de AZO, coup de. De *lauza* on fait *lauz*ADA, *coup de lance*.

(1) Les particules diminutives usitées dans la langue espagnole sont au nombre de cinq : *ito*, *ico* ; *illo*, *uelo*, *achuelo* ; ces particules changent l'*o* final en *a* au féminin (moins la dernière qui ne s'emploie jamais au féminin), et prennent un *s* au pluriel. Les particules diminutives modifient les noms et les adjectifs.

(2) Traduisez *très-petit* par *ito* ajouté au nom *hombre* (après y avoir retranché l'ᴇ final). ITO dénote la gentillesse, la grâce, etc.

(3) Traduisez *petite* par *illa*, féminin de *illo*, ajouté au mot *casa* dont vous retranchez l'ᴀ final. ILLO dénote le peu de valeur d'une personne ou d'une chose ; ainsi les mots *de peu de valeur* ne doivent pas être traduits dans ce thème, si l'on y emploie la particule ILLO.

(4) Traduisez les mots *mauvais*, *petit*, par ILLO ajouté au nom *jardin*.

(5) Traduisez *petits arbres rachitiques et rabougris* par *illo* au pluriel que vous ajouterez au nom *árbol*.

(6) Traduisez *petite mauvaise rivière* par ACHUELO ajouté au nom RIO ; ACHUELO n'est usité qu'avec le nom *rivière*. Cette particule dénote le dédain, le mépris, etc.

vais petits champs. | — J'ai eu pour | mes étrennes |
(7) campo. | He tenido por | aguinaldo
une | jolie petite pendule | de marbre noir, deux
(8) péndula | marmol negro,
| gentilles petites boîtes | de plumes taillées et un
(9) caja | pluma cortada un
| très-gracieux petit livre | d'heures | tout rempli |
(10) libro | de hora | lleno
de | jolies petites estampes. — Et moi je n'ai reçu,
(11) estampa. | Y yo no he recibido
qu'un | mauvais petit panier | rempli de | mauvaises
sino | (12) cesto | lleno de | (13)
oranges, | un mauvais chien carlin, laid et grognon,
naranja; | perro | (14),
qui m'ont été envoyés par une | femme indigne de ce
que me han sido enviados por | muger (15)
nom, | et apportés par un | mauvais gamin. | — Un
| traidos por | (16) muchacho.

---

(7) Traduisez *mauvais petits champs* par ILLO au pluriel, ajouté au nom *campo*.

(8) Traduisez *jolie petite* par *ito* ou par *ico* que vous accorderez en genre et en nombre avec le nom *péndula* auquel vous l'ajouterez.

(9) Voyez la note 8 de ce thème.

(10) Voyez la note 8 de ce thème.

(11) Voyez la note 8 de ce thème.

(1) Voyez la note 8 de ce thème; mais servez-vous de *uelo* et non de *aelmelo*, et n'oubliez pas d'accorder *uelo* en genre et en nombre avec le nom *cesto*.

(13) Voyez la note précédente, et accordez UELO avec le nom *naranja*.

(14) Voyez les notes 6, 12 et 13, et accordez UELO avec le nom *perro*, après y avoir retranché l'o final.

(15) Traduisez *femme indigne de ce nom* par UELO que vous ajouterez au nom *muger*. Toutes les fois que ILLO, ITO, ICO ou UELO sont ajoutés à un nom ou à un adjectif terminé par un *e* ou par une consonne, *ito, illo, ico* prennent un *c*; et font *cito, cico, cillo* (l'o se change en A au féminin); *uelo* prend un z et fait *zuelo*, dans les mêmes cas que ITO, ILLO et ICO prennent un c.

(16) Voyez la note 15 de ce thème, et accordez *uelo* avec le nom MUCHACHO.

petit homme, laid, malfait et pas trop honnête,
  (17) hombre

vient d'épouser cette | jolie petite pauvresse | qu'on
acaba de esposar   la   (18)   pobre   que se

voyait | tous les dimanches à la porte de Saint-Roch
dejaba ver todos   domingo à puerta de   Roque

avec un | joli petit plateau | et une sonnette, implo-
con   (19) bandeja   campanilla, implo-

rant la charité des fidèles.
rando caridad   fiel.

THÈME XXV.

Sur les pronoms personnels (1).

Il est ferme, lui ; mais toi, tu es faible et poltron,
Es firme, (2)   pero   (3) eres débil   poltron,

---

(17) Voyez attentivement la note 15 de ce thème.

(18) Voyez la note 15 de ce thème, et accordez la particule avec le nom POBRE.

(19) Voyez la note 8 de ce thème, et accordez la particule avec le nom *bandeja*.

(1) Les pronoms personnels espagnols sont : *yo, tú, él, ella, nosotros, vosotros, ellos*. Les quatre premiers représentent les trois personnes du singulier, les trois derniers représentent les trois personnes du pluriel ; les trois derniers forment le féminin en changeant leur dernier o en A. Yo répond à *moi*, sujet ; TU à *toi*, sujet ; ÉL à *lui*, sujet ; ELLA à *elle*, sujet ; NOSOTROS répond à *nous*, sujet ; VOSOTROS à *vous*, sujet ; et ELLOS à *eux*, sujet ; NOSOTRAS répond à *nous* féminin, sujet ; VOSOTRAS à *vous* féminin, sujet ; et ELLAS à *elles*, sujet. Yo fait DE MI au génitif et à l'ablatif, A MI au datif, et ME à l'accusatif ; TU fait DE TI au génitif et à l'ablatif, A TI au datif, et TE à l'accusatif ; ÉL fait DE ÉL au génitif et à l'ablatif, A ÉL au datif, et LE, LO à l'accusatif ; ELLA fait DE ELLA au génitif et à l'ablatif, A ELLA au datif, et LA, LE à l'accusatif ; NOSOTROS fait DE NOSOTROS au génitif et à l'ablatif, A NOSOTROS au datif, et NOS à l'accusatif ; VOSOTROS fait DE VOSOTROS au génitif et à l'ablatif, A VOSOTROS au datif, et OS à l'accusatif ; ELLOS fait DE ELLOS au génitif et à l'ablatif, A ELLOS au datif, et LOS, LES à l'accusatif ; NOSOTRAS, VOSOTRAS, ELLAS, forment les *cas* avec les mêmes prépositions, et affectent les mêmes formes que leurs masculins, seulement, à l'accusatif, ELLAS fait LES OU LAS.

(2) Les pronoms personnels sujets *je, tu, il, elle, nous, vous, ils, elles*, ne se traduisent jamais en espagnol. Ces pronoms n'ont aucun correspondant dans la langue espagnole. Revoyez la note 1 de ce thème.

(3) Revoyez la note 2 de ce thème.

comme si tu étais coupable.—Elle ferait mieux de se
si fueses culpable. (4) hiciera dedi-
livrer à l'étude de son art, que de perdre son
candose estudio su arte, perdiendo (5) el
temps à lire des romans qui n'ont pas le sens com-
tiempo en leer novelas no tienen sentido co-
mun.—Je te l'ai déjà dit, tu ne la leur ôteras pas.—Je
mum. (6) he ya dicho, no (7) quitaras
la leur arracherai, te dis-je; ils l'auront perdue demain.
(8) arrancaré digo; habrán perdido mañana.
— Vous vous amuserez beaucoup à ce qu'il pa-
(9) divertirémos mucho segun pa-
raît.—Oui; nous nous amuserons assez.—Elles par-
rece. Si (10) divertirémos bastante. Ha-
lent toujours d'eux, tandis qu'eux, ils ne parlent jamais
blan siempre de (11) mientras que no hablan jamas
d'elles.—Il porte avec lui (avec soi) toute sa fortune;
Lleva (12) (13) todo su haber;

(4) Voyez la note 2 de ce thème.
(5) Dans les phrases comparatives, un verbe à l'infinitif, précédé de *de*, se rend par le participe présent, et l'on retranche la préposition *de*.
(6) *Le*, pronom, régime, se rend en espagnol par *lo* ou par *le*; par *lo*, lorsqu'il représente une chose, et par *le*, lorsqu'il représente une personne. *Le* peut indistinctement représenter une personne du sexe féminin ou du genre masculin; *le* est plutôt le datif que l'accusatif de *él*. LE signifie A EL OU A ELLA; ainsi, on dit également DALE, *donne-lui*, en parlant d'une femme ou en parlant d'un homme. *Le* s'emploie aussi avec les verbes actifs espagnols; car, comme je l'ai déjà dit, les noms des personnes employés comme régimes directs d'un verbe actif espagnol, demandent le datif.
(7) *La leur* se rend en espagnol par *se la*.
(8) Voyez la note précédente.
(9) Voyez quel est l'accusatif de VOSOTROS, pronom espagnol qui répond à *vous*, note 1 de ce thème.
(10) Voyez note 1 de ce thème, l'accusatif de *nosotros* correspondant de *nous*, sujet.
(11) Voyez l'ablatif de *ellos*, correspondant de *eux*, sujet, note 1 de ce thème.
(12) *Avec soi* se traduit en espagnol par CONSIGO.
(13) *Avec moi* se traduit par CONMIGO.

mais je ne porte rien | avec moi. | —Viendra-t-il | avec
pero   no   llevo nada   (14)   Vendrá   (15)
toi? | —Non; mais j'irai | avec lui. | —Eh bien! parle-lui
     No;   iré   con   Pues bien!   habla
de moi.
  (16).

THÈME XXVI. (*Suite.*)

Plus je le cherche, moins je le trouve.—Et moi qui
     (1)   busco   hallo.   Y   que
ne le cherchais pas, je l'ai trouvé.—Tu ne la connais
no   buscaba   he hallado.   No   conoces
pas, ou tu te méfierais d'elle.—Tu te trompes; je la
   ó   desconfiaras   engañas;
connais parfaitement, et | voilà | pourquoi je crois
conozco perfectamente,   hé aqui   porqué   creo
| tout ce qu'elle me dit.—Vous | raillez tout, | vous
   cuanto   dice.   lo escarneceis todo,
vous moquez de tout; cela | vous nuira; ne le croyez-
 (2)   burlais de todo; eso   dañará;   creeis
vous pas?—Ils réclament votre protection, Monsieur:
    ?   Reclaman   vuestra   Señor:
la leur refuserez-vous?—Il est mauvais, il est traître;
(3)   negará   (4)   Es   malo,   es   traidor;

---

(14) *Avec toi* se rend par CONTIGO.

(15) Les pronoms personnels régimes se mettent toujours après le verbe en espagnol, au présent de l'infinitif, au participe présent et à l'impératif; à ces temps-là, les pronoms régimes espagnols ne forment qu'un seul mot avec le verbe qu'ils régissent; aux autres temps des verbes, on place ces pronoms comme en français.

(16) Voyez la note 1 de ce thème, l'ablatif de *yo*.

(1) Voyez la note 1 du thème XX.

(2) Voyez la note 9 du thème XXV.

(3) Voyez la note 7 du thème XXV.

(4) Les Espagnols ne parlent ni n'écrivent jamais à la deuxième personne dans le style familier, si ce n'est aux domestiques et aux enfants.

vous l'entendez : vous pouvez le lui dire.—Ils se per-
lo oye (5) puede (6) decir per-
dront, comme se sont perdus leurs frères, s'ils se li-
derán, han perdido sus hermano, si aban-
vrent à la paresse.—Venez les voir tous et choisissez
donan á pereza. Vengan (7) á ver todos y escojan
ceux qui vous plairont.—Je te l'ai donné à toi-même
(8) gustaren (9) dado á mismo
et non à elle.—Tu ne me l'as pas donné à moi, je te
y no á No (10) has dado á
l'assure.—Avez-vous ce qu'il vous faut?—Non; il nous
aseguro. Tienen (11) necesita? No;
manque les paquets de plumes que nous avons ache-
faltan paquetes pluma que hemos com-
tés.—Je vais les envoyer chercher.—Ce n'est pas
prado. voy á enviar á buscar (12). No es
la peine; nous reviendrons demain les prendre.—
necesario; volveremos mañana á tomar.

Ils parlent toujours à la troisième personne avec le pronom *usted* qu'ils écrivent toujours par un V. Ainsi, au lieu de traduire tu parles par *hablas* ou par *tú hablas*, ils mettent le verbe à la troisième personne avec le pronom *v.*, et disent *habla v.*, mot à mot, il parle vous. Au pluriel, vous parlez, on le rend en espagnol par HABLAN VS, *ils parlent vous autres.* Vs est le pluriel de *usted*. Je le répète, *usted* s'écrit toujours par V. et US-TEDES par Vs. V est l'abréviation de VUESTRA MERCED, et Vs celle de VUESTRAS MERCEDES.

(5) Voyez la note précédente.

(6) *Le lui, les lui* se rendent par *se lo*; *le leur, les leur* par SE LOS, SE LO et SE LOS; si *les* se rapporte à une personne, on le rendra par *se les*. *Le lui, le leur, les leurs,* se rapportant aux personnes, se rendent par SE LE, SE LE, SE LES; dans ce cas, *lui, leur, leurs* se rendent toujours par SE invariable. SE LO, SE LA, SE LOS, SE LAS, SE LE, SE LES, se placent toujours après le verbe, et faisant corps avec lui, lorsque le verbe est au présent de l'infinitif, au participe présent ou à l'impératif.

(7) Le verbe VENIR demande toujours le datif avec la préposition A.

(8) Voyez la note 4 du thème III.

(9) Voyez l'accusatif du pronom *él*, note 1 du thème XXV.

(10) Voyez l'accusatif de YO, note 1 du thème XXV.

(11) Voyez note 4 de ce thème.

(12) Le verbe ENVIAR, envoyer, demande toujours le datif avec la préposition A.

Comme il vous plaira.—Entrez, messieurs, et soyez les
Como (13)   gusten.   Entren (14)   señor,   sean

bienvenus... Comment avez-vous fait votre voyage ?
bien venido (15).   Como   han   (16)   viajado ?

Êtes-vous fatigués ?—Pas trop ; et vous, messieurs,
Estan (17) cansado (18) ? No mucho ;   y   señor,

comment avez-vous passé votre temps ? Comment
como han (19) pasado el tiempo ?   Como

vous traite ce pays ?—Pas trop bien : les habitants en
(20) trata este pais ?   No muy bien :   habitante (21)

sont assez brusques et passablement fripons.—Ils n'ont
son bastante brusco y   harto (22)   picaros.   No tienen

pas cette réputation.—C'est possible : ils sont si hypo-
tal   Es posible :   son tan hipó-

crites et si rampants, quand ils sont hors de leur
crita y   bajos,   cuando   estan fuera de   su

pays !
tierra !

---

(13) *Comme il vous plaira*, tournez *comme vous vous plairez*, et traduisez *vous pas vs*, en mettant le verbe à la troisième personne du pluriel.

(14) Employez V. au singulier ou au pluriel, suivant que vous parlez à une personne ou à plusieurs, ce que vous indiquera le verbe espagnol. V. s'accorde toujours en nombre avec le verbe qui le régit.

(15) Voyez la note précédente.

(16) Tournez *comment avez voyagé vous*, et servez-vous du pronom V. accordé avec le verbe *avoir*.

(17) Voyez la note 4 de ce thème.

(18) Les participes passés employés comme adjectifs ou dans la formation d'un verbe passif, doivent s'accorder avec le sujet.

(19) Tournez *avez passé vous*, etc., et servez-vous de V. accordé avec le verbe *avoir*.

(20) Tournez *comment traite à vous*, etc.

(21) Traduisez EN par sus, ses, que vous mettrez au lieu de l'article *les* qui commence la phrase.

(22) HARTO signifie rassasié, lorsqu'il est régime du verbe *estar* ; régime du verbe SER, HARTO signifie *suffisamment, assez*.

THÈME XXVII.

Sur les pronoms possessifs (1).

Mon père est | en colère | contre moi, | parce que
Padre esta | enfadado | contra | porque

je n'étudie pas.—Il a raison; car ta paresse | est de-
no estudio. Tiene razon; pues(2) pereza | ha llegado

venue | proverbiale.—Sa sœur est malade : que penses-
á ser | proverbial. (3) hermana esta mala : qué piensas

tu qu'elle ait?—Je ne sais pas; je n'ai pas| vu | son
que tenga? no sé; no he | visto á|

médecin; mais je crois que sa maladie est assez grave.
médico; pero creo (4) enfermedad sea bastante grave.

—Ma mère pense comme toi.—Mes sœurs| iront | la
(5) madre piensa (6). (7) hermana| irán á | (8)

---

(1) Les pronoms possessifs espagnols sont *adjectifs* ou *relatifs*. Les pronoms possessifs adjectifs précèdent toujours un nom ou un adjectif. Les pronoms possessifs *relatifs* se rapportent toujours à un nom déjà mentionné qu'on pourrait appeler leur *antécédent*. Les pronoms possessifs adjectifs espagnols sont *mi*, mon, ma; — TU, ton, ta; — SU, son, sa: — NUESTRO, NUESTRA, nôtre; — VUESTRO, VUESTRA, vôtre;— SU, leur; — MIS, mes; — TUS, tes; — SU, leur; — NUESTROS, NUESTRAS, nos; — VUESTROS, VUESTRAS, vos; — SUS, leurs. Les pronoms possessifs relatifs espagnols sont : EL MIO, le mien;—LA MIA, la mienne; — EL TUYO, le tien; — LA TUYA, la tienne; — EL SUYO, le sien; — LA SUYA, la sienne; — EL NUESTRO, le nôtre; — LA NUESTRA, la nôtre; — EL VUESTRO, le vôtre; — LA VUESTRA, la vôtre; — EL SUYO, le leur; LA SUYA, la leur; — LOS NUESTROS, LAS NUESTRAS, les nôtres; — LOS VUESTROS, LAS VUESTRAS, les vôtres; — LOS SUYOS, LAS SUYAS, les leurs.

(2) *Mi, tu, su*, mon, ma, ton, ta, son, sa; sont employés devant une possession au singulier, possédée par un seul possesseur. Ces pronoms espagnols conviennent également aux deux genres.

(3) Voyez la note précédente.

(4) Voyez les notes 1 et 2 de ce thème.

(5) Voyez les notes 1 et 2 de ce thème.

(6) Revoyez la note 1 du thème XXV.

(7) MIS, TUS, SUS, mes, tes, ses, employés en espagnol devant une possession au pluriel, possédée par un seul possesseur, ainsi que MI, TU, SU, MIS, TUS, SUS, conviennent également aux deux genres. Voyez note 1 de ce thème.

(8) Voyez les notes 1 et 15 du thème XXV.

voir ce soir ; nous verrons ce que nous devons penser
ver esta noche ;   verémos   debemos pensar
demain.—Et ta cousine n'ira- t-elle pas lui faire
mañana. Y (9) primo no irá á (10) hacer
une visite ?—Peut-être ira-t-elle.—Tes inconséquences
una visita ? Puede ser que vaya (11). (12) inconsecuencia
finiront par te perdre. —Ses opinions sont trop
perderán al (13) fin. (14) opinion demasiado
exagérées ; il finira par perdre sa position.
exagerado ; (15) terminará perdiendo

THÈME XXVIII.

Sur les pronoms possessifs (1).

Ce chien n'est pas le *tien* ?—Non ; je l'ai changé
Ese perro no es (1) No ; (2) he cembia
contre le *mien*. —Je préférerais le *sien*.—Le *tien*
por (3) Preferiria (4)

---

(9) Voyez notes 1 et 2 de ce thème.
(10) Voyez les notes 1 et 15 du thème XXV.
(11) Voyez la note 2 du thème XXV.
(12) Voyez notes 1 et 2 de ce thème.
(13) Mettez le pronom TE suivant les indications données note 15 du thème XXV, et construisez la phrase comme s'il y avait : ils *te perdront à la fin*, sans oublier que le mot fin est du genre masculin.
(14) Voyez notes 1 et 2 de ce thème.
(15) Voyez la note 2 du thème XXV.
(1) EL MIO, EL TUYO, EL SUYO et leurs féminins sont employés comme relatifs d'une possession, au singulier, possédée par un seul possesseur. Ces pronoms s'accordent toujours en genre avec la possession.
(2) Revoyez la note 4 du thème XXV.
(3) Voyez la note 1 de ce thème.
(4) Voyez la note 1 du thème XXV.

et le *mien* sont la cause de | bien des | procès et de,
són (5)　causa de | muchós　　proceso y de

| bien des | bassesses. — Cela est très-possible ; mais
　　　　　bajeza..　　(6)　es　　　posible ; pero

le désordre régnerait bientôt dans le monde, si cha-
desórden　reinaria muy pronto en　mundo, si cada-

cun | n'avait pas ce qui lui appartient : à | chacun |
cual | no tuviese　(7)　perteneçe :　à | cada úno

le *sien*. — J'ai acheté une belle lampe pour *mon*
　　　　　　He comprado　hermoso lámpara para (8)

père ; elle est plus belle que la *mienne*. — Et que fe-
padre ;　　es　hermoso　　　　　　　　Y que ha-

rait-il de la *sienne* qu'il aimait tant ? — | Il en fera
rá　con　　　　　le gustaba tanto ?　| Se la rega-

cadeau | à *son* ami. — | Voilà des champs mieux
lará　à (9)　amigo.　| Hé aqui　campos

cultivés que les *miens*. — Oh! non ; ils ne sont pas
cultivado　　　　　　　Oh!　no ;　　no estan

même si bien ensemencés que les *tiens*. — Prenez
aun　bien sembrados　　　　　　　Tome (10)

mes habits, les *siens* et les *tiens*. — Voulez-vous ces
vestido,　　y　　　　　　¿Quiere (11) esas

plumes, ou préférez-vous vous servir des *siennes* ? —
pluma,　ó prefiere (12) (13) servir

---

(5) Retranchez l'article devant le mot CAUSA. Les Espagnols disent *ser* CAUSA, *être cause*, et non SER LA CAUSA, *être la cause*. Le mot CAUSA, ainsi que les mots AUSENCIA, *absence* ; USO, *usage*, et quelques autres dont j'ai déjà parlé dans les thèmes sur l'article, perdent l'article, lorsqu'ils sont employés comme régime du verbe SER, être.

(6) CELA, étant ici un pronom sujet, doit être retranché, conformément à la règle établie note 2 du thème XXV.

(7) *Lui*, dans le sens de *à lui*, se traduit en espagnol par LE au masculin et au féminin.

(8) Voyez note 2 du thème XXVII.

(9) Voyez note 2 de ce thème.

(10) Voyez note 7 de ce thème.

(11) Voyez la note 4 de ce thème.

(12) Traduisez le premier *vous* par V. et le second par *se*, et ajoutez ce dernier au verbe *servir*.

(13) Voyez la note précédente.

Ni les unes ni les autres ne valent rien ; donne-moi
Ni   otra   valen nada ;   déme   (14)
quelques-unes | des *tiennes*. — Des *miennes*, il ne
algunas   no
m'en reste plus.
(15) queda ninguna.

THÈME XXIX.

Suite des pronoms possessifs.

Préparez-vous demain à | recevoir | tous *nos* amis.
Preparen   (1) mañana à | recibirá | todos (2) amigos.
— Comment! | vous recevez | demain | tous *vos*
Cómo! | recibirá (3) | mañana á | (4)
amis ? — Oui, monsieur ; je suis le proverbe espagnol
amigo?   Si, señor ; comprendo   proverbio   español
qui dit : | « Invitez | *vos* amis, | afin de | diminuer
que dice: | « Convidad á | amigo, | para | disminuir
le nombre de *vos* ennemis. — *Ses* actions et ses ver-
   número de (5) enemigo.   vir-

---

(14) Traduisez comme s'il y avait *donnez-moi vous*, et rendez *vous* par V.

(15) Ne traduisez pas EN, et rendez *plus*, négatif, par NINGUNA, *aucune*.

(1) Traduisez *se préparent vous*, et rendez *vous* par V. accordé au verbe *preparar* ; mettez le pronom *se* après le verbe et faisant corps avec lui.

(2) NUESTROS, VUESTROS, SUS, *nos, vos, leurs*, sont employés en espagnol devant une possession au pluriel possédée par plusieurs possesseurs. Ces pronoms s'accordent toujours en genre avec la possession.

(3) Voyez la note 1 du thème XXVII.

(4) Voyez la note 2 de ce thème.

(5) Voyez la note 2 de ce thème.

tus | valent une | fortune ; car mieux vaut probité que
tud | valen mas que | fortuna; pues (6) vale probidad

richesse.—*Notre* fortune est la *leur*, nous partageons
riqueza. fortuna es (7) entodo parti-

tout | en bons frères. — *Votre* talent n'est pas si
mos | como buenos hermanos. (8) saber no es

grand que *votre* vanité. — *Leur* ambition n'a pas
grande vanidad. no tiene

de bornes, ni *leur* avarice | non plus. | — *Ses* ini-
limite ni avaricia | tampoco. ini-

quités ne sont pas si avérées que | vous pourriez le
quidad no son verdadera (9) pudiera (10)

croire. — *Leurs* biens sont considérables ; mais *leur*
creer. hacienda es considerable; pero

charité sait les employer.—*Nos* filles se font belles,
caridad sabe emplear. hijo se hacen hermosa,

et *vos* prairies se parent de fleurs. —Les *vôtres* sont
y prados engalanan con flor. (11) son

magnifiques aussi. — *Mes* filles ou *mes* prairies? —
magnifico tambien. hijo ó prado?

Les unes et les autres.—Voilà des bougies plus belles
Uno otro (12). Hé aqui bujias hermosa

que les *vôtres* et que les *siennes*. — Oui ; mais infé-
Sí; pero infe-

rieures aux *tiennes* pour la qualité. — Ne me parle
rior en calidad. No hables

pas des *tiennes* ni des *miennes*; parle-moi des *sien-*
ni hable

---

(6) Revoyez la note 3 du thème XX, *Valoir mieux que* se rend par un idiotisme espagnol *valer mas que*, valoir plus que.

(7) Voyez la note 1 de ce thème, et note 1 du thème XXII.

(8) *Nuestro, vuestro, suyo*, sont employés comme relatifs d'une possession au singulier possédée par plusieurs possesseurs.

(9) Tournez *pourrait vous* avec le pronom V.

(10) Voyez les notes 1 et 15 du thème XXV.

(11) Revoyez la note 8 de ce thème.

(12) *Uno* et *otro* forment le pluriel comme les noms.

nes. — Je veux parler des *siennes*; mais je veux
　　　　Quiero　hablar　　　　　　　　pero　　quiero
aussi que les *nôtres* ne | soient pas oubliées. |—C'est
tambien　　　　　　　no | caigan　en　olvido (13)|　　Es
un de mes amis et non pas *un des tiens*. — Cette per-
　　(14)　　　y　no　　　　　　　　　　　Esa　pe-
ruque n'est pas *à ton père*; elle est *au mien*.— Salut,
luca　　no es　　(15)　　　　　es　　　　　　Salud,
ma bien-aimée patrie! salut, *mon* berceau chéri! |me
　(16)　　　　　patria!　salud,　　　cuna　　　　hé
voilà | revenu parmi vous, *chers amis*; je ne vous
me aquí| de vuelta entre　(17)　　amigo;　　　no
| quitterai plus; | | quoi qu'il vous arrive, je se-
|volveré á dejar;　| |qualquier cosa que　suceda,　es-
rai toujours à *vos* côtés; *vos* victoires seront les *mien-*
taré siempre á (18) lado;　　victoria　　serán
nes, et si vous êtes malheureux, *vos* malheurs seront
　　y si　　sois　desgraciados,　　desgracia　serán

---

(13) *Être oublié* se rend en espagnol par un idiotisme : CAER EN OL-
VIDO, *tomber dans l'oubli*.

(14) *Un de mes, un de tes, un de ses* et leurs féminins se rendent en
espagnol par *un—mien, un—tien, un—sien*, etc. Exemple : *Un de mes
amis*, UN AMIGO MIO ; mot pour mot, un ami mien.

(15) *Être à moi, être à toi, être à lui* ou *à elle; être à nous, être à
vous, être à eux* ou *à elles*, se rendent en espagnol par SER MIO, MIA,
MIOS; TUYO, TUYA, TUYOS, TUYAS ; SUYO, SUYA, SUYOS, SUYAS : suivant
le nombre et le genre de la chose possédée.

(16) *Ma bien-aimée patrie, mon cher père, ma bonne mère*, etc., se
rendent en espagnol par le nom de la personne ou de la chose qui nous
est chère, suivi immédiatement du pronom possessif *mio, mia, mios,
mias*, suivant le genre et le nombre de la personne ou de la chose possédée ; mais, dans ce cas, on ne traduit pas le pronom possessif français
mon, ma, ton, ta, son, sa, qui précèdent la possession. En espagnol,
MIO, MIA, TUYO, TUYA, SUYO, SUYA, MIOS, MIAS, TUYOS, TUYAS, SUYOS,
SUYAS, mis immédiatement après le nom d'une personne ou d'une chose,
dénotent toujours la tendresse. Ainsi, *ô ma chère patrie!* se rend avec
élégance par Ô PATRIA MIA! mot pour mot, *ô patrie mienne!*

(17) Traduisez *vous* par VOSOTROS, c'est-à-dire littéralement.

(18) Traduisez A VOTRE CÔTÉ.

6.

les miens. — Prenez cette tabatière : elle est à vous;
Tome   esa   tabaquera :   es (19)
non ; elle est à mon frère.
no ;   es   hermano (20).

THÈME XXX.

Sur les pronoms démonstratifs (1).

Cet homme n'est pas assez courageux.—Il est plus
(2)   es   bastante valeroso.   Es
brave | cependant | que *celui-là* | là-bas.|—Je ne
valiente | sin embargo | (3) | (4) | No

---

(19) Traduisez la préposition *à* par DE, et servez-vous du pronom V.

(20) *Il est à mon frère, à mon père*, etc., se rendent par il ou elle est *de mon frère, de mon père*, etc.; n'oubliez pas que les pronoms *je, tu, il, elle, nous, vous, ils, elles*, se retranchent toujours en espagnol.

(1) Les pronoms démonstratifs sont au nombre de trois dans la langue espagnole : *Este*, ce, celui-ci ; *ese*, ce, celui-là ; *aquel*, celui-là, ce. Ces trois pronoms appartiennent au genre masculin, sont du nombre singulier et s'emploient dans le sens défini. *Este, ese, aquel*, éprouvent toutes les variations que demande l'accord du genre et du nombre, du sujet ou du régime qu'ils désignent. Les notes suivantes de ce thème indiqueront ces variations.

(2) *Ce, cet, celui-ci, ces, ceux-ci, cette, celle-ci, celles-ci, ces*, se traduisent, les trois premiers par ESTE, le quatrième et le cinquième par ESTOS, le sixième et le septième par ESTA, le huitième et le neuvième par ESTAS. *Este, estos, esta, estas*, ne sont employés en espagnol que pour désigner les objets qui sont près de celui qui parle : *este* pour le masculin, et *esta* pour le féminin ; *estos* est le pluriel de *este, estas* est le pluriel de *esta*. Les pronoms démonstratifs espagnols doivent toujours s'accorder en genre et en nombre.

(3) *Ce, celui-là, cette, celle-là*, se traduisent en espagnol, les deux premiers par ESE, lorsqu'ils désignent un objet qui est près de celui à qui l'on parle ; et par AQUEL, lorsqu'ils désignent un objet qui est éloigné de celui qui parle et de celui à qui l'on parle. *Cette, celle-là* et *celles-là* se traduisent par ESA, lorsqu'ils désignent un objet féminin qui est près de celui à qui l'on parle ; et par *aquella*, lorsqu'ils désignent un objet féminin qui est éloigné de celui qui parle et de celui à qui l'on parle. Le pluriel de ESE est ESOS ; le pluriel de AQUEL est AQUELLOS ; le pluriel de *esa* est ESAS ; et le pluriel de AQUELLA est AQUELLAS.

(4) *Là-bas* ne se traduit pas en espagnol ; je ne l'ai mis ici que pour

veux pas de *ce* chien qui est | près de vous, | ni de
quiero · perro que está | junto á V. | ·
ce | chapeau qui est près de | votre père, | ni de ce
(5) | sombrero á | su padre de V. | · (6)
livre qui est | à côté de moi. | — Eh bien ! | je vous
libro | á mi lado. | Pues bien ! | le
donnerai | *celui-ci*, je garderai *celui-là*, et mon frère
daré á V. | (7) guardaré (8) y hermano
prendra | *celui-là* là-bas. | — *Ces* oranges-*là* sont bel-
tomará | (9) | (10) naranjas son her-
les, mais non pas aussi mûres que *celles-là*. — *Celles*
mosas, pero no maduro (11) (12)
là-bas | sur la table | sont plus mûres et plus belles
que están | encima de la mesa | están (13)
que *celles-ci* et que *celles-là*. — Consultez trois avocats
(14) (15) Consulte (16) abogado
sur l'opportunité d'un procès : *celui-ci* | vous dira |
sobre (17) de pleito : | dirá á V. |
qu'il faut | plaider ; *celui-là* qu'il ne le faut pas ; l'au-
se debe | pleitear, no se debe ;

___

indiquer aux élèves que l'objet désigné est éloigné de celui qui parle et de celui à qui l'on parle.

(5) Voyez les notes 2 et 4 de ce thème.
(6) Voyez la note 2 de ce thème.
(7) Voyez la note 2 de ce thème.
(8) Voyez la note 3 de ce thème.
(9) Voyez la note 4 de ce thème.
(10) Voyez la note 3 de ce thème.
(11) Voyez la note 3 de ce thème.
(12) On répète ici le verbe *être*, parce que, en espagnol, ce verbe se traduit de deux manières qui ne sont pas indifférentes, comme on a pu le voir en conjuguant le verbe *être*.
(13) Voyez la note 3 de ce thème.
(14) Voyez la note 2 de ce thème.
(15) Voyez la note 3 de ce thème.
(16) Servez-vous du pronom V., et pour cela voyez note 4 thème XXV.
(17) Voyez la note 4, thème XII.

tré (18) qu'il faut essayer d' obtenir une tran-
hacer lo posible para obtener (19)
saction. — Les hommes ne sont pas tous égaux,
son todo (20) igual,
quoi qu'en disent les utopistes : *ceux-ci* sont doués
por mas que digan utopista : estan dotados
d'une vaste intelligence ; *ceux-là* ont un génie
inteligencia vasta ; tienen ingenio
créateur; les autres (22) n'ont ni intelligence ni
crèar (21) ; carecen de y de
génie; chacun, dans *ce* monde, est doué selon la
cada cual, en mundo está dotado segun
mission qu'il y doit accomplir souvent à son
debe cumplir en él muchas veces sin
insu. — Je ne mangerai ni de *ceci*, ni de *cela*, ni
saberlo. No comeré ni de (23) ni de ni
de *ce* qui est sur la table de ma chambre.
de qui está sobre mesa en mi cuarto.

---

(18) *Celui-ci, celui-là, l'autre*, se rendent en espagnol par ESTE, ESE, AQUEL.

(19) Voyez la note 1, thème VII.

(20) Voyez la note 7, thème XIII.

(21) *Crear*, créer; formez le nom verbal comme il a été dit note 2 du thème XIII.

(22) Revoyez la note 18 de ce thème.

(23) *Ceci, cela*, pronoms indéterminés, se rendent, le premier par ESTO, le second par ESO, lorsqu'il désigne une chose qui est près de celui à qui on parle, et par AQUELLO, lorsqu'il désigne une chose qui est éloignée de celui qui parle et de celui à qui l'on parle. Le pluriel de ESTO est ESTOS ; le pluriel de ESO est ESOS ; et celui de AQUELLO est AQUELLOS. Les féminins de ESTO, ESO et AQUELLO, sont ESTA, ESA et AQUELLA pour le singulier ; et ESTAS, ESAS et AQUELLAS pour le pluriel.

THÈME XXXI.

Sur les pronoms relatifs (1).

L'homme *qui* parle trop se trompe souvent. — Les
_{(2) habla demasiado se engaña amenudo}

dames *que* vous avez entendues chanter hier
_{señora   V.   ha   oido   cantar   ayer (3)}

sont parties. — De *quoi* parlez-vous ? — *Quel* homme
_{se han ido.   (4) habla (5)   (6)}

tan sublime *que* M. de Lamartine ! — *Quels* ha-
_{tan sublime es el de Lamartine !   ves-}

bits avez-vous achetés ? — *Quelle* pièce joue-
_{tidos ha V. (7) comprado?   pieza   echan}

t-on ce soir ? — *Quelles* plumes avez-vous taillées ?
_{noche?   pluma   ha V. cotado?}

---

(1) Les pronoms relatifs espagnols sont QUE, répondant à *qui, que, quoi, quel, quelle, quels, quelles, lequel, lesquels, laquelle, lesquelles*;
QUIEN, répondant à *qui, que, lequel, laquelle, lesquels, lesquelles, celui qui, celle qui, ceux qui et celles qui*.
CUAL, répondant à *quel, quelle, quels, quelles, tel que, telle que, tels que et telles que*, dans les phrases interrogatives ou comparatives ;
EL CUAL, répondant à *lequel, laquelle, lesquels, lesquelles* ;
CUYO, *dont, de qui, à qui, duquel, de laquelle, desquels, desquelles*.
Les notes suivantes indiqueront les cas où l'on doit employer ces divers pronoms.

(2) QUE. Ce pronom espagnol sert à traduire *que* et *qui* français dans tous les cas possibles. Il est invariable.

(3) Traduisez comme s'il y avait *a entendu vous chanter, hier*.

(4) *Quoi* se traduit par *que* au génitif et au datif ; on sait déjà que ces deux cas se forment en espagnol, le premier par la préposition DE, et le dernier par la préposition A.

(5) Servez-vous du pronom V.

(6) *Quel* admiratif ou interrogatif se rend en espagnol par *qué*. Remarquez que l'accent de l'é est ici caractéristique.

(7) Traduisez comme s'il y avait *a acheté vous*.

— *Qui* me parle? — *A qui* vous plaignez-vous de
(8) habla? (9) (10) queja (11)

vos malheurs? — Pour *qui* parlez-vous ce soir? —
desdicha? (12) habla (13) tarde?

De *qui* avez-vous reçu des nouvelles? — J'ai vu
(14) ha recibido noticias? He visto á

un bandit *lequel*, | après | avoir été pendu et avoir
bandido (15) | despues de | haber sido ahorcado haber

échappé à la mort par un miracle, à | recommencé |
escapado de muerte por milagro, ha | vuelto á empezar |

à voler | sur | les grands chemins. | J'ai connu |
robar | en | caminos reales. | He conocido á

des dames *lesquelles*, nonobstant leur laideur, sa-
señora (16) no obstante fealdad, sa-

---

(8) *Quelle, quels* et *quelles* admiratifs ou interrogatifs se rendent comme *quel*. Voyez la note 6 de ce thème.

(9) *Qui* admiratif ou interrogatif se rend en espagnol par QUIEN, si *qui* représente un sujet au singulier, et par *quienes*, s'il représente un sujet au pluriel. QUIEN et QUIENES conviennent également aux deux genres. QUIEN et QUIENES font DE QUIEN, DE QUIENES au génitif, et A QUIEN, A QUIENES au datif.

(10) Traduisez comme s'il y avait *à qui se plaint vous?* Cette forme n'est que l'application d'une règle de la syntaxe espagnole qui veut que, toutes les fois qu'on se sert du pronom V., on mette le verbe à la troisième personne, et que le pronom V. suive le verbe.

(11) Servez-vous de V.

(12) *Qui* interrogatif ou admiratif devant se rendre par QUIEN ou par QUIENES, suivant le nombre du sujet, se rend par POR QUIEN ou par POR QUIENES à l'ablatif, lorsque *pour qui* signifie *au lieu* ou *en faveur de qui*...

(13) Servez-vous du pronom V.

(14) Voyez la note 9 de ce thème.

(15) *Lequel*, dans le sens de *qui*, peut se rendre par EL CUAL; mais les personnes qui parlent bien et qui écrivent avec goût le rendent par *que*. Au reste, même en français, la phrase *j'ai vu un bandit, lequel*, etc., sujet de cette remarque, serait plus correcte, construite avec *qui*...: *j'ai vu un bandit qui*, etc...; car, en français, le sujet se rend plus élégamment par *qui* que par *lequel* dans les phrases qui ne sont ni interrogatives ni admiratives.

(16) Voyez la note précédente, et appliquez au pluriel ce que j'ai dit pour le singulier. J'ai déjà dit que *qué* et QUE sont invariables.

vaient | se faire aimer de | toutes les personnes *qui*
bian | (17) hacer amar de | toda persona
les entouraient. — Voilà | deux | jolis petits chiens ;
rodeaban. Hé aqui | dos | (18) perro ;
lequel voulez-vous ? — | Je vous ai apporté | des rai-
(19) quiere (20) | (21) hé traido | u-
sins blancs et des raisins noirs, *lesquels* voulez-vous
va blaco y tinto, (22) quiere (23)
manger ? — | Votre père | vous envoie six chemises
comer ? | padre | envia camisa
blanches et six de couleur, *lesquelles* | gardez-vous ?
blanco de color, (24) | guardais
— Il se jeta sur son ennemi *tel qu'*un lion sur sa proie.
Se arrojó á enemigo (25) leon á presa.
— C'est un mariage *comme* on n'en trouve jamais.
Es casamiento (26) no halla jamas.
— Les poires sont | *telles* que | je les ai demandées.
pera son | (27) | he pedido.
L'homme | *dont la* | vie n'est pas un mélange de dou-
| (28) | vida no es mezcla de do-

---

(17) Voyez la note 1, thème XXXV.

(18) Voyez la note 2, thème XXV.

(19) *Lequel* interrogatif se rend par CUAL en espagnol ; *lesquels* se rend par CUALES. CUAL et CUALES conviennent indifféremment aux deux genres.

(20) Servez-vous de V.

(21) Traduisez comme s'il y avait *lui ai apporté à vous*, et servez-vous de V.

(22) Voyez la note 19 de ce thème.

(23) Voyez la note 20 de ce thème.

(24) Voyez la note 19 de ce thème.

(25) *Tel que* comparatif, ainsi que *comme* comparatif, se rendent élégamment par CUAL en espagnol. Employé comme comparatif, *cual* est invariable.

(26) Voyez la note précédente.

(27) Voyez la note 25 de ce thème.

(28) *Dont* se rend par CUYO, CUYA, CUYOS ou CUYAS, suivant le genre de

leur et de joie, ne connaît pas la vie. — *Que* celle
lor　　　jozo, no conoce　　　vida.　　　aquella

pour *qui* est le profit travaille, c'est bien ; mais que
　(29)　　es provecho trabajé, está bien ; pero

celles *pour qui* l'existence passe sans gloire ni profit
aquellas　(30)　existencia pasa　　　gloria ni provecho

passent leur vie à travailler, | je ne le comprends
pasan　vida　travajando,　　no lo comprendo.

pas. | — *Que* cherche cet homme ? — *Quel* est ton
　　　　(31)　busca　　　　(32)　es

but | en te rendant | chaque jour à Orléans ? — *Qu'*il
objeto　yendo (33) cada　dia á Orléans ? (34)

fasse bon ou mauvais temps, | il m'importe peu. —
haga bueno ó malo tiempo, me importa poco.

Celui-ci | d'une | voix rauque et terrible, *celui-là*
(35)　　con　　voz rouca　(36)　(37)

| d'une | voix pleine de tendresse et de poésie, cha-
　con　　llena de ternura　　poesia, cada-

cun des assistants chanta à son tour. — *Quiconque*
uno asistente cantó á tourno. (38)

---

la possession avec laquelle ce pronom doit toujours s'accorder en espagnol.

(29) *Pour qui* se traduit par CUYO, CUYA, CUYOS, CUYAS, suivant le genre et le nombre du nom qui le suit et auquel il se rapporte toujours.

(30) Voyez la note précédente.

(31) QUE régime et interrogatif se rend en espagnol par QUÉ ; l'accent sur l'E est ici caractéristique.

(32) QUEL interrogatif se rend par CUAL.

(33) En te rendant, YENDO, mot à mot *allant*, idiotisme espagnol que j'expliquerai en temps et lieu.

(34) *Qu'il fasse*, etc. *Que* est ici une conjonction ; *que* conjonction se rend toujours par QUE en espagnol.

(35) *Celui-ci, celui-là*, dans les phrases alternatives semblables à celle qui est le sujet de cette note, se rendent par CUAL en espagnol.

(36) Voyez la note 6, thème XXVII.

(37) Voyez la note 35 de ce thème.

(38) *Quiconque* se rend par CUALQUIERA, mot composé de CUAL, *quel*, et de QUIERA, *qu'il veuille*, presque mot pour mot *quel qui veuille*.

voudra | me parler, | qu'il s'approche. — Envoyez-
quisiere   hablar (39) que se acerque.   Envie

moi un ouvrier *quelconque*.
  obrero   (40)

THÈME XXXII.

Sur l'emploi des pronoms EN (1).

Cet homme est un fripon, je m'*en* débarrasserai.
  es   pillo,   (2)   libraré.

— Il me semble que cette femme est bien aimable,
   Me parece   muger   es (3)

qu'*en* pensez-vous ? — | Voilà | de beaux chevaux
  (4) piensa   (5)   Hé aqui hermoso   caballo

et un équipage magnifique; qu'*en* dit madame la
     carruage   (6)   (7) dice señora   (8)

---

(39) Voyez la note 15, thème XXVI.

(40) QUELCONQUE se rend aussi par CUALQUIERA; c'est la conséquence de la règle qui veut que *qui* et *que* français se traduisent tous deux par QUE.

(1) En est tantôt pronom, tantôt adverbe de lieu, tantôt adverbe de quantité.

(2) En se rapporte ici aux personnes, et remplace les pronoms personnels à l'ablatif, *de lui, d'elle, d'eux, d'elles*, et c'est par ces pronoms qu'on doit le traduire en espagnol.

(3) *Bien* est ici le synonyme de *très*, et doit se rendre par MUY.

(4) Voyez la note 2 de ce thème, et remarquez que *en*, se rapportant à *femme*, doit se rendre par *de ella* qu'on doit placer après le sujet du verbe.

(5) Rendez *vous* par V., toutes les fois que, pour traduire une seconde personne, je me servirai d'une troisième. Dans ces cas, mettez V., si le verbe espagnol est à la troisième personne du singulier, et par Vs., si le verbe espagnol est à la troisième personne du pluriel; dans ce dernier cas, le verbe se terminera toujours par un N.

(6) Vous savez déjà que tous les adjectifs français terminés en *ique* se rendent en espagnol par le même mot auquel on change *ique* en ICO.

(7) Voyez la note 2 de ce thème, et accordez le pronom espagnol dont vous vous servirez pour traduire *en* avec le sujet *chevaux* et équipage, en le rendant par DE ELLOS que vous placerez après *madame la marquise*.

(8) Voyez pour l'article la note 4, thème I.

marquise? — Les amis sont rares, | dit-on, | mais
marquesa?   Amigo son raro;   se dice,   pero

je n'*en* crois rien.—Charles-Quint s'est fait moine,
no (9) creo nada.   Carlos (10) ha (11) metido fraile (12),

qu'*en* pense la cour? — J'ai vu de belles poires, je
(13) piensa corte?   He visto hermoso peras,

les ai achetées et, si tu le veux, je l'*en* enverrai. —
he comprado y, si quieres, (14) enviaré.

Vous avez une grande quantité de plumes, donnez-
(15) tiene grande cantidad de plumas, dé

m'|*en*. — J'ai du bon tabac dans ma tabatière, mais
V.| (16). Tengo bueno tabaco en tabaquera, pero

tu n'*en* auras pas.—Cette chambre est un peu grande,
no (17) te daré.   cuarto es poco grande,

mais la situation *en* est bonne.—Ce champ est petit,
pero situacion (18) es bueno.   Campo es pequeno,

mais la récolte *en* est belle. — Il cherche un cœur
pero cosecha (19) es hermoso.   Busca corazon

---

(9) *En* se rapporte ici à une chose indéterminée et doit être rendu par DE ESO, *de cela*, qu'on place après *nada*.

(10) Voyez la note 7, thème XXI.

(11) Les Espagnols n'ont d'autre auxiliaire que le verbe HABER.

(12) Les Espagnols ne disent pas *se faire moine*, mais *se mettre moine*, METERSE FRAILE.

(13) Voyez la note 2 de ce thème, et rendez *en* par DE ESO, *de cela*, que vous placerez après le mot *cour*.

(14) *En* signifie quelquefois *quelques-uns* ou *quelques-unes*; toutes les fois que *en* on pourra le rendre en français par *quelques-uns* ou par *quelques-unes*, rendez-le en espagnol par ALGUNOS ou ALGUNAS, suivant le genre du nom auquel EN se rapportera. C'est ici le cas.

(15) Voyez la note 5 de ce thème.

(16) Voyez la note 14 de ce thème.

(17) *En* signifie souvent *aucun*, *aucune*, *rien*; dans ces cas, on le rend en espagnol par NINGUNO, NINGUNA ou NADA. C'est ici le cas : *tu n'*EN *auras pas* signifie évidemment tu n'auras *aucun*, *rien* de cela ; etc.

(18) En peut se rendre en français par *son*, *sa*, *ses* ; dans ces cas-là, on le rend en espagnol par SU ou par SUS. Seulement, dans ces cas, on met SU ou SUS, suivant le nombre de la possession, à la place de l'article français qu'on retranche. Exemple : cette église est bien située, et LA clientèle EN est nombreuse. — ESTA IGLESIA ESTA BIEN SITUADA Y SU PARROQUIA ES NUMEROSA.

(19) Voyez la note précédente.

qui soit digne du sien, il n'*en* trouve pas. — Il con-
    sea   digno   no (20) halla.   codi-

voite les honneurs et les richesses, il n'*en* obtiendra
cia   honor   riqueza,   no (21)   obtiendrà.

pas. — Je mangerais du pain, si j'*en* avais. — Com-
       Comeria   pan, si (22) tuviese.   Cuán-

bien de paires de bas as-tu? J'*en* ai six. —Voulez-
tos   par   de media tienes? (23) tengo seis. Quiere

vous venir à la soirée du duc de N.....? Non, j'*en*
(24) venir   tertulia   duque de N.....?   No, (25)

viens.
vengo.

THÈME XXXIII.

Sur l'emploi du pronom Y (1).

Vous croyez avoir une place   bientôt; | eh bien,
  Cree   tener   empleo muy pronto; | pues bien,

---

(20) Voyez la note 17 de ce thème.

(21) Voyez la note 17 de ce thème.

(22) Voyez la note 14 de ce thème.

(23) *En* ne s'exprime pas en espagnol, lorsqu'il se trouve dans une phrase qui répond à une question posée et dans laquelle on a nommé l'objet qui est *antécédent* de *en*. Exemple : Combien a-t-il d'*enfants*? Il *en* a trois. ¿ CUANTOS *hijos tiene? Tiene tres*, ou seulement TRES, sans ajouter DE ELLOS qui serait la traduction de *en*.

(24) EN est souvent adverbe de lieu; dans ce cas, on le rend par un adverbe de lieu en espagnol, c'est-à-dire par DE AQUÍ, DE ALLÍ, DE ACA ou DE ALLA, suivant que *en* est employé pour *de là* ou pour *d'ici*. Lorsque *en* peut se rendre par *de là*, on le rend en espagnol par DE ALLÍ ou par DE ALLA, à volonté. Si *en* est employé pour *d'ici*, on le rend par DE AQUÍ ou par DE ACA indifféremment. DE AQUÍ, DE ALLÍ, DE ACA, DE ALLA, doivent toujours suivre ou précéder immédiatement le verbe auquel ils se rapportent.

(25) Voyez la note précédente.

(1) Ainsi que EN, Y est tantôt pronom relatif, tantôt adverbe de quantité, tantôt adverbe de lieu.

n'*y* comptez pas. — Beaucoup d'hommes ne font
no (2) cuente V. con.   Mucho   no hacen

que parler de la vertu; ne vous *y* fiez pas. —
mas que hablar   virtud;   no   (3) fieis de

Monsieur, vous m'avez écrit une lettre très-insolente:
Señor,   habeis escrito carta   insolente;

mais je n'*y* répondrai pas sur le même ton. — Vous
pero no (4) responderai en mismo tono.   V.

demandez si M. N..... est chez lui? Oui, monsieur,
pregunta (5) si el señor N..... está en casa? Si, señor,

il *y* est. — Garçon, apportez-moi un bifteck. J'*y* vais,
(6) está. Muchacho, trae un beefsteak. (7) voy,

monsieur. — Il *y* a cinq ans que je ne l'ai vu. —
señor.   (8)   año no he visto.

---

(2) Y pouvant se rendre en français par *sur cela*, se rend en espagnol par CON ESO. C'est ici le cas.

(3) Y pouvant se rendre en français par *de lui*, *d'eux*, *d'elles*, on le rend en espagnol par DE EL, DE ELLA, DE ELLOS, DE ELLAS, selon le genre et le nombre du nom qui est l'antécédent de *y*; DE EL, DE ELLA, DE ELLOS, DE ELLAS, doivent toujours suivre le verbe dont ils sont le régime indirect.

(4) Y peut se rendre souvent en français par *à cela*, *de cela*, *d'elle* ou *à elle*, *d'eux* ou *à eux*. Dans ce cas, Y se rend en espagnol par A EL, DE EL, A ELLOS, DE ELLOS, A ELLA, DE ELLA, A ELLAS, DE ELLAS ou A ESO, DE ESO, suivant le genre de son antécédent et en mettant celui de ces pronoms qu'il conviendra après le verbe dont il serait le régime indirect.

(5) *Demander* se rend en espagnol par *pedir*, par *preguntar* et par *demandar*. Par PEDIR, lorsqu'il signifie *demander* une chose qu'on désire posséder; par PREGUNTAR, lorsque *demander* signifie *poser une question* ou *demander après quelqu'un*; enfin, *demander en justice* se traduit par DEMANDAR.

(6) Y. Voyez la note 23, thème XXXII; et tout ce qui y est dit sur EN est applicable à Y.

(7) Y est ici employé pour *là*; traduisez-le par ALLA en espagnol. *Allá* peut être indifféremment placé avant ou après le verbe dont il complète le sens.

(8) Les Espagnols traduisent le verbe *il y a* par HAY ou par *hace* (il fait); par HAY, lorsque *il y a a un espace de temps* pour régime; et par *hace*, lorsque le régime de *il y a* est un nombre de personnes ou de choses.

| Il y a | cent hommes de garde | au | Luxembourg ;
| (9) | de guardia |en el| Luxemburgo ;

je les y ai vus *moi-même*. — Par qui les dames ont-
         (10) he visto   (11)   Con   señora han

elles | envoyé | chercher leur musique ? — Elles sont
      | enviado à | buscar   música ?   han (12)

| venues | la chercher *elles-mêmes*.
  venido à | buscar   (13)

THÈME XXXIV.

Sur les pronoms indéfinis ou indéterminés (1).

| Est-il | venu *quelqu'un* | me demander ? |— | Il
| Ha | venido   (2) | à preguntar pormi ?|

a | eu *quelque* motif pour agir ainsi, sans doute. —
ha | tenido (3)   motivo para obrar asi,   sin duda.

___

(9) Voyez la note précédente.

(10) Voyez la note 25, thème XXXII. Tout ce qui y est dit sur *en* est applicable à Y.

(11) *Même* se rend toujours par MISMO. Les combinaisons de *même* avec les pronoms personnels sont les mêmes dans les deux langues.

(12) J'ai déjà dit que les Espagnols n'avaient pour auxiliaire que le verbe HABER.

(13) Voyez la note 12 de ce thème.

(1) Les pronoms indéfinis ou indéterminés espagnols sont : *Varios*, plusieurs ; — *alguno*, quelqu'un ; — *alguien*, quelqu'un ; — *ninguno*, personne, aucun, nul ; — *nadie*, personne ; — *cualquiera*, quiconque, quelconque ; — *uno*, un ; — *otro*, autre ; — *mismo*, même ; — *el mismo*, le même ; — *cada*, chaque ; — *cada cual, cada uno*, chacun ; — *todos*, tous, — *muchos*, beaucoup ; — *pocos*, peu ; — *tal*, tel ; — *se*, on.

(2) Dans les phrases interrogatives et lorsqu'il se rapporte aux personnes, *quelqu'un* se rend par ALGUIEN. ALGUIEN convient à tous les genres et aux deux nombres ; il ne peut être employé que pour les personnes. *Quelqu'un* se rend également par ALGUNO dans les phrases affirmatives. Hors les phrases affirmatives et interrogatives, les Espagnols n'emploient pas *alguien*.

(3) *Quelque* se rend par ALGUNO, lorsqu'il se rapporte aux choses ou qu'il est suivi d'un nom ou d'un adjectif. ALGUNO perd l'*o* final toutes

Et moi je vous assure qu'il n'a *aucune* raison. —
Y yo asegruro no tiene (4) razon.
Personne n'a le droit de blâmer la conduite
(5) tiene derecho de motijar
d'*autrui*. — *Quelques* amis de M. N...., se sont pré-
(6) (7) amigo del señor N..... han pre-
sentés hier chez lui; les avez-vous vus? —Non ;
sentado ayer en su casa; ha V. visto? (8) No;
je n'*en* ai vu *aucun*. — Avez-vous *quelque* argent
no (9) he visto a (10) Tiene V. (11) dinero

---

les fois qu'il est suivi immédiatement d'un nom ou d'un adjectif qui s'y rapporte.

Alguno fait ALGUNA au féminin singulier, ALGUNOS au masculin pluriel, et ALGUNAS au pluriel féminin. Ce pronom doit toujours s'accorder avec le nom qui le gouverne.

(4) *Aucun* se rend par NINGUNO ; ce pronom forme le féminin et le pluriel comme ALGUNO ; placé immédiatement devant un adjectif ou devant un nom, *ninguno* perd l'*o* final. NINGUNO, employé dans le sens de *pas un*, n'admet pas le pluriel. Dans tous les autres cas, NINGUNO doit toujours s'accorder en genre et en nombre avec le nom qui le régit.

(5) *Personne*, suivi d'une négation, se rend par NADIE sans négation, lorsqu'il précède le verbe ; si le verbe le précède, le verbe doit lui-même être précédé d'une négation ; ainsi, *Personne ne le veut* doit se traduire NADIE *lo quiere* ou NO *lo quiere* NADIE. Cette observation touchant la négation est également applicable au pronom NINGUNO et ses variantes, à *ni uno, ni otro*, leurs pluriels et leurs féminins. NADIE ne peut se rapporter qu'aux personnes. En parlant des animaux, on se sert de NINGUNO au singulier et d'accord en genre avec le nom qui le régit.

(6) *D'autrui* se rend par AGENO. Je parlerai bientôt de ce pronom.

(7) *Quelques*, pluriel de *quelque*, se rend par ALGUNOS ou ALGUNAS, suivant le genre du nom qu'il régit. Voyez la note 3 de ce thème.

(8) Servez-vous du pronom V. Construisez comme s'il y avait *les a vu vous...*, sans accorder le participe qui, en espagnol, est invariable dans ce cas.

(9) Vous savez que EN se rend par un pronom personnel au génitif, lorsqu'il se rapporte aux personnes, et que ce pronom doit s'accorder en genre et en nombre avec son antécédent. Vous savez aussi que les régimes directs des verbes espagnols demandent le datif avec la préposition A, lorsqu'ils sont une personne ou une chose quelconque qu'on veut personnifier.

(10) Voyez les notes 4 et 5 de ce thème.

(11) Voyez la note 3 de ce thème.

à moi ? — J'ai encore *quelques* pièces de cinq francs.
(12) Tengo aun (13) moneda de franco.

— Vous aurez les renseignements que vous demandez
Tendreis información pedis

| chez | un employé *quelconque*. — Donnez-moi
en casa de | empleado (14) De (15)

quelque chose à manger. — *Quiconque* désire vivre
(16) cosa de comer. (17) (18) desease vivir

heureux, doit commencer | de bonne heure | à dompter ses passions. — *Lequel* de ces deux hommes préfeliz, debe empezar temprano domar (19) preférez-vous? — *Aucun*; je les | déteste | *l'un et l'autre*.
fiere (20) (21) detesto á y (22)

— Prenez | ce | petit aileron. | Non. — Eh bien !
Tome V. alon No. Pues bien !

---

(12) Voyez la note 3 de ce thème. Dans des cas pareils à l'exemple ci-dessus, *quelque* peut se rendre également par UN POCO DE.

(13) Voyez les notes 3 et 7 de ce thème.

(14) *Quelconque* se rend par CUALQUIERA, soit qu'il se rapporte aux personnes ou aux choses. CUALQUIERA convient également au genre masculin et au genre féminin ; il admet pourtant un pluriel qu'on forme en mettant *es* entre le L et le Q : CUALESQUIERA. Cualquiera perd l'A final devant un nom et devant un adjectif qui le régissent.

(15) On se rappelle ce que j'ai dit du placement des pronoms personnels régimes.

(16) *Quelque*, suivi du mot *chose*, se rend par ALGO et par ALGUNA COSA indifféremment.

(17) Les Français disent *donner à manger, donner à boire, donner à parler*; dans cette sorte de locution, les Espagnols rendent A par QUE et par DE devant le verbe *comer*, manger, et *beber*, boire. Exemple : *dar de comer*, donner à manger ; — *dar* QUE *hablar*, faire parler ; — *dar* DE *beber*, donner à boire.

(18) *Quiconque* se rend par QUIENQUIERA. QUIENQUIERA est invariable.

(19) *Lequel* interrogatif se rend par CUAL. Ce pronom espagnol n'a pas de genre, mais il forme le pluriel en prenant ES.

(20) Relisez la note 5, thème XXXII.

(21) Voyez la note 4 de ce thème.

(22) *L'un et l'autre* se rendent en espagnol par *el uno y el otro* avec ou sans article. El *uno* y el *otro* ont un pluriel et un féminin.

mangez | ce gâteau. — *Ni l'un ni l'autre.* — L'un
coma V. | bollo. (23)

criait, l'autre pleurait. — Je les aurais | étranglés | *tous*
gritaba, lloraba. hubiera | ahogado á

les deux. | Dieu récompense toujours *chacun* selon
(24) | Dios recompensa siempre segun

son mérite. — *Chacun* a ses douleurs dans ce monde.
mérito. (25) tiene dolor en mundo.

— *Chacun* sait ce qu'il fait | chez lui. — *Tel* père, *tel*
(26) sabe hace | en su casa. (27) padre,

fils. — *Telles* actions, *telle* récompense. — *Tels* sol-
hijo. accion, recompensa. sol-

dats, *tels* officiers.
dado, oficial.

THÈME XXXV.

Sur les pronoms indéfinis ou indéterminés.

Avez-vous jamais connu *personne* qui trouvât du
Ha V. jamas conocido (1) (2) hallase

plaisir à souffrir? — Non; *personne* ne se plaît à
placer en sufrir? No; (3) complace en

---

(23) *Ni l'un ni l'autre* se rendent par *ni el uno ni el otro* avec ou sans article. Voyez, pour le genre et le nombre, la note précédente.

(24) *Tous les deux* se rend par ENTRAMBOS, ENTRAMBAS, suivant le genre de son antécédent.

(25) *Chacun* se rend par CADA UNO au masculin, par CADA UNA au féminin, et par CADA CUAL lorsqu'il est employé en sens indéfini.

(26) Voyez la note précédente.

(27) *Tel* se rend par TAL, *tels* par TALES. TAL et TALES conviennent aux deux genres.

(1) Construisez comme s'il y avait *a connu vous jamais personne*, etc., et servez-vous de V.

(2) *Personne* pouvant se tourner par *quelqu'un*, doit se traduire en espagnol par ALGUNO et mieux par ALGUIEN.

(3) *Personne*, dans le sens de *pas un*, peut se traduire par NINGUNO ou par NADIE indifféremment.

souffrir. — Je n'ai trouvé *personne* | chez vous. — *Nul*
No he hallado á en su casa de V. (4) (5)

ne peut changer la boue en or ni le vice en vertu. —
puede cambiar barro en oro ni vicio virtud.

Est-ce qu' | *aucun* d'eux a *quelque* chose à dire
Tiene a caso (6) (7) (8) cosa que decir

contre moi ? — *Personne* | a-t-il | à se mêler de
contra (9) tiene derecho de (10) mezclar en

mes affaires ? — Je ne connais à | *qui que ce soit* | le
negocio ? No conozco á (11)

droit de m'empêcher de chanter | chez moi. | — Je
derecho empedir cantar en mi casa.

ne pourrai vous donner *quoi que ce soit*. — *Quelle que*
No podré dar (12) (13)

soit votre fortune, vous ne pourrez pas faire autant
sea caudal, no podrá hacer tantos

de dépenses que vous *en* faites. — *Quelque* talent
(14) gasto hace. (15) talento

que vous ayez, vous ne réussirez pas, si vous n'avez
tenga, no acertará, si tiene

---

(4) *Chez* se rend par EN CASA DE.

(5) *Nul*, dans le sens de *personne*, doit toujours se rendre par NADIE.

(6) *Aucun*. Voyez la note 4, thème XXXIV.

(7) *Avoir à*, régi par un autre verbe à l'infinitif, se rend par TENER QUE. Cette phrase doit donc être construite en espagnol : AUCUN D'EUX A QUE, me dire, etc.

(8) Voyez note 16, thème XXXIV.

(9) Relisez la note 2 de ce thème.

(10) Revoyez la note 15, thème XXV.

(11) *Qui que ce* se rend par QUIENQUIERA QUE.

(12) *Quoique ce soit* se rend par CUALQUIER COSA ou par NADA.

(13) *Quelque* se rend par CUALQUERA QUE.

(14) Les adverbes de quantité ne sont jamais suivis de la préposition *de*.

(15) QUELQUE, suivi immédiatement d'un nom et de *que*, et pouvant se rendre par *quelconque* ou par *quoique* vous ayez ou *vous fassiez beaucoup* ou *peu*, doit se rendre en espagnol par POR MAS QUE, en mettant le nom être, MAS et QUE. Exemple : *Quelque bruit que vous fassiez*,

7

pas *quelque* adresse. — *Quoique* vous disiez ou que
(16)   destreza.   (17)   (18)   diga

vous fassiez, vous n' | empêcherez | pas | mon livre
haga,   (19)   no | impedirá á | á | libro

de plaire au public. — Donnez-moi *quelque* | argent, | et
que guste   público.   Dad   (20) | dinero, |

je vous donnerai *quelque* | aisance. | — Voudrez-vous
daré   (21) | bien estar. | ¿ Querrá

me donner *quelques* commissions pour Paris? — Non;
dar   (22)   comision   para Paris?   No;

mais je vous donnerai *quelques* lettres pour mes amis.
pero   daré   carta para   amigo.

— Tu ne prendras pas le bien *d'autrui*. — Je ne veux
No tomarás   los bienes   (23).   No quiero

rien *d'autrui*.
(24) (25)

---

je ne vous lâcherai pas, c'est-à-dire *quoique vous fassiez beaucoup de bruit*, etc., POR MAS ruido QUE V. haga no le dejaré.

(16) *Quelque* pouvant se tourner par *un peu de*, se rend par UN POCO DE ou par ALGUN indifféremment.

(17) *Quoique*, dans le sens de quelque chose que, se rend par POR MAS QUE.

(18) Servez-vous de V.

(19) Voyez la note précédente.

(20) Voyez la note 16 de ce thème.

(21) Voyez la note 3, thème XXXIV.

(22) Voyez la note 3, thème XXXIV.

(23) *D'autrui*, gouverné par un nom, quand même ce dernier serait sous-entendu, se rend par AGENO, AGENA, AGENOS, AGENAS, suivant le genre et le nombre de son régime.

(24) *Rien* se rend par NADA.

(25) Voyez la note 23 de ce thème.

THÈME XXXVI.

Sur les pronoms indéterminés ou définis.

Beaucoup de personnes disent que la probité n'existe
(1)　　　　persona　　dicen　　　　　　　existe
pas ; ces personnes se trompent : la probité existe. —
　　persona　　　engañan :

Il y a | *peu* de littérateurs, quoiqu'il y ait *beaucoup*
(2)　 (3)　　literato,　　　　anque　　hay　　(4)
de gens qui s'appellent | gens de lettres. — J'ai reçu des
　gente　　　llaman　　　letrado.　　He recibido
lettres d'un *tel*. — Je l'ai vu le jour | où | il parlait
carta　　　(5)　　He visto　dia　en que　hablaba
d'un *tel* et d'une *telle*. — Un *tel* et une *telle* se sont
　(6)　　　　　　　　　(7)　　　　　　　　　han
rendus à | dîner | chez | *telles* et *telles* personnes
ido　à　comer　en casa de　(8)　　　　persona
qui ne les attendaient pas. — *Tel* plat leur plaisait ;
no　　esperaban.　　　　(9)　plato　　gustaba ;

---

(1) *Beaucoup* se rend par MUCHOS, MUCHAS, suivant le genre du nom qui le régit, lorsqu'il exprime la pluralité.

(2) Voyez la note 9, thème XXXIII.

(3) *Peu*, pouvant se tourner par *un petit nombre de*, se rend en espagnol par POCOS, POCAS, suivant le genre de son régime.

(4) Voyez la note 1 de ce thème.

(5) Voyez la note 27, thème XXXIV.

(6) *Un tel et un tel* se rendent par FULANO Y MENGANO ou par FULANA Y MENGANA, suivant qu'on parle de deux hommes, de deux femmes, ou d'un homme et d'une femme ; car FULANO et MENGANO doivent toujours s'accorder en genre avec le sujet qu'ils représentent. FULANO Y MENGANO n'ont pas de pluriel.

(7) Voyez la note précédente.

(8) *Tels ou telles*, même quand ils sont répétés, se rendent par TALE qui est de deux genres, et non par *fulano y mengano*.

(9) Voyez la note 27, thème XXXIV.

ils faisaient des grimaces à *tel* autre, et ne cessaient de
hacian   visage   à (10) otro,   no cesaban

dire : Un *tel*, passez-moi | le rôti ; un *tel*, donnez-moi
decir :   (11) pase V.   asado ;   dé

un *peu* de salade ; un tel, coupez-moi un *peu* de
ensalada ;   corte

pain, etc. — *Tout* homme se doit à ses devoirs. —
pan, etc.   (12)   debe à   deber.

Toute femme, au bonheur de la société. — *Tout* roi doit
(13) mujer (14),   felicidad   (15) rey debe

savoir se vouer à son peuple, et *tout* citoyen à sa
saber   dedicar   pueblo,   ciudadano

patrie. — *Tout* le *monde* parle du diable, et *personne*
patria.   (16) habla   diablo,

n'a vu ses cornes. — *On* dit que le Théâtre-Italien
visto   cuerno.   (17) dice   Teatro Italiano

---

(10) Voyez la note 27, thème XXXIV.

(11) *Un tel* se rend par FULANO ou par FULANA, suivant le genre du nom remplacé par UN TEL.

(12) *Tout*, suivi d'un nom sans article, se rend par *todo* ou *toda*, suivant le nombre du régime. On peut le rendre également par *cada cual* ; ce dernier est invariable.

(13) Voyez la note précédente.

(14) *Mujer*, femme, s'écrit également MUGER. La première orthographe est d'origine catalane, et par conséquent sans autorité ; les Castillans ont toujours écrit *muger*. Je suis pour ce dernier.

(15) Voyez la note 12 de ce thème.

(16) *Tout le monde*, pris dans un sens général, se rend par TODOS ; on peut également le rendre par TODO EL MUNDO. La première locution est plus espagnole.

(17) *On* se rend par *se* avec le verbe à la troisième personne du singulier. — On peut se rendre également par SE avec le verbe à la troisième personne et au même nombre que le nom qui lui sert de régime. Ex. : *On dit mille mensonges*, SE DICEN *mil* MENTIRAS (mot à mot) *se disent mille mensonges*, c'est-à-dire *mille mensonges* SONT *dits*. Les Espagnols ont emprunté cette locution à la langue latine. — *On* reste souvent sans traduction en espagnol ; dans ce cas, on met le verbe à la troisième personne du pluriel, et l'on retranche le pronom sujet. Ex. : *On dit qu'il pleut*, DICEN *que llueve* ; mot à mot, DISENT *qu'il pleut*. — On peut également retrancher le pronom ON, en mettant le verbe à la première personne du pluriel, ex. : ON *croit toujours ce qu'on désire*…, CREEMOS SIEMPRE LO QUE DESEAMOS.

est en procès avec le Grand-Opéra. — Sur ces choses-
está en pleito con Grande Opera (18). Sobre (19)
là, *on* dit des mensonges sans nombre. — Est-ce
 dice (20) mentiras sin medida. ¿ Es
vrai que vous allez partir? — Non. — *On* me
verdad va V. á partirse? (21)
l'a dit hier, et cela m'a chagriné. — *On* croit facile-
han dicho ayer, ha apesadumbrado. creemos facil-
ment ce qui flatte nos goûts... — Je connais un
mente adula gusto... Conozco á
certain M. Jacques qui ment plus qu'il ne parle.
(22) señor Santiago miente mas habla.

THÈME XXXVII.

Sur les verbes HABER *y* TENER, *avoir* (¹).

Avoir de la santé, c'est être riche. — J'ai toujours
(2) salud, es ser rico. siempre

---

(18) *Opera* appartient au féminin en espagnol.

(19) *Ces choses-là* se rend par ESO, pronom démonstratif indéterminé.

(20) Formez le pluriel du verbe en y ajoutant un N, si vous le jugez convenable, après que vous aurez relu la note 17 de ce thème.

(21) Revoyez la note 17 de ce thème.

(22) *Un* certain se rend par UN TAL ou par UNA TAL, suivant le genre. On peut le rendre également par *cierto, cierta*, suivant le genre; dans ce dernier cas, on retranche l'article *un*.

(1) Avant de faire ce thème, l'élève doit repasser les verbes *haber* y *tener*, pages 9 et suivantes, et lire attentivement tout ce qui est dit concernant ces verbes.

(2) Le présent de l'infinitif de tous les verbes français se rend par le présent de l'infinitif espagnol, ou par le présent de l'infinitif du verbe *estar* et le participe présent du verbe que l'on conjugue. Le présent de l'infinitif français se rend par le même temps en espagnol, lorsqu'on exprime l'action d'une manière générale. Exemple : *Parler*, HABLAR, c'est-à-dire parler parce qu'on en a la faculté. *Parler*, ESTAR HABLANDO, mot à mot, *être* parlant, c'est-à-dire parler dans un moment donné.

eu de la santé, et je suis pauvre | cependant. | —
(3) salud, y soy pobre | sin embargo.

C'est | que | tu *as* peu d'ordre.— Mon frère *a* moins
Es |porque| órden. Hermano ménos

d'ordre que moi, et pourtant il est | à son aise. |—
no obstante está | bien.

Ne te décourage pas, nous *avons* encore quelques
desanimes aun

biens. — Vous *avez* manqué à votre devoir. — Ils *ont*
bien. faltado deber.

bu|outre mesure,|cela est vrai. — J'*avais* de l'argent
demasido dinero

et je n'*en ai* plus. — Vous aviez raison; ils *avaient*
(4) razon ;

menti.—Tu l'*avais* dit, et nous ne l'*avons* pas cru.—
mentido. dicho, no creido.

Il *avait* une bonne place, et l'*a* perdue par sa faute.
bueno destino, y perdido por culpa.

— J'*aurai* plus que je *ne* voudrai.—Tu *auras* moins
mas (5) quiera.

que tu ne penses. — Il *aura* toujours plus de vanité
(6) piensas. siempre vanidad

que de talent. — Nous *aurons* | vaincu | l'ennemi
talento. | vencido á | enemigo

sans | coup férir. | — Vous *aurez* alors le double
sin | tirar un tiro. | entónces doble

avantage de | servir | la patrie et d'épargner le sang
ventaja | servir á | patria economizar sangre (7)

Ces observations sur les deux manières différentes de rendre le présent de l'infinitif français en espagnol ne concernent ni le verbe *haber*, ni le verbe *estar*, ni le verbe *ser*.

(3) Voyez la note 4, thème III.
(4) Voyez le renvoi de la note précédente.
(5) Retranchez la négation dans cette sorte de locutions.
(6) Voyez la note précédente.
(7) *Sangre*, sang, appartient au genre féminin en espagnol.

humain. — J'*aurais* voulu te voir à ma place. — Tu
humano.   (8)   querido   ver en   lugar.
m'*aurais* vu vaincre ou mourir. — Il *aurait* dix mille
visto vencer ó morir.   (9)
livres de rente, s'il l'*avait* voulu. — Nous *aurions*
franco de renta,   (10) querido.   (11)
peut-être | vaincu, si nous *étions* arrivés une heure
tal vez (12) | vencido,   (13) llegado (14)   hora
plus tôt.
antes.

THÈME XXXVIII.

Suite des verbes HABER *y* TENER *avoir*.

Si vous *étiez* venu hier, vous *auriez* entendu
Si (1)   (2)   venido ayer (3)   (4)   oido

---

(8) Le conditionnel français exprimant une condition, se rend par l'imparfait du subjonctif.

(9) Voyez la note précédente.

(10) L'imparfait de l'indicatif français, précédé immédiatement de la conjonction si, se rend en espagnol par l'imparfait du subjonctif.

(11) Revoyez note 8 de ce thème.

(12) *Peut-être* se rend en espagnol par PUEDE SER, par TAL VEZ et par QUIZÁ indifféremment.

(13) Revoyez la note 10 de ce thème, et n'oubliez pas que les Espagnols n'ont que le verbe HABER pour auxiliaire.

(14) Le participe passé espagnol ne s'accorde avec le régime que lorsqu'il est employé comme adjectif. Employé comme verbe, c'est-à-dire lorsqu'il sert à former un temps composé avec le verbe HABER, le participe passé espagnol est toujours invariable.

(1) Servez-vous de V., et mettez le verbe à la personne que demande l'emploi de ce pronom.

(2) Voyez la note 10 du thème XXXVII.

(3) Le pronom V. ne se répète jamais dans le second membre de phrase; mais le verbe dont il est le sujet doit être employé à la troisième personne, car la suppression de V. n'est qu'une ellipse.

(4) Revoyez la note 8, thème XXXVII.

| chanter | la Pasta. — Ils *auraient* souffert beaucoup
  cantar à | (5) Pasta. (6) sufrido
si je n'*avais* pas été là. — *Aie* un peu plus de
  yo no (7) estado alli poco mas de
politesse, | mon garçon. | — Qu'il *ait* une bonne con-
  crianza | niño mio. | bueno con-
duite s'il veut être respecté. — Ayons foi dans l'avenir,
  ducta quiere ser respetado. fe en porvenir,
si nous voulons *avoir* du courage. — *Ayez* patience
  si queremos ánimo. paciencia
et vous ferez des miracles. — Qu'ils *aient* plus de
  haréis milagro.
discipline, et ils ne seront pas | si tôt | mis en
  disciplina, serán | tan pronto |
déroute. | — Plût à Dieu qu'il *eût* vécu plus
  derrotados. | Pluguiera à Dios vivido mas
| longtemps! | — Que m'importe que tu *aies* froid!
  tiempo! | (8) importa frio!
— Je suis | content | qu'il *ait* faim, cela lui apprendra
  estoy |contento de| hambre, le enseñará
à vivre. — Que nous *ayons* soif ou faim, cela n'est
  à vivir. sed ó hambre, no es
pas votre affaire. — Je désire que vous *ayez* autant
  negocio. deseo (9) tanto (10)
de bonheur que j'*ai* eu de malheur. — Qu'ils *aient*
  dicha desdicha.
voulu ou non, il *aura* | fallu | qu'ils le fassent.
  querido no |sido menester| hagan.

_____

(5) Voyez note 3, thème IV.
(6) Revoyez note 8, thème XXXVII.
(7) Revoyez note 10, thème XXXVII.
(8) N'oubliez pas que le *que* interrogatif demande un é en espagnol.
(9) Mettez V. après le verbe.
(10) Vous savez déjà que TANTO est susceptible de genre et de nombre, et qu'il doit toujours s'accorder avec son régime.

THÈME XXXIX.

Suite des verbes HABER *y* TENER, *avoir.*

Il voudrait que j'*eusse* dépensé tout mon argent
Querria (1) gastado dinero

pour lui. — Et tu *aurais* été content que j'*eusse*
para tu estado contento si

la | misère | pour partage. — Non ; j'*aurais* désiré
miseria por herencia. No; deseado

que tu *eusses* ce qu'il | te fallait | et rien de plus. —
necesitabas (2) mas.

Il prêchait afin que nous *eussions* foi en ses doctrines
predicaba para que doctrina

pernicieuses. — Il vous *eût* prêché afin que vous
pernicioso. predicado para que

eussiez compris votre aveuglement. — Il fallait
comprendido ceguedad.

qu'ils *eussent* perdu la tête. — Quand même j'*aurai*
perdido juicio. Aun cuando

du pain, je ne serai pas à l'abri de la misère. —
pan, estaria á cubierto de miseria.

Certainement, quand même tu *auras* de quoi manger,
Ciertamente, aun cuando con que comer,

tu pourras manquer | de bien des | choses. — Quand
podrás necesitar muchos cosa. Cuando

ils *auront* de la fortune, ils ne vous parleront pas.
(3) riquezas, hablarán

---

(1) L'imparfait du subjonctif espagnol a deux terminaisons : *iera* et *iese* pour les verbes dont le présent de l'infinitif se termine en ER ou en IR, et ARA, ASA dans les verbes dont le présent de l'infinitif se termine en AR. Ces deux terminaisons sont une richesse de la langue, et peuvent s'employer indifféremment.

(2) *Rien de plus* se rend toujours en espagnol par NADA MAS, *rien plus*.

(3) Le futur de l'indicatif précédé de *quand*, d'un autre adverbe de temps ou d'une expression adverbiale exprimant le temps, se rendent en espagnol par le présent du subjonctif.

7.

— Bois quand tu *auras* soif. — Fais comme tu *voudras*.
Bebe (4) sed. como quisieres (5).

— Je *ferai* ce que je *pourrai*. — Parle qui *pourra*,
pudiere. Habla quien pudiere,

je ne puis pas parler.
no pued hablar.

THÈME XL.

Sur les verbes SER *y* ESTAR, ÊTRE (1).

Être bon n'est pas *être* | bien portant. | — En
(2) bueno no (3) bueno. (4)

étant | honnête homme | on souffre plus | longtemps;
honrado (5) sufre tiempo;

mais on mérite de ne pas souffrir. — Il a *été* victime
pero merece * no victima

de son dévouement. — Non, il a *été* malade. — Je
abnegacion. (6) malo.

---

(4) Le futur de l'indicatif français se rend par le futur du subjonctif espagnol, lorsqu'il est précédé d'un autre verbe et de *quand*, *qui*, *que* ou *comme*.

(5) Voyez la note précédente.

(1) Repassez les verbes SER y ESTAR, pages 15 et suivantes; le verbe *être* n'est point traduit dans ce thème.

(2) Les Espagnols ont deux verbes, *ser* et *estar*, pour traduire le verbe *être* français; toutes les fois que le verbe *être* français peut se tourner par *se trouver*, on le rend par *estar*; dans tous les autres cas on doit le traduire par *ser*. Ex.: Je suis méchant, SOY MALO, parce qu'on ne peut dire: *je me trouve méchant*; *je suis malade*, qui peut se tourner par *je me trouve malade*, doit se rendre par *estoy malo*.

(3) Voyez la note 2 de ce thème, et remarquez que la moindre méprise dans la traduction du verbe peut occasionner un contre-sens, attendu que *malade* et *méchant* se rendent également par *malo* en espagnol.

(4) La proposition EN, qui très-souvent précède le participe présent français, ne se met jamais devant les participes présents espagnols.

(5) L'élève sait déjà que *on* se rend par *se*. Voyez neaumoins note 17, page 148.

(6) Revoyez la note 2 de ce thème.

suis courageux. — Je *suis* affaibli par ma maladie.
 valeroso.   debilitado   enfermedad.

— Tu *es* franc et loyal, pourquoi *es*-tu si pâle à
      (7) franco   leal,   porqué (8)   (9) pálido

présent? — Cet homme *est* féroce quand il *est* ivre.
 ahora?   (10) feroz   cuando   (11) borracho.

— Nous *sommes* mouillés jusqu'aux os. — Elles *sont*
        (12)   mojado (13) hasta (14) hueso.   (15)

couchées depuis hier. — Vous *êtes* des enfants. —
acostado (16) desde ayer.   (17)   niños.

Vous *êtes* | dans l'erreur. | — Quand j'*étais* moine,
     (18) | equivocado (19). | Cuando   (20) fraile

ils *étaient* à Londres. — Il *était* noir. — Je crois
    (21)   Londres.   (22) negro.   creo

---

(7) On sait déjà que le sujet représenté par un pronom ne se rend jamais en espagnol.

(8) Voyez la note précédente.

(9) Si se rend par TAN.

(10) Les adjectifs espagnols peuvent, pour la plupart, être le régime du verbe *ser* ou du verbe *estar*. Les adjectifs régissent le verbe *ser*, lorsqu'ils désignent la qualité constante, permanente, habituelle du sujet ou du régime. Exemple : *il est fourbe* (sous-entendu *d'un caractère fourbe*) : ES FALSO. Il est fourbe, sous-entendu dans une occasion particulière et insolite). ESTA FALSO.

(11) Voyez la note 2 de ce thème.

(12) Voyez la note 2 de ce thème.

(13) Les participes passifs espagnols s'accordent toujours en genre et en nombre avec le sujet lorsqu'ils sont le régime direct du verbe *ser* ou du verbe *estar*; dans ce cas, ils doivent toujours être considérés comme de véritables adjectifs.

(14) *Hasta*, jusque, n'est jamais gouverné par aucune autre préposition en espagnol.

(15) Revoyez la note 2 de ce thème.

(16) Revoyez la note 13 de ce thème.

(17) Revoyez la note 10 de ce thème.

(18) Revoyez la note 2 de ce thème.

(19) Revoyez la note 13 de ce thème.

(20) Les noms qualificatifs (voyez note 5, thème XI), demandent tous le verbe *ser*.

(21) Revoyez la note 2 de ce thème.

(22) Revoyez la note 10 de ce thème.

qu'il *était* manchot aussi dans ce moment. — Je *fus*
　　　(23)　manco　　lambien　en　　　momento.

duc, tu *fus* baron, et il *fut* comte | pendant que |
duque,　　　baron,　　　　conde　　　　mientras

nous *fûmes* à Paris. — Je *serai* toujours timide
　　(24)　　en Paris.　　　　　　siempre　timido

| tant que | je *serai* pauvre. — Et bien, quand tu
| mientras |　(25)　pobre.　　Pues bien, cuando

seras riche, tu *seras* sot ou *seras* malade. — *Sont*-ils
　(26)　rico,　　　　necio ó (27) enfermo.　(28)

décidés à traiter?—Vous *seriez* plus riches si vous
decidido (29)　tratar?　　　(30)

étiez moins probes.—Vous *seriez* plus aimés si vous
(31)　　　integro.　　　　　　　　amado (32)

n'*étiez* pas si méchant. — *Soyez* fort contre les ca-
(33)　　　　malo.　　　　(34)　fuerte contre　　ca-

---

(23) Revoyez la note 10 de ce thème.

(24) Revoyez la note 2 de ce thème.

(25) Traduisez par le verbe *estar*.

(26) Voyez la note précédente, et mettez le verbe au présent du subjonctif.

(27) Revoyez la note 2 de ce thème, et ne mettez pas *ser* pour *estar*, car la traduction de *seras* est différente dans chacun des membres de cette phrase.

(28) Revoyez la note 2 de ce thème.

(29) Revoyez la note 13 de ce thème.

(30) Faites attention en traduisant cette phrase, dans laquelle il faut traduire le verbe *être*, une fois par *ser*, et l'autre par *estar*, et le rendre par des temps différents de ceux auxquels il se trouve en français.

(31) Revoyez la note précédente.

(32) Revoyez la note 13 de ce thème.

(33) J'ai déjà dit que l'imparfait de l'indicatif des verbes français, précédé immédiatement de la conjonction *si*, se rendait par l'imparfait du subjonctif du même verbe en espagnol.

(34) *Sed* ou *estad?* lequel mettrez-vous? Rappelez-vous les règles données note 2 de ce thème, sur la traduction du verbe être.

lomnies et ne craignez pas d'*être* à la disposition des
lumnias　　　　　teman (35)　　　　　(36)

mauvaises langues. — Ils ont *été* poursuivis par la
mala lengua.　　　　　　　　　　perseguido (37)

justice, mais ils *étaient* innocents. — Il s'*est* | perverti |
justicia　　　　　　　inocente.　　　　　(38) | pervertido |

pendant qu'il a *été* | en prison.
mientras que　　　　| preso.

THÈME XLI.

Sur les verbes de la première conjugaison (en ar) (1).

Parlez peu de politique et ne vous *mêlez* pas d'affaires
Hablar (2)　　　 politica　　(3) mezelar (4)　　negocio

qui ne vous *regardent* pas. | — J'*aime* | mieux *con-*
importar.　　　　　　　　　　Gustar de | mas (5)　con-

tinuer à *danser* ou *passer* le temps à *jouer* de la flûte
tinuar (6)　bailar　　pasar (7)　　　　　tocar (8)　　flauta

---

(35) Revoyez la note 9, thème XXXVIII.

(36) Revoyez la note 34 de ce thème.

(37) Revoyez la note 13 de ce thème.

(38) Rappelez-vous que le verbe *haber* est le seul auxiliaire de la langue espagnole.

(1) Repassez la première conjugaison régulière, pages 20 et suivantes.

(2) Lorsqu'on parle en troisième personne à quelqu'un, le pronom V. doit toujours suivre le verbe immédiatement.

(3) Voyez la note précédente.

(4) Vous savez déjà qu'on ne traduit jamais *pas*.

(5) Traduisez comme s'il y avait *plus je goûte de*.....

(6) Les verbes espagnols, régimes d'un autre verbe, et précédés en français de la préposition A, se rendent toujours par le participe présent sans préposition.

(7) Voyez la note précédente.

(8) Revoyez la note 6 de ce thème.

qu'à *casser* des noix. — Tu *abuses* de la bonté de
cascar (9)   nuez.   abusar

ton père. — Et tu *dépenses* plus que tu ne *gagnes*.—
padre.   gastar   no ganar.

Si je *parlais* aussi bien que toi, je *parlerais* toujours.
hablar (10)   hablar (11) siempre.

— Que m'*importe* | que tu t'*ennuies!* | m'a-t-on
Qué (12) importar | fastidiar ! (13) |

chargé de l'amuser? — Je *chercherai* longtemps avant
encargar (14) divertir?   buscar   mucho tiempo ántes

de *trouver* ce qu'il | me faut. | — Il a *acheté* plus
hallar   necessito.   comprar

d'avoine que de blé ; ses chevaux seront bien
avena   trigo;   caballo   (15)

nourris et *marcheront* bien ; mais il pourrait *manquer*
mantenir   andar   pero   pudiera   faltar

du pain à ses enfants. — J'ai *repassé* plus de linge
hijo.   aplanchar   ropa

dans un jour que tu ne *repasseras* dans une semaine,
en   dia   (16) planchar   semana.

— Aussitôt que tu *coulleras* la liqueur, tu la *filtreras*
colar (17)   licor,   filtrar

et tu la | *mettras* en bouteille. |
embotollar. |

―――――

(9) Revoyez la note 6 de ce thème.

(10) Revoyez la note 33 du thème XL.

(11) Rendez ce verbe par le conditionnel ou par l'imparfait du subjonctif.

(12) Revoyez la note 31, thème XXXI.

(13) Mettez le verbe à la troisième personne, et servez-vous du pronom V., et pour cela, voyez la note 2 de ce thème.

(14) Revoyez la note 15, thème XXVI.

(15) Revoyez la note 2, thème XL.

(16) Retranchez la négation dans cet exemple et dans toutes les locutions pareilles.

(17) Le verbe COLAR est irrégulier ; voyez, pour le conjuguer, pages 35 et 36.

THÈME XLII.

Continuation du même exercice.

Dès que tu *seras arrivé* à Paris, tu m'*enverras*
  Cuando   (1) llegar (2) Paris,   enviar
mes livres. — Je *passe* la vie à *filer*, à *pleurer* et à
  libro.   pasar   (3) hilar,   llorar·
chanter. — Tu ne m'as jamais *encouragé*, comment
cantar.   nunca (4) animar,
veux-tu que je *travaille* avec goût? — Comment
quieres   trabajar   gusto?
veux-tu que je *cherche* du travail si tu ne m'*enseignes*
quieres   buscar (5) trabajo   enseñar
pas à *travailler?* — *Touchez* un peu du piano. —
    trabajar?   Tocar (7)   (8)

---

(1) Rappelez-vous que le verbe *haber* est le seul auxiliaire de la langue espagnole, et que le *futur* précédé de *quand* ou de tout autre adverbe de temps ou expression adverbiale désignant une époque, doit être mis au présent du subjonctif en espagnol.

(2) Revoyez la note 13 du thème XL.

(3) Revoyez la note 6, thème XLI.

(4) Ne mettez jamais un adverbe entre un verbe auxiliaire et un participe passé, servant à former le temps composé d'un verbe espagnol; dans ce cas, mettez toujours l'adverbe après le participe passé.

(5) Dans les verbes réguliers de la première conjugaison terminés en CAR on doit changer le c radical en qu dans la première personne du singulier du prétérit défini de l'indicatif, dans la troisième personne du singulier et du pluriel de l'impératif, et dans toutes les personnes du présent du subjonctif.

(6) Revoyez la note 1, thème 2, et la note 4, thème III.

(7) Revoyez la note 5 de ce thème.

(8) Le verbe TOCAR, toucher, est toujours actif en espagnol, et par conséquent jamais il n'admet de préposition devant son régime, excepté quand le régime est le nom d'une personne, ou d'une chose qu'on personnifie; car, dans ce dernier cas, ce verbe, ainsi que tous les verbes actifs, doit être régi par la préposition *à*.

Que voulez-vous que je *touche?* — Vous *exagérez*
quiere (9) que tocar? (10) exagerar

toujours mes fautes, mais jamais vous ne me *conseillez*:
defecto, aconsejar

que voulez-vous que je *pense* de votre doctrine? —
quiere pensar (11) doctrina?

Je *chasserai* dans les forêts | quoique | tu prétendes
cazar floresta aunque supongas

qu'en *travaillant* à mon état je ferais mieux. Veux-
(12) trabajar de oficio hiciera (13). Quieres

tu que je *saute* par la fenêtre?.... Eh bien, pourquoi
saltar ventana?.... Pues bien, porqué (14)

me *tourmentes*-tu? — Tu m'*obligeras* à faire des
atormentar obligar hacer

folies qui me *déplaisent* si tu n'*étudies* pas | comme
locura disgustar estudiar como

il le faut. | — Il a payé bien cher sa désobéissance.
se debe. pagar (15) caro desobediencia.

| — Il n'est rien | qui *charge* plus la conscience que
Nada hay, cargar (16) (17)

(9) Revoyez la note 14, thème XXVI.

(10) Revoyez la note 5 de ce thème.

(11) Voyez première conjugaison irrégulière, pages 32, 34 et 35.

(12) Le participe présent français précédé de la préposition *en* se rend en espagnol par le participe présent sans préposition, lorsqu'il est le régime d'un autre verbe au présent de l'infinitif, ou d'un verbe au subjonctif, suivi de la conjonction QUE. Dans tous les autres cas, le participe présent français doit se rendre en espagnol par le présent de l'infinitif, précédé de la préposition A et de l'article EL, c'est-à-dire, précédé de AL.

(13) Toutes les fois qu'un conditionnel français ou un imparfait de l'indicatif dénotent une action conditionnelle, on doit les rendre par l'imparfait du subjonctif en espagnol, même quand ils ne sont pas précédés de la conjonction SI.

(14) Revoyez la note 6, thème XXXI.

(15) Les verbes de la première conjugaison espagnole, réguliers ou irréguliers, terminés en GAR, prennent un U toutes les fois qu'au lieu d'un A, le G radical frappe sur un E ou sur un I.

(16) Revoyez la note précédente.

(17) Revoyez note 3, thème XVIII.

un crime inconnu des hommes, et cela | parce que |
　crimen desconocido　　　　　　　　　　　　porque

nous sentons que nous ne pouvons le cacher à Dieu.
　sentimos　　　　　　　podemos (18) ocultar.

THÈME XLIII.

Sur la seconde conjugaison régulière (1).

Tu ne *mangeras* pas trop; tu ne *boiras* | qu'
　(2)　　comer　demasiado; (3)　　beber　| sino

à la soif | et tu ne *courras* pas au delà de tes forces,
segun tu sed | no correr mas de lo que permitan tus fuerzas,

et la santé *reviendra*. — Il *arriva* que pendant que
　salud　volver.　　　　　suceder　　mientras　que

je *lisais*, il *faisait* un bruit épouvantable et personne
yo　leer　meter (4)　ruido　espantoso　　　(5)

ne pouvait entendre. — | Voyez | mon père; il ne
　poder　oir.　　　　　| Ver à |　padre;

veut pas *céder* à mes prières. — Il n'a pas *obtenu*
querer (6)　ceder　　　ruego.　　　　　　obtener

la place qu'il demandait, | parce qu' | il n'a pas
　empleo　　pedir　　　　　| porque　|

su solliciter. — J'ai *craint* les privations que m' *im-*
　pretender.　　　temer　　　　　　　　　　　im-

---

(18) Revoyez la note 6, thème XXXI, et traduisez comme s'il y avait
LE LUI CACHER.

(1) Revoyez la deuxième conjugaison, pages 20 et suivantes, et les remarques page 24.

(2) On sait déjà que les *pronoms sujets* se retranchent en espagnol.

(3) Voyez la note précédente.

(4) *Faire du bruit*, se rend par un idiotisme espagnol, METER RUIDO; *mettre* du bruit.

(5) Voyez ce pronom et la manière de le traduire en espagnol, note 5, thème XXXIV.

(6) *Querer* est un verbe irrégulier; voyez pour ses irrégularités pages 45 et 46.

pos ait la vie monastique, sans songer | au | bonheur
poner vida monástica, pensar | en la | felicidad
qu'elle pouvait me procurer. — Il ne *devrait* pas
poder (7) procurar. deber
craindre de m'*offenser*, il *connaît* assez bien mon
temer (8) ofender, conocer bastante
caractère.—Ne *mange* pas trop de fruits, *bois* moins
caracter. comer demasiada fruta, beber
de liqueurs, et sois plus actif si tu *veux* jouir d'une
(9) licores, querer (11) gozar
santé robuste.—Si tu *veux plaire* aux sots, *renchéris*
salud robusto. querer (12) placer sandio, encarecer (13)
toujours sur toutes leurs sottises ; chacun | aime |
siempre sandez | gusta de |
ses pareils. — Cet homme *périt* d'inanition ; donnez-
semejante. perecer hambre; dar
lui quelque chose qui *puisse rétablir* son estomac.—
(14) cosa poder restablecer estómago.
— Je ne *crois* pas qu'il *périsse* si tôt que vous le
creer perecer (15) tan pronto (16)

---

(7) Voyez pour la place de ce pronom, note 14, thème XXV.

(8) Voyez la note précédente et le renvoi.

(9) Jamais les adverbes de quantité ne sont gouvernés par la préposition DE en espagnol.

(10) Tous les adjectifs terminés en IF en français se terminent en IVO en espagnol, et ont la même racine.

(11) Revoyez la note 6 de ce thème et le renvoi.

(12) Revoyez la note 6 de ce thème et le renvoi.

(13) Ainsi que tous les verbes espagnols terminés en cer, ENCARECER fait *encarezco* à la première personne du singulier du présent de l'indicatif ; et prend un Z à la troisième personne du singulier et du pluriel de l'impératif et à toutes les personnes du présent du subjonctif ; excepté cependant le verbe COCER, *cuire*, ou *faire cuire*, qui n'est pas sujet à cette irrégularité euphonique.

(14) Voyez note 15, thème XXV.

(15) Revoyez la note 13 de ce thème.

(16) Voyez la note 3, thème XVIII, pour la traduction du *que* comparatif.

croyez. — Je veux qu'il | *vainque* | ses ennemis en
creer.   querer (17)   veucer á (18)   enemigo como

homme d'honneur. — | C'est ainsi | que je les *vaincs*.
honor.   És   (19)   veucer.

THÈME XLIV.

Suite du précédent.

On lui enseigne trop à la fois pour qu'il *puisse* rien
     enseñar   vez para   poder (1)

apprendre bien. — Il *saura* toujours assez s'il *sait*
 aprender.   saber (2)   bastante   saber

faire ce qu'il *doit*, | c'est-à-dire | s'il est bon chrétien
 hacer   deber,   es decir   bueno cristiano

et bon citoyen. — Combien d'oiseaux a-t-il *attrapés*
   (3)   ciudadano.   Cuantos (4) pájaro   atrapar (5)

hier? Il n'en a pas | *attrapé* | un seul et jamais il n'en
ayer?   coger ni   solo   nunca   (6)

attrapera s'il n'*apprend* pas à se bien servir des
 coger (7)   aprender   (7 bis)   servir

---

(17) Revoyez la note 6 de ce thème et le renvoi.

(18) Les verbes espagnols terminés en CER, réguliers ou irréguliers, changent le C radical en Z, toutes les fois que leur terminaison commence par un I ou par un E.

(19) Revoyez la note 16 de ce thème et le renvoi.

(1) Voyez pour la traduction de RIEN, note 24, thème CXLVI.

(2) SABER est un verbe irrégulier, voyez les pages 47 et suivantes.

(3) Voyez note 12, thème XVII.

(4) Revoyez la note 9, thème XLIII.

(5) Revoyez, pour l'accord du participe, note 13, thème XL.

(6) Revoyez, pour traduire EN, notes 1, 2, 9, 13, 14, 17, 23 et 24 du thème XXXII.

(7) Le verbe COGER change le G radical en J toutes les fois que la terminaison commence par un A ou par un O ; cette règle est commune à tous les verbes espagnols terminés en GER, réguliers ou irréguliers.

(7 bis.) Mettez le pronom réfléchi après le verbe espagnol, conformément à la règle établie, note 6, thème XXV, et l'adverbe *bien* après le verbe.

filets. — Vous ne *savez* pas ce qui lui est *arrivé* ? —
red.   saber   suceder ?

Oui, je le *sais* ; il | a été | obligé de tout sacrifier à
       saber ; (8) | se ha visto | obligar à   sacrificar (9)

ses créanciers ; il a tout *vendu* à moitié prix pour
     acredor ;   (10) vender mitad precio

payer. — Il ne *vendra* pas tout, *croyez*-moi. —
pagar.   (11) vender   creer (12).

Monsieur le tailleur, je *veux* que vous *cousiez* mieux
          (13) sastre,   querer (14) (15)   coser   (16)

mes pantalons si vous *voulez* que je vous paye. —
    pantalon   querer   le pagar (17).

Quiconque | trompe | ses semblables *commet* une
   (18) | engañar à | semejante   cometer

faute grave ; la plus grande adresse c'est la probité.
      (19)   habilidad es

— Celui qui | est né | riche et bien doué et qui
            nacer (20) | rico   dotar

───────────────

(8) Voyez le verbe SABER, pages 47 et 48.

(9) Traduisez, *le sacrifier tout....*, et voyez pour la traduction, et pour la place du pronom personnel *le*, les notes 6 et 15, thème XXV.

(10) Voyez note 7, thème XIII.

(11) Traduisez comme s'il y avait *il ne le vendra* pas tout, et retranchez *pas* qui ne se rend jamais en espagnol.

(12) Voyez, pour le pronom, notes 1, 15, thème XXV.

(13) Revoyez, pour l'article, note 4, thème I.

(14) *Querer*, vouloir, est un verbe très-irrégulier ; voyez-le, pages 45 et 46.

(15) Mettez toujours le pronom V. après le verbe en espagnol.

(16) Voyez, pour l'adverbe *mieux*, note 3, thème XX.

(17) Tous les verbes espagnols terminés en *gar* prennent un *u* après le g radical, lorsque sa terminaison commence par un i ou par un e.

(18) Voyez ce pronom, note 18, thème XXXIV. Ce pronom se rend aussi par QUIEN.

(19) Voyez, pour la traduction de *plus grande*, note 4, thème XX.

(20) Rendez EST NÉ, par *nació*, il naquit.

se ruine | faute | d'avoir une bonne conduite, ne
arruinar | por no | conducta,
mérite pas de pitié. — Savez-vous si M. Le Roy
merecer piedad. Saber Rey
dinera en | ville | demain ? — Non, mais je le *saurai*
comer | la ciudad | mañana (21) saber
demain, je vous le *promets*. — Si je *croyais* cela, je
(22) (23) prometer. creer
me préparerais pour | aller | le *voir*. — Je ne suis
preparar à | ir á | ver. Ya
plus jeune, mes cheveux blanchissent déjà. —
jóven, cabello encanecen ya.
| Cependant | vous ne vous *enrichissez* pas. — Cela
sin embargo enriquecer
tient | à ce que | je n'ai pas *pu choisir* un métier
consiste en que saber escoger oficio
lucratif. — Cela tient | à ce que | vous n'avez pas
(24) consiste en que
vaincu votre penchant pour les dépenses folles. —
vencer gusto gastos loco.
Où *mettrai*-je ce vin ? — *Mettez*-le dans la cave et ne
poner (25) ? Poner bodega
le *buvez* pas | avant l'année prochaine. |
beber hasta el año que viene.

---

(21) MAÑANA, signifie *demain* et *matinée*.

(22) Voyez la note précédente.

(23) Traduisez comme s'il y avait *le lui promets*, et voyez, pour la traduction de *le lui*, note 6, thème XXVI.

(24) Voyez note 10, thème XLIII.

(25) Poner, est un verbe irrégulier ; voyez-le, pages 44 et 45.

THÈME XLV.

Sur la troisième conjugaison.

Vous savez *mentir*, mais moi je ne sais *dire* que
(1) saber mentir, (2) (3) saber decir mas que
la vérité. — Vous avez pourtant coutume de *dire*
(4) sin embargo continuar (5) decir
quelques mensonges. — Je ferai ce que vous voudrez,
mentira (6). hacer (7) querer (8),
mais je ne *souffrirai* pas que vous *grogniez* comme
sufrir gruñir (9) así
cela. — Je ne *consentirai* jamais à vous voir
consentir en (10) ver
mener cette conduite; il faut que vous vous *re-*
tener (11) conducta; es menester se (12) arre-
pentiez. — Si vous l'*exigez*, je m'en irai mourir
pentir. exigir, ir á (13) morir

---

(1) Mettez toujours le verbe avant le pronom V.

(2) L'élève sait déjà que *moi*, sujet, se rend par yo en espagnol.

(3) Voyez le verbe *saber* aux verbes irréguliers, page 47.

(4) Revoyez la note 15 du thème VII.

(5) Traduisez ce verbe par le gérondif sans préposition en espagnol, et voyez le verbe DECIR, page 57. Ce verbe est irrégulier.

(6) MENTIRA est du genre féminin en espagnol. Voyez sa terminaison.

(7) Voyez le verbe HACER, irrégulier, page 39.

(8) Voyez QUERER, page 45.

(9) Mettez le verbe espagnol à la troisième personne, et employez le pronom V.

(10) Traduisez : *à voir, à vous.*

(11) MENER *une conduite.* Idiotisme français, se rend par l'idiotisme espagnol TENER *una conducta.*

(12) Voyez la note 1, page 119.

(13) Le verbe IR, *aller*, gouverne toujours le datif en espagnol.

dans un couvent. — Êtes-vous *sorti* hier ? — Non ;
convento. (14) *salir ayer? No ;

mais je *sortirai* demain sans faute. — Si je *montais*
salir (15) sin falta. subir

si haut que vous le *dites*, j'aurais bientôt des vertiges.
alto decir (16) (17) (18) vaguido.

— *Dites*-lui qu'il *vienne* me voir souvent. — Je ne
(19) venir (20) ver (21).

vivrai pas longtemps si je continue | à *conduire* | ces
vivir mucho tiempo continuar |(22) conducir |

affaires. — Pour *vivre* heureux il faut avoir *combattu*
negocio. vivir feliz combatir

nos passions. — | Heureux | qui *distingue* le vrai
Feliz distinguir verdadero

du faux, le mensonge de la vérité. — Quand on a
(23) falso, mentira Cuando (24),

vécu longtemps en homme de bien, on jouit à la fin
vivir como bien, gozar fin (25)

| autant qu'on | a d'abord | *souffert*.
| tanto cuanto | al principio se ha| sufrir.

---

(14) Qu'on s'en souvienne : les Espagnols n'ont d'autre auxiliaire que HABER.

(15) *Demain*, mañana, est ici adverbe.

(16) Revoyez le verbe DECIR, irrégulier, page 57.

(17) Traduisez par l'imparfait du subjonctif.

(18) MUY PRONTO.

(19) Revoyez *decir*, page 57.

(20) Voyez le verbe VENIR, page 55.

(21) *Amenudo*.

(22) Voyez la note 6, page 157.

(23) *Le*, article, devant un adjectif, suppose toujours une ellipse. Ainsi LE VRAI signifie *ce qui est vrai*. L'article français ainsi employé, se rend en espagnol par LO, *ce*. Lo n'est donc pas un article.

(24) Revoyez la note 17, page 148.

(25) Le mot *fin* est du genre masculin en espagnol.

THÈME XLVI.

Suite de la troisième conjugaison.

Écrivez ce que vous pensez, mais non pas de la
Escribir   pensar (1),

même manière que vous l'avez pensé.—La pensée est
modo   pensar.   pensamiento

souvent grossière, et les écrits doivent toujours être
amenudo   grosero   escrito   deber   siempre

convenables. — De quoi *sert* la fortune si on ne *vit*
convenientes.   Para   servir   riqueza   (2)   vivir

pas heureux? — Parlez clairement si vous voulez
feliz?   Hablar   claramente   querer (3)

que je *suive* vos instructions. — Je l'ai *dit* et je le
seguir   decir

dis toujours, mais je ne puis rien obtenir. — Celui
                     (4)   conseguir.

qui *meurt* après | avoir bien *vécu* | est comme le
morir (5) despues de | vivir (6)

voyageur fatigué d'une longue route, qui se couche
viagero   cansar   largo   camino   acostar(7)

sur un bon lit | après | une longue journée de fa-
en   bueno cama | despues de | largo   jornada   fa-

tigue. — Ils se sont *dédits* avant que nous ne *sor*-
tiga.   (8) desdecir   antes   sa-

---

(1) Voyez la première conjugaison irrégulière, pages 52, 53 et 54.

(2) Revoyez la note 17, page 148.

(3) Revoyez la note 8 du thème précédent et le renvoi.

(4) Revoyez la note 24, page 146.

(5) Voyez la troisième conjugaison irrégulière, page 53. Les deux dernières lignes et la règle IV, page 52.

(6) Tournez : *vivre bien*.

(7) Voyez la première conjugaison irrégulière, page 35 et suivantes.

(8) HABER est le seul auxiliaire espagnol.

tions. — Mieux vaudrait ne pas avoir *vécu* que de
lir.   Mas   valer (9)   vivir

vivre mal. — *Suivez* vos premières pensées ; elles
vivir mal.   Seguir   pensamiento ;

sont toujours les meilleures. — Les premières pen-
(10) siempre   (11).   primero (12) pensa-

sées naissent dans le cœur, les suivantes sont géné-
miento nacer en corazon,   siguientes   gene-

ralement le résultat du calcul. — Qui *suit* l'avis du
ralmente   resultado cálculo.   (13) seguir consejo

cœur *suit* l'avis de Dieu. — Un homme sage peut
corazon seguir   Dios.   juicioso

toujours *prédire* l'avenir s'il étudie bien le présent. —
         predecir porvenir   estudiar   presente.

Partez, il faut que je dorme.
Partir, es menester que dormir (14).

THÈME XLVII.

Sur les verbes neutres et sur les unipersonnels (1).

Il n'est rien de si | méprisable qu'un homme qui
Nada hay   tan | despreciar (2)

---

(9) Voyez le verbe VALER, page 49.
(10) Tournez : *toujours sont*, etc.
(11) Voyez la note 3, page 108.
(12) Voyez la note 12, page 102.
(13) Qui peut se rendre ici par QUIEN ou par *el que* : je préfère le premier.
(14) Revoyez le verbe *dormir*, page 53.
(1) Sont ainsi appelés tous les verbes qui sont conjugués à la troisième personne du singulier seulement.
(2) Voyez la note 10, page 76.

8

se dégrade en *s'enivrant*. — Il faut ne pas *se*
degradarse (3) emborracharse Es necesario

tromper dans le choix d'un ami; mieux *vaut* ne pas
engañar election amigo; mas valiera

en avoir. — Un homme qui *se bat* en duel est plus
(5) batirse desafio

lâche que celui qui a le courage de *souffrir*
cobarde bastante valor para

une provocation. — Vous aimez trop à *vous amuser*
 (6) gusta emasiado . (7) divertirse

pour que je puisse compter sur vous. — Je *me lève*
 poder (8) contar con V. levantar

au point du jour et je *me couche* au crépuscule;
 (9) acostar (10)

il n'est donc pas extraordinaire que je sache ce qui
 pues estraordinario saber (11)

se passe chez moi au petit jour. — Ils arriveront
 pasa en mi casa (12). llegar

avant le lever du soleil, soyez tranquille. — *Il*
 (13) sol quieto

neige, *il tonne* et *fait des éclairs*, *il pleut*, il
nevar (14), tronar (15) relampaguear, llover,

---

(3) Retranchez la préposition.
(4) Revoyez la note 15, page 121.
(5) Revoyez les notes 1 et 2, page 137 et la note 14, page 138.
(6) Employez le pronom V. que vous mettrez après le verbe. Voyez la note 4, pages 121 et 122.
(7) *Aimer à* se rend en espagnol par *gustar de*.
(8) Voyez le verbe PODER, irrégulier, page 43.
(9) Voyez la note de cette page 12.
(10) *Au crépuscule* se rend en espagnol par AL ANOCHECER.
(11) Voyez le verbe *saber*, irrégulier, page 47.
(12) On rend *au petit jour* par AL AMANECER.
(13) *Au lever du soleil* se rend par *al salir del sol*, mot pour mot : *au sortir du soleil*.
(14) Voyez page 34, ligne 9 et en face.
(15) Voyez page 35, ligne 36 et en face.

tombe de la grêle. | — Je vous l'aurais donné *il y a*
granizas.   (16)   dar

six ans si vous *me l'aviez demandé*. — *Il y avait* plus
año   (17)   pedir.

de mille ans qu'il existait.
año   existir.

THÈME XLVIII.

Sur les verbes irréguliers de la première conjugaison.

Je *parie* cent contre un. — *Pensez*-vous gagner ?
apuesto   contra.   Pensar (1) (2)   ganar?

— Je le *pense*. — Il *manifeste* des intentions honnêtes.
         (3)   manifestar (4)   honrado (5).

— Il *confesse* ses fautes pendant que tu *nies* les tiennes.
confesar (6)   falta   mientras que   negar (7)

— Quand *commencez*-vous votre ouvrage? — Quand
        empezar (8) (9)   obra?

---

(16) Le conditionnel français est plus élégamment rendu par l'imparfait du subjonctif. Il en est de même de l'imparfait de l'indicatif français quand ce temps est précédé de la conjonction si.

(17) Voyez la note précédente.

(1) Voyez page 34, ligne 10 et en face ; et l'alinéa qui suit la liste des verbes.

(2) Mettez le verbe espagnol à la troisième personne du singulier et servez-vous du pronom V.

(3) Revoyez la note 1 de ce thème.

(4) Revoyez la note 1 de ce thème et cherchez dans la liste des verbes le verbe *manifestar*.

(5) HONRADO signifie *honorable*; accordez l'adjectif en genre et en nombre avec le régime de la proposition.

(6) Voyez dans la liste de la page 33, le verbe *confesar* et en face, et revoyez la note 1 de ce thème.

(7) Voyez *negar* dans la liste de la page 34, et revoyez la note 1 de ce thème.

(8) Voyez le verbe *empezar*, page 33, dans la liste, et revoyez la note 1 de ce thème.

(9) Revoyez la note 2 de ce thème.

je m'*éveillerai*. — Et à quelle heure vous *éveillez-*
despertar. (10) despertar
vous? | Au point du jour. | — Je ne déjeune pas encore;
(11)? (12) almorzar aun;
laissez - moi. — Soit, | mais vous goûterez
dejar (13). En hora buena merendar
ce soir. — Je ne *goûte* jamais ; je soupe et puis je
tarde (14) merendar (15) nunca; cenar luego
me *couche*. — Les vices *dépeuplent* plus de nations
acostar (16). vicio despoblar (17) (18)
que les plus cruels des tyrans. — Oui, les vices | de
cruel entre tirano. Si,
même que | les tyrans *ensanglantent* | quelquefois |
commo ensangrentar (19) á veces
les nations. — *Escomptez*-moi ces | valeurs, | s'il
Descontar (20) letra de cambio si
vous plaît. | Je n'*escompte* plus rien.
gusta descontar ya.

---

(10) Revoyez la note 6, page 133.
(11) Revoyez la note 2 de ce thème.
(12) Au *point du jour* se rend en espagnol par AL AMANECER.
(13) Revoyez la note 1, page 119.
(14) TARDE signifie *tard* et *après-midi*.
(15) Cherchez le verbe *merendar*, page 34, dans la liste.
(16) Cherchez le verbe *acostar*, page 35, dans la liste ; et lisez l'alinéa qui précède cette liste de verbes.
(17) Cherchez *poblar*, page 36, dans la liste.
(18) Nul adverbe de quantité n'admet la préposition *de* en espagnol.
(19) Cherchez *ensangrentar*, page 33, dans la liste.
(20) Cherchez *contar*, page 35, dans la liste, et lisez l'alinéa qui précède cette liste.

THÈME XLIX.

Suite de la première conjugaison irrégulière.

Approuvez-vous la conduite de votre fils? — Je
Aprobar (1)   (2)   conducta   hijo?

n'*approuve* ni ne *désapprouve* rien. — Vous ne vous
 aprobar   desaprobar

accordez donc pas? — Je m'accorde parfaitement avec
acordarse (3) pues?   acordar   perfectamente

tout le monde. — *Échangerez*-vous votre montre con-
                  Trocar (4)   (5)   relox   con-

tre une pendule? — Je n'*échange* jamais rien. — Qué
tra   pendula?   trocar (6)

faites-vous là? — Je ferre mon cheval. — | Il n'est
hacer   ahi?   herrar (7)   caballo. | no hay

pas | de | si bon cheval | qui ne *bronche* | quelque-
            caballo tan bueno   tropezar (8) | alguna

fois. — Je *pense* qu'il *gèle*. — Alors, *recommandez*-
vez.   pensar (9)   helar (10). Entónces, encomendar (11)

---

(1) Cherchez *probar* dans la liste, page 36, et lisez l'alinéa qui précéde la liste, page 35.
(2) Voyez la note 2 du thème XLVIII.
(3) Voyez *acordar*, page 35, dans la liste.
(4) Cherchez *trocar*, dans la liste, page 36, vers la fin.
(5) Voyez la note 2 du thème XLVIII.
(6) Revoyez la note 4 de ce thème et renvoi.
(7) Cherchez le verbe *herrar*, dans la liste, page 34.
(8) Voyez *tropezar*, dans la liste, page 34.
(9) Revoyez *pensar*, dans la liste, page 34.
(10) Voyez *helar*, dans la liste, page 34.
(11) Voyez *encomendar*, dans la liste, page 33.

votre âme à Dieu. — Je *marchai* toute la nuit, mais
(12) alma à andar (13) noche,

sans | rien trouver. | — Si tu *rencontres* un vieillard,
sin | (14). | encontrar (15) à anciano,

salue-le avec respect.— Si tu *marchais* tu arriverais.
saludar (16) con respeto. andar (17) llegar (18).

THÈME L. (*Suite.*)

Il *marcha* jusqu'au | coucher du soleil | et il dor-
andar hasta (1) dor-

mit jusqu'au | point du jour. | *Joue*-t-il bien | aux |
mir (2) Jugar bien | con los |

cartes? — Non ; il *joue* très-mal. — Il me *donna* | un
naipe? No ; jugar (3) mal. dar (4)

coup de poing | et je lui *donnai* un soufflet. — S'il
puñetazo (5) dar bofetada.

donnait moins à ses plaisirs, il ne serait pas si pau-
dar (6) ménos placer, no (7) pobre.

---

(12) Voyez la note 1, page 124.
(13) Voyez le verbe *andar*, page 36, la dernière ligne.
(14) Tournez : *trouver rien*.
(15) Voyez *encontrar*, page 36, dans la liste.
(16) Voyez la note 15, page 121.
(17) Voyez le verbe *andar*, page 36, la dernière ligne.
(18) Revoyez la note 16 du thème XLVII.
(1) *Au coucher* du soleil se rend par AL PONERSE EL SOL.
(2) Revoyez la note 12 du thème XLVIII.
(3) *Jugar* a la même irrégularité que ACOSTAR, voy. ce verbe page 25.
(4) Voyez *dar*, page 37.
(5) *Coup de poing* se rend toujours par *puñetazo*.
(6) Revoyez la note 4 de ce thème et le renvoi.
(7) Revoyez la note 16 du thème XLVII.

vre. — Vous | avez beaucoup *grossi* | depuis quelque
engrosar de poco tiempo

temps. | — *Soutirez* souvent vos vins, si vous vou-
acá Trasegar (8) amenudo vino, si que-

lez les conserver.— *Souviens*-toi que je te recommande
rer conservar. Acordar (9) te recomendar (10)

à un honnête homme, et comporte-toi bien.
à honrado comportarse bien.

THÈME LI.

Sur la deuxième conjugaison irrégulière (1).

Vous *perdez* beaucoup dans mon esprit depuis que
perder (2) opinion desde

je vous *connais*. — Je *sais* qu'il *peut* vous être utile
os connocer (3). (4) poder (5) os (6) útil

---

(8) Voyez *segar*. dans la liste, page 34, *trasegar* a la même irrégularité que *segar*.

(9) *Acordar* se conjugue comme *acostar*. Voyez note 16 du thème XLVIII.

(10) *Recomendar* se conjugue comme *encomendar*. Voyez la note 11 du thème XLIX.

(1) Outre les irrégularités que nous signalerons par la suite dans les verbes de la deuxième conjugaison irrégulière, il faut que l'élève ait toujours présent, que tous les verbes terminés au présent de l'infinitif, en *acer*, *ecer* ou *ocer*, tels que NACER, *naître*; EMPOBRECER, *devenir pauvre*; CONOCER, *connaître*, et leurs dérivés prennent un z avant leur c radical, à la première personne du singulier du présent de l'indicatif, à la troisième personne du singulier et du pluriel de l'impératif, et à toutes les personnes du présent du subjonctif.
On doit excepter de cette règle le verbe HACER, *faire*, et ses dérivés. (Voyez ce verbe, page 39.)

(2) Voyez *perder*, dans la liste, page 41.

(3) Voyez CONOCER, page 39.

(4) Voyez SABER, page 47.

(5) Voyez PODER, page 43.

(6) Revoyez la note 1, page 119.

s'il le *veut*. — Les | fripons | peuvent tromper le
querer (7). | gentesdemalafé | poder (8) ingañar
monde pendant un temps ; mais ils ne feront jamais
(9) por algun tiempo; pero hacer (10)
de bonnes affaires. — Il pleut trop ce soir, je ne
bueno negocio. llover (11) tarde,
sortirai pas. — *Reviens* | chez toi, mon enfant, ton
salir (12) volver (13) á tu casa (14) hijo,
père te pardonne. — *Allume* le feu et *dis* qu'on
perdonar. Encender (15) lumbre (16) decir (17)
m'*apporte* mes pantoufles. — La tête | me *fait bien*
traer (18) chinela. doler (19)
mal.— | Il | a *coutume* | de prendre sans payer ; mais
soler (20) pagar;
j'|ai *coutume*|de ne pas lui faire crédit. — *Retournes*-tu
dar (21) credito. volver (22)

_____

(7) Voyez *querer*, page 45.
(8) Revoyez la note 5 ci-dessus et le renvoi.
(9) Traduisez par *gentes*.
(10) Voyez HACER, page 39, après l'exception qui suit le verbe CO-NOCER.
(11) Voyez LLOVER, page 41, dans la dernière liste.
(12) Voyez SALIR, page 39, règle XI.
(13) Voyez VOLVER, page 41, deuxième liste.
(14) Tournez : *enfant mien*.
(15) Voyez ENCENDER, page 40, avant-dernière ligne.
(16) *Lumbre* est du genre féminin en espagnol.
(17) Voyez DECIR, page 57.
(18) Voyez TRAER, page 48.
(19) *Faire mal*, pour exprimer une douleur qu'on éprouve dans une partie du corps, se rend en espagnol par le verbe *doler*. Ce verbe est irrégulier aux mêmes temps et aux mêmes personnes que les verbes de la liste de la page 41.
(20) *Soler*, avoir coutume, se conjugue comme *doler*. C'est-à-dire comme tous les verbes de la liste page 41.
(21) Voyez ce verbe, page 37.
(22) Conjuguez le verbe *volver* comme ceux de la liste, page 41.

bientôt en France? — Plût à Dieu que je *pusse* y
pronto à Francia (23)? Placer (24) poder

retourner demain! — *Mets* ton argent dans la banque.
volver mañana. Poner (25) dinero (26) banco.

— Et où *veux*-tu que je l'y *mette*? — Si nous *savions*
querer (27) saber (28)

ce qui doit nous arriver, nous serions plus prudents;
deber suceder, ser prudente;

mais aussi plus malheureux.
desgraciado.

THÈME LII. (*Suite.*)

Il faut que tu *obéisses* avant de savoir com-
Ser menester (1) saber

mander. — Je ne *puis* pas; si je le *pouvais* je le *ferais*.
mandar. poder (2) poder (3) hacer (4).

— Croyez-vous que je *vaille* mieux que vous? —
Creer valer (5) mas V.?

---

(23) Les verbes *retourner, aller, venir,* et généralement tous les verbes qui expriment le mouvement, gouvernent le datif avec la préposition *á* en espagnol, lorsqu'ils ont pour régime le nom d'un pays.

(24) Le verbe PLACER, *plaire*, fait PLUGUIERA, PLUGUIESE à l'imparfait du subjonctif en espagnol.

(25) Voyez PONER, page 44.

(26) *Argent*, métal, se traduit en espagnol par PLATA; on traduit *argent* par DINERO, lorsqu'il s'agit d'argent monnoyé.

(27) Voyez QUERER, page 45.

(28) Voyez SABER, page 47.

(1) OBEDECER doit être conjugué comme CONOCER. Voyez ce verbe, page 39.

(2) Revoyez PODER, page 43.

(3) Voyez la note précédente et renvoi.

(3) HACER. Voyez deuxième conjugaison irrégulière, p. 38, 39 et 40.

(5) Voyez VALER, page 49.

8.

Cette barrique *contient* plus que la mienne.— Il *tomba*
   caber (6)   caer
dans un grand embarras. — | Il faut | que vous
   en   embarazo | Ser menester |
tombiez dans | le besoin | avant de comprendre mes
 caer (7) | miseria | ántes   comprender
angoisses. — Va! je t'*absous*, mais ne | recommence
 angustia.   absolver (8) | volver á empezar
plus. | — Dites-leur que je *veux* qu'on mette des
      | Decir (9)   querer (10)   poner (11)
draps propres dans mon lit. — | Voilà | un ragoût
sabana limpio   cama. | Hé aqui | guisado
qui *sent* bon. — Ces | petits pois | *cuisent* bien! —
 oler (12) bien. | guisante | cocer (13)
Je *voudrais* que vous *apportassiez* mon argent. — Que
   querer   traer (14)   (15)
| me fait à moi | qu'il *obtienne* la place ou non? — Fais-
  importar | obtener (16)   empleo   no?
moi la grâce de venir, et je l'en | saurai gré. |
                venir, | agradecer (17) |

---

(6) Voyez CABER, page 42.

(7) Voyez CAER, page 41.

(8) ABSOLVER doit être conjugué comme les verbes de la liste p. 41.

(9) Voyez DECIR, page 57.

(10) Revoyez le verbe QUERER, page 45.

(11) Revoyez PONER, page 45.

(12) OLER se conjugue comme les verbes de la liste page 41.

(13) COCER se conjugue comme les verbes de la liste page 41. Le verbe prend un z après l'*ue* radical à la première personne du singulier du présent de l'indicatif et à toutes les personnes du présent du subjonctif.

(14) Voyez *traer*, page 48.

(15) Revoyez la note 26 du thème précédent.

(16) OBTENER se conjugue comme TENER.

(17) AGRADECER prend un z devant le c radical, aux mêmes temps et aux mêmes personnes que le verbe COCER. Revoyez ce dernier verbe.

THÈME LIII.

Sur les verbes irréguliers de la troisième conjugaison.

Il *dit* oui, et moi je *dis* non. — Suivez vo-
decir (1) si   (2)   no.   Seguir (3)

tre chemin si vous voulez que je *suive* le mien. —
camino   querer (4)   seguir

— Comment voulez-vous que je *réduise* mes dépenses?
Cómo   querer (5)   (6) reducir   gasto?

— Je *sens* bien que vous ne le pouvez pas; mais je
sentir (7)   poder (8)

vous le conseillais | afin que | vous *réduisissiez* ce
aconsejar   para que   reducir

que vous pourrez. — *Irez*-vous à l'Opéra demain?
poder (9).   Ir (10)   Opera   mañana?

— Non, j'ai à *conférer* avec mes associés. — Je *pré-*
No,   que conferir (11) con   asociado.   pre-

---

(1) Voyez *decir*, page 57.

(2) Voyez la note précédente.

(3) Voyez *seguir*, page 55, dans la liste.

(4) Revoyez *querer*, page 45.

(5) Revoyez *querer*, page 45, servez-vous du pronom V., et mettez le verbe à la troisième personne du singulier, comme il a été dit à la note 4, page 121.

(6) Conjuguez *deducir* comme *traducir*, et voyez ce dernier verbe, page 50.

(7) Voyez *sentir*, page 51.

(8) Revoyez *poder*, page 43.

(9) Voyez la note précédente.

(10) *Ir* est le verbe le plus irrégulier de la langue espagnole; voyez les pages 59 et 60.

(11) Conjuguez *conferir* comme *herir*; voyez ce dernier, page 52, dans la liste n° 1.

fère cela. — Ils | sont d'un avis contraire | au mien. |
ferir (12).   　　　　　discentir (13)　　　　 conmigo.

— Laissez-les en paix, ils se *repentent* déjà de leur
　　　　　　　　　　　(14) arrepentirse   ya

folie. — Oui, mais je *consens* trop facilement à
locura.　　Sí.　　　　 consentir muy facilmente en

céder toujours. — Ils *dorment* comme des marmottes
siempre.　　　　　　　dormir (15)　　　　　marmota

et ne pensent jamais à travailler.
　　pensar　　　　　trabajar.

THÈME LIV. (*Suite.*)

Il *mourut* d'un | coup de canon. | — Pensez-vous
　morir (1)　　　　(2) cañon.　　　　　　Pensar

qu'il *obtienne* ce qu'il *demande* ? — Il *gémit* assez de
　　 conseguir　　　　　pedir?　　　　　gemir bastante

ne pouvoir travailler. — Je t'*avertis* de tes inconsé-
　poder　 trabajar.　　　　　　advertir　　　　inconse-

quences; mais tu ne *mesures* jamais tes forces. —
cuencia;　　　　　　　　medir　　　　　　fuerza.

Croyez-vous que mon père *vienne* me voir ce soir? —
　Creer　　　　　　　　　venir á (3)　 ver　　noche?

S'il *convenait* qu'il *vînt*, il viendrait. — Les malheurs
　convenir (4)　　venir (5),　venir.　　　　　desdicha

---

(12) Conjuguez *preferir* comme *herir*, voyez la note précédente.

(13) Conjuguez *dissentir* comme *sentir*; voyez ce dernier, page 51.

(14) Conjuguez *arrepentir* comme *herir*; revoyez ce verbe, page 52, dans la liste n° 1.

(15) Voyez *dormir*, page 53.

(1) Voyez *morir*, page 52; ce verbe présente les mêmes irrégularités que le verbe *dormir*.

(2) Voyez la note 15, page 116.

(3) Voyez *venir*, page 55, règle VI.

(4) Conjuguez *convenir* comme *venir*. Voyez la note précédente.

(5) Revoyez la note 1 de ce thème.

des hommes *proviennent* généralement de leur in-
hombre   provenir   generalmente   mala
conduite. — | Voilà | des gens qui s'*accordent* bien
conducta.   Hé aqui   gentes   avenirse
parce que l'un *prévient* les désirs de l'autre. — Que
porque   prevenir   deseo
dit-on de neuf? — On *dit* que les actions des chemins
decir   nuevo?   decir   caminos
de fer | *vont* | tomber. — Je vous *dirai* que je *fus*
de hierro ir a   caer.   decir (6)   ir
hier | chez vous | et que vous n'y étiez pas.
ayer   su casa de V.

THÈME LV. (Suite.)

Bénissez la main de Dieu quand elle vous *frappe*,
Bendecir (1)   mano   Dios   cuando   herir (2)

et *corrigez*-vous. — J'*entends* du bruit. — *Sortirez*-,
corregir (3).   oir   ruido.   Salir (4)

vous | de bonne heure | demain? — Je ne *sortirai*
          temprano   salir

que pour *aller* au théâtre. — Et moi, | il faut |
          ir   teatro.   ser necesario

que je *sorte* avant sept heures. — Voulez-vous que
        salir   ántes   Querer (5)

---

(6) Revoyez ce verbe, page 57.

(1) Voyez *bendecir*, page 58, règle VIII et la conjugaison au-dessous.

(2) Voyez la règle III, page 51, la conjugaison du verbe *sentir* et la liste n° 1, page 52.

(3) Conjuguez *corregir* comme *pedir*; voyez ce dernier, page 54, règle V, et la conjugaison.

(4) Voyez la règle XI, page 59.

(5) Revoyez *querer*, page 45.

nous | *allions* | promener un peu ? — Non, *allons*
       ir à (6)   pasearse (7)   ir

plutôt à la chasse. — Excusez-moi, mais je me *ressens*
de preferencia caza (8)   perdonar   resentirse (9)

toujours de mes douleurs quand je fais | un trop
                    dolor   cuando   hacer (10) dema-

grand | exercice. — Ils *poursuivent* la fortune; mais
siado   ejercicio.   perseguir   fortuna;

il *survient* un jour de malheur et tout | est perdu. |
sobrevenir (11)   dia   desgracia   perderse.

— J'*expédie* tout pour Paris. — *Dors* tranquille, si ta
espedir (12)   Dormir tranquilo, si

conscience ne te | reproche | rien.
conciencia   acusar de

THÈME LVI.

Sur les participes (1).

Il ne | faut | jamais *manger en marchant*, ni
no   se debe nunca   comer   andar (2),

---

(6) Revoyez la règle XII et la conjugaison suivante.

(7) Voyez la note 15, page 121.

(8) Revoyez la note 3, page 65.

(9) Conjuguez *resentir* comme *sentir*, et voyez, pour le pronom *se*, la note 15, page 121.

(10) Revoyez *hacer*, page 39.

(11) Conjuguez *sobrevenir* comme *venir*. Revoyez ce dernier, page 55, règle VI.

(12) Conjuguez *espedir* comme *pedir*. Revoyez ce dernier, page 54, règle V.

(1) Les participes espagnols sont *présents* ou *actifs*; *passés* ou *passifs*, les notes suivantes diront tout ce qui concerne les participes espagnols.

(2) Les participes présents précédés en français de la préposition *en*,

parler en mangeant. — Je *tombai en entrant* | chez
<small>hablar   andar (3).   caer   (4) entrar   en mi</small>

moi. | — Elle a | rencontré | sa cousine *en venant*
<small>casa.   hallar á   primo   venir á</small>

| chez moi. | — Les poires que j'ai *achetées* ne valent
<small>mi casa   pera   comprar (5)   valer</small>

rien. — Combien de lettres avez-vous écrites? — Il est
<small>   Cuantas   carta   (6) escribir?</small>

aimé | autant que sa sœur est *haïe*. — | Tout
<small>amar   tanto cuanto   hermano   aborrecer.</small>

homme qui | violera la loi de Dieu verra son nom
<small>quien   violar (7), ley   Dios,   ver</small>

effacé du livre de vie. — Toutes les femmes sont
<small>borrar   libro   vida.</small>

aimées de leurs enfants quand les enfants ont été
<small>amar   hijo   cuando</small>

bien *élevés* par elles. — J'ai *ouvert* la porte. — Il a
<small>educar   abrir (8)</small>

---

se rendent en espagnol par le participe présent, sans préposition, lorsqu'ils sont précédés immédiatement par un verbe au présent de l'infinitif. Ex. : *Jouer de la flûte* EN MARCHANT, *tocar la flauta* ANDANDO.

(3) Voyez la note précédente.

(4) Voyez les deux notes précédentes.

(5) Les participes passifs espagnols ne s'accordent avec le régime du verbe *haber* que lorsque *haber* peut se rendre par *tener*.

(6) Tournez : *vous avez*, mettez le verbe *avoir* à la troisième personne et servez-vous du pronom V., vous devez déjà savoir pourquoi.

(7) Mettez *violar* à l'imparfait du subjonctif en espagnol.

(8) Le participe passif de ce verbe est irrégulier. Voyez la liste ci-dessous.

LISTE DES PARTICIPES PASSIFS ESPAGNOLS IRRÉGULIERS.

ESPAGNOL.	FRANÇAIS.	ESPAGNOL.	FRANÇAIS.
Abierto, a,	ouvert, e ;	de *abrir,*	ouvrir.
Cubierto, a,	couvert, e ;	de *cubrir,*	couvrir.
Dicho, a,	dit, e ;	de *decir,*	dire.
Disuelto, a,	dissous, te ;	de *disolver,*	dissoudre.
Escrito, a,	écrit, e ;	de *escribir,*	écrire.
Hecho, a,	fait, e ;	de *hacer,*	faire.

couvert son nom d'infamie *en cherchant* à déshonorer
coubrir (9)   nombre infamia   buscar (10)   deshonrar á

son père. — Tu n'as pas *dit* cela. — La chambre des dé-
padre   decir (11).

putés a été *dissoute*. — Avez-vous *écrit* toutes les lettres
disolver (12).   escribir   carta

comme je vous l'ai *dit* ? — Heureux | celui qui | n'a
              decir (13)?   Feliz   quien

rien *fait* contre les hommes, | celui-là | n'a pas beau-
hacer (14)   contra   rus hombre

coup *péché*.
pecar.

THÈME LVII. (*Suite.*)

Il vit riche, mais *déshonoré* : mieux vaudrait qu'il
vivir rico,   deshonrado (1) : mas   valer (1 bis)

Muerto, a.	mort, e ;	de *morir,*	mourir.
Puesto, a,	mis, e :	de *poner,*	mettre.
Satisfecho, a,	satisfait, e ;	de *satisfacer,*	satisfaire.
Resuelto, a,	résolu, e ;	de *resolver,*	résoudre.
Visto, a,	vu, e ;	de *ver,*	voir.
Vuelto, a,	revenu, e ;	de *volver,*	revenir.

(9) Voyez *abrir* et la liste de la note.

(10) Le participe présent français précédé de EN, se rend en espagnol par le présent de l'infinitif précédé de AL, lorsque le participe est le régime d'un verbe à tout autre temps que le présent de l'infinitif. Ex. : *Je l'ai aimé* EN *le voyant, te he amado* AL *verte.*

(11) Voyez la liste de la note 8 de ce thème.

(12) Voyez la note précédente.

(13) Voyez la note 11 de ce thème et le renvoi.

(14) Voyez note 8 de ce thème et la liste de cette note.

(1) *Deshonrado,* mieux, *sin honra,* sans honneur.

(1 *bis*) Mettez *valer* à l'imparfait du subjonctif.

fût *mort*. — Avez-vous *mis* chaque chose à sa place?
(2)(3) morir.   (4)   poner (5)   cosa   lugar?

— Oui, j'ai voulu que vous fussiez *satisfait*. — C'est
     Si,   querer   satisfacer (6).

ainsi que | nous l'avons *résolu*. — *Dites* la vérité;
como   resolver (7).   Decir (8)

vous avez tout *vu*; est-il *revenu?* — Il a trop *surchargé*
              ver (9);   volver (10).   ahitar (11)

---

(2) Mettez le verbe à l'imparfait du subjonctif.

(3) Voyez le participe de *morir*, dans la liste de la note 8 du thème LVI.

(4) Mettez le verbe avant le pronom personnel.

(5) Voyez le participe de *poner* dans la liste, note 8 du thème LVI.

(6) Voyez le participe de *satisfacer*, note 8 du thème LVI.

(7) Voyez le participe de *resolver*, note 8 du thème LVI.

(8) Voyez le participe de *decir*, note 8 du thème LVI.

(9) Voyez le participe de *ver*, note 8 du thème LVI.

(10) Voyez le participe de *volver*, note 8 du thème LVI.

(11) Les Espagnols ont un assez grand nombre de verbes qui ont deux participes passifs, l'un régulier, l'autre irrégulier. De ces verbes, le participe régulier est toujours employé pour former les temps composés avec le verbe *haber*. Leur participe irrégulier est toujours employé pour former les temps passifs avec le verbe *être*, SER, et dans tous les cas où le participe est employé comme *adjectif*. Ex.: le verbe ahitar, surcharger l'estomac, a pour participes passifs *ahitado* et *ahito*. Ahitado qui sert à former tous les temps composés avec le verbe *haber*, et *ahito* qui est toujours employé comme adjectif et pour former les temps passifs avec le verbe SER. — LE HE AHITADO, *je l'ai bourré de manger*; ESTA AHITO, *il est bourré de manger*; SER AHITO ES ESTAR MALO, *être bourré de manger, c'est être malade*.

LISTE DES VERBES QUI ONT DEUX PARTICIPES DONT L'UN RÉGULIER ET L'AUTRE IRRÉGULIER.

Infinitif.	Part. régulier.	Part. irrégulier.
Ahitar, se bourrer de manger;	*ahitado*,	*ahito*.
Bendecir, bénir;	*bendecido*,	*bendito*.
Compeler, forcer;	*compelido*,	*compulso*.
Concluir, conclure;	*concluido*,	*concluso*.
Confundir, confondre;	*confundido*,	*confuso*.
Convertir, convertir;	*convertido*,	*converso*.
Despertar, éveiller;	*despertado*,	*despierto*.

son estomac. — Alors son estomac étant trop
estómago.   hallarse (12) demasiado
surchargé doit être malade. — A-t-il béni ses enfants
ahitar (13) deber (14) malo.   bendecir (15) hijo
avant de mourir ? — | Soyez tranquille, | tous ceux
ántes   morir? | Descuidar (16) | cuantos

Eligir, élire ;   elegido,   electo.
Escluir, exclure ;   escluido,   escluso.
Espeler, expulser ;   espelido,   espulso.
Espresar, exprimer ;   espresido,   espreso.
Estinguir, éteindre ;   estinguido,   estinto.
Hartar, rassasier ;   hartado,   harto.
Incluir, renfermer ;   incluido,   incluso.
Incurrir, encourir;   incurrido,   incluso.
Insertar, insérer;   insertado,   inserto.
Invertir, transposer;   invertido,   inverso.
Injerir, enter ;   injerido,   injerto.
Juntar, joindre ;   juntado,   junto.
Manifestar, manifester ;   manifestado,   manifesto.
Marchitar, flétrir ;   marchitado,   marchito.
Omitir, omettre ;   omitido,   omiso.
Oprimir, opprimer ;   oprimido,   opreso.
Perfeccionar, perfectionner ;   perfeccionado,   perfecto.
Prender, saisir, arrêter ;   prendido,   preso.
Prescribir, prescrire ;   prescribido,   prescrito.
Proveer, pourvoir ;   proveido,   provisto.
Recluir, renfermer ;   recluido,   recluso.
Romper, rompre ;   rompido,   roto.
Soltar, délier ;   soltado,   suelto.
Suprimir, supprimer ;   suprimido.   supreso.

(12) Le verbe estar se rend souvent en espagnol par le verbe HAL-
LARSE, se trouver.

(13) Voyez la note 11 de ce thème.

(14) Revoyez les verbes ser et estar, et la note 2, page 154.

(15) Voyez la note 11 de ce thème et la liste au-dessous.

(16) Être tranquille, employé à l'impératif, se rend en espagnol par
descuidar, négliger ; ou par tranquilizarse, se tranquilliser.

qu' | il aimait ont été *bénis*. — Vous l'avez *fait*
bendecir (17). (18) hacer

| parce que | vous l'avez voulu ; personne ne vous a
porque   querer ;

forcé à le faire. — Non, et | pourtant | je me trouve
compeler (19) hacer.   sin embargo   hallarse

forcé d'agir comme je le fais. — Quand aurez-vous
compeler à obrar (20).

conclu ce traité? — Tout est *conclu* maintenant. —
concluir (21) trato,   concluir (22) ya.

Vous avez *confondu* vos adversaires. — Ne le croyez
confundir (23) adversario.   creer

pas, monsieur, mes adversaires ne sont pas *confondus*.
adversario   confundir (24).

THÈME LVIII. (*Suite.*)

Il s'est *converti* à la religion catholique. — Non,
convertir (1)

monsieur, il n'est pas encore *converti*. — A quelle
señor   convertir (2).

---

(17) Revoyez la note 11 de ce thème et la liste au-dessous.
(18) Revoyez le verbe *faire*.
(19) Voyez la note 11 de ce thème et la liste au-dessous.
(20) Voyez le verbe *hacer*, page 39.
(21) Voyez la note 11 de ce thème et la liste au-dessous.
(22) Voyez la note précédente.
(23) Voyez la note 11 de ce thème et la liste au-dessous.
(24) Voyez la note précédente.
(1) Voyez la note 11 du thème LVII et la liste au-dessous.
(2) Voyez la note précédente.

heure vous a-t-on *réveillé* ce matin? — J'étais *éveillé*
             despertar (3)   (4)

quand on est entré dans ma chambre. — J'enai *élu*
cuando   cuarto,   (5) eligir

beaucoup, mais j'en ai *exclu* plus que je n'en ai *élu*.
mucho   escluir (6)   (7) elegir.

— Adrien Ier fut *élu* pape après avoir été inquisi-
                    eligir (8)

teur-général d'Espagne. — Si vous continuez à négliger
..dor   continuar   descuidar

votre salut, vous serez *exclu* du nombre des *élus*. —
                     escluir (9)   elegir (10).

Je l'ai *chassé* parce qu'il a mérité d'être *chassé*. —
       espeler (11)   merito   espeler (12).

Il s'*exprime* avec élégance ; c'est un homme bien *né*.
   espresar (13)   nacer.

Ses désirs sont à peine *exprimés* avant d'être
    deseo   à penas espresar (14) antes de ser

accomplis. — Avez-vous *éteint* la caste? — Elle est
cumplir.   estinguir (15)

---

(3) Voyez *despertar*, note 11 du thème LVII.
(4) Voyez la note précédente.
(5) Voyez *elegir*, note 11 du thème LVII.
(6) Voyez *escluir*, note 11 du thème LVII.
(7) Revoyez la note précédente.
(8) Revoyez la note 11 du thème LVII.
(9) Voyez *escluir*, note 11, thème LVII.
(10) Voyez *elegir*, note 11, thème LVII.
(11) Voyez *espeler*, note 11, thème LVII.
(12) Revoyez la note précédente et le renvoi.
(13) Voyez *espresar*, note 11, thème LVII.
(14) Revoyez la note précédente et le renvoi.
(15) Voyez *estinguir*, note 11, thème LVII.

éteinte. — J'ai *fixé* trente clous dans le mur et, je
(16).   fijar (17)   clavo   en   pared

vous l'assure, ils sont bien *fixés*.
asegurar   fijar (18).

THÈME LIX. (*Suite.*)

Il s'est *rassasié*. — Et moi aussi je suis *rassasié*. —
hartar (1).   tambien   hartar (2).

Vous recevrez | ci-*incluse* | ma lettre | au | gérant.
recibir   incluir (3)   carta   para el director.

— Vous eussiez mieux *fait* si vous aviez *inclus* tous
mejor hacer (4)   (5)   incluir (6) (7)

vos mémoires. — Votre article ne sera pas *inséré*. —
memoria (8).   articulo   insertar (9).

Vous | vous trompez, | on l'a *inséré* hier. — J'ai
engañarse,   insertar (10) ayer.

---

(16) Revoyez le renvoi de la note précédente.
(17) Voyez *fijar*, note 11, thème LVII.
(18) Revoyez le renvoi de la note précédente.
(1) Voyez *hartar*. Ce verbe a aussi deux participes, *hartado* et *harto*. Le premier sert à former les temps composés avec le verbe *haber*, le dernier n'est employé que comme adjectif.
(2) Voyez la note précédente.
(3) Voyez note 11, thème LVII, et la liste au-dessous.
(4) Voyez *hacer* et son participe passif, page 59.
(5) Mettez le verbe à l'imparfait du subjonctif.
(6) Revoyez le renvoi de la note 3 de ce thème.
(7) Accordez *tout* avec *mémoires* qui, en espagnol, appartient au genre féminin.
(8) Revoyez la note précédente.
(9) Revoyez la note 11, thème LVII.
(10) Voyez le renvoi de la note précédente.

enté dix poiriers; tous mes arbres fruitiers sont *entés*.
injerir (11)   peral;   arbol   frutal   injerir (12).

— Avez-vous *rassemblé* tous vos cahiers? — Oui;
           juntar   cuaderno?

tous sont *assemblés*. — Je n'ai jamais *manifesté* le
       juntar (13).   manifestar (14)

désir de m'*opposer* à cela. — Je crois | au | contraire
deseo   opponerse (15)   creer |por el| contrario

que votre désir a été très-*manifeste*.
     deseo   manifestar (16).

THÈME LX. (*Suite.*)

Fleurs et gens, tout s'est *flétri* dans ce pays. —
Flor   gente   marchitar (1)   pais.

Cette fleur est plus *flétrie* que les autres. — Il n'a
                      (2)   demas.

rien *omis* pour | réussir dans son entreprise. | —
     omitir (3) | salirse con su empresa. |

Toutes les formalités légales ont été *omises*. —
                      legal   omitir (4).

---

(11) Revoyez le renvoi de la note 9 de ce thème.

(12) Revoyez le renvoi de la note 9 de ce thème.

(13) Revoyez le renvoi de la note 9 de ce thème.

(14) Voyez *manifestar* dans la liste, note 11, thème LVII.

(15) Voyez *poner*, note 5, thème LVII. Le participe passif de tous les verbes dérivés de *poner* ont tous la même irrégularité que celui de *poner*.

(16) Revoyez la note 11, thème LVII, et la liste au-dessous.

(1) Voyez note 11, thème LVII et la liste.

(2) Voyez la note précédente.

(3) Voyez la note 1 de ce thème, et renvoi.

(4) Voyez la note 1 de ce thème.

Il a *opprimé* sa nation au lieu de la défendre. — Sa
opprimir (5)   en lugar   defender.
nation n'est pas *opprimée*, monsieur. — Il a *perfec-*
(6),   señor.   perfec-
tionné les institutions de son pays et les arts y sont
cionar (7)   arte (8)
maintenant *parfaits*. — Toute la bande de filous qui
ahora   (9).   banda   ratero
troublaient Paris n'a pas encore été *arrêtée*. — Non,
turbar   Paris   aun (10) prender (11).
mais on en a *arrêté* une grande partie. — J'ai *pres-*
(12) (13)   parte.   pres-
crit ce que j'ai *cru* convenable. — Oui, mais les
cribir (14)   creer   conveniente.   Si,
bains n'ont pas été *prescrits* par vous. — J'ai *pourvu*
baño   (15)   proveer (16)
à vos besoins; | tout ce qui | peut vous être utile ou
necesidad; | cuanto (17) | útil

---

(5) Voyez la note 1 de ce thème.
(6) Voyez la note 1 de ce thème.
(7) Voyez la note 1 de ce thème.
(8) Revoyez les notes 1, 2, 4, 5, 7, 8 et 9, pages 139 et 140.
(9) Voyez la note 1 de ce thème.
(10) Le verbe *ser* est le seul usité en espagnol pour former les verbes passifs.
(11) Voyez la note 1 de ce thème.
(12) Revoyez la note 17, page 148.
(13) Revoyez les notes 1, 2, 9, 14, 17, 23 et 24, pages 138 et 139.
(14) Voyez la note 1 de ce thème.
(15) Revoyez la note 1 de ce thème.
(16) Revoyez la note 1 de ce thème.
(17) *Tout ce qui, tout ce que*, se rendent très-élégamment en espagnol par CUANTO. Cuanto s'accorde toujours en genre et en nombre avec le sujet ou avec le régime du verbe qui suit *que* ou *qui* relatifs.

agréable a été *pourvu*. — Il est *renfermé* dans le
agradable (18). recluir (19)

couvent.—| C'est son père | qui l'y a *renfermé*.—
convento. | Su padre fué | quien (20)

Elle a *rompu* le pacte qu'elle avait *fait* avec moi;
romper (21) pacto hacer (22)

elle a | ainsi | *délié* tous les liens qui nous unis-
de en modo | soltar (23) luzo

saient. — Tout est donc *rompu!* — Tout. — Il a
unir. pues (24)!

délié le taureau trop vite. — Comment! le taureau
(25) toro demasiado pronto.

est *délié!* — La révolution a *supprimé* quelques abus;
(26)! suprimir abuso;

mais tous les abus ne sont *pas supprimés* pour cela.
(27) por

---

(18) Revoyez la note 1 de ce thème.
(19) Revoyez la note 1 de ce thème.
(20) Revoyez la note 1 de ce thème.
(21) Revoyez la note 1 de ce thème.
(22) Revoyez la conjugaison du verbe *hacer*, pages 38 et 39.
(23) Revoyez la note 1 de ce thème.
(24) Les participes *preso, prescrito, roto, injerto, opreso*, peuvent être employés avec le verbe *haber* pour former les temps composés des verbes auxquels ils appartiennent. Le participe *rompido* n'est pas usité en espagnol, on doit toujours dire et écrire HE ROTO, *j'ai rompu*, et non HE ROMPIDO, etc.
(25) Revoyez la note 1 de ce thème.
(26) Revoyez la note 1 de ce thème.
(27) Revoyez la note 1 de ce thème.

THÈME LXI.

Sur les participes passifs qui varient de sens suivant qu'ils sont employés avec le verbe SER, *avec le verbe* ESTAR *ou avec le verbe* HABER (1).

Il est *reconnaissant*. — Elle se trouve *obligée*.
(2) agradaido.   agradecido.
Vous | *parlez* bien. | — C'est bien *dit*. — Elle fut *discrète*.
     être poli. | dicho.
— Il a demeuré *silencieux*. — Vous êtes très-
callado.   callado.
ennuyeux. — Je suis *fatigué* de vous entendre. —
cansado.   cansado   oïr.

---

(1) Ces participes sont :
Agradecido, reconnaissant, obligé. — *Hablado*, parlé, poli. — *Cansado*, ennuyeux, fatigué. — *Comedido*, prudent, mesuré, calculé. — *Callado*, discret, silencieux. — *Disimulado*, dissimulé, fourbe, cachottier, déguisé. — *Entendido*, entendu, adroit, habile, compris. — *Esforzado*, brave, audacieux, violenté. — *Fingido*, rusé, trompeur, feint. — *Leído*, lettré, instruit, lu. — *Medido*, mesuré, prudent. — *Mirado*, circonspect, regardé, vu. — *Moderado*, modéré, calmé. — *Ocasionado*, querelleur, occasionné. — *Osado*, audacieux, osé. — *Parado*, lent, tardif, arrêté. — *Parecido*, ressemblant, trouvé. — *Partido*, libéral, généreux, parti. — *Pausado*, posé, avec des pauses. — *Porfiado*, obstiné, débattu. — *Precavido*, prévoyant, prévu. — *Preciado*, vain, apprécié. — *Presumido*, présumé, vaniteux. — *Recatado*, avisé, caché. — *Sabido*, savant, su. — *Sacudido*, hardi, vif, secoué. — *Sentido*, sensible, senti. — *Sufrido*, patient, souffert. — *Trascendido*, pénétrant, pénétré. — *Valido*, en faveur, valu...

(2) MM. les professeurs savent bien que l'art de bien manier les participes passifs espagnols qui se trouvent dans la note 1 de ce thème consiste à bien manier les verbes *ser* et *estar*. J'ai traduit chaque participe par le mot juste qui lui convient; l'élève qui saura manier les verbes *ser* et *estar* ne se trompera pas. Tous les participes de ce thème ont été traduits au singulier masculin.

Soyez *prudent*. — Il a bien *calculé*. — Vous avez
　　　comedido.　　　　　　　　comedido.

dissimulé ses fautes. — Oui, parce que vous m'avez
disimulado

paru fourbe. —C'est un homme *entendu* dans les af-
　　disimulado.　　　　　　　　　　　　entendido

faires. — Tout est bien *entendu*.—S'il est *courageux*.
negocio　　　　　　　 entendido.　　　　 esforzado.

— Mais il a été *violenté*. —Vous êtes *trompeur*. —
　　　　　　　　esforzado.　　　　　　　　 fingido.

Vous avez *feint* de me protéger. — Êtes-vous *lettré?*
　　　　proteger.　　　　　　　　　　　　　 leido?

— Non, quoique j'aie *lu* beaucoup. — Soyez *prudent*.
　　　　　　　　　leido　　　　　　　　　　　medido.

— Vous n'avez pas *mesuré* vos forces. — Vous n'êtes
　　　　　　　　medido　　 fuerza.

pas assez *circonspect* dans les affaires. — Avez-vous
　　　　　mirado

bien *regardé?* — Oui, et j'ai *vu* tout.—Soyez *modéré*.
　　　　　　　　　　　　　mirado.　　　　　 moderado.

vous n'êtes pas assez *calme*. — Vous êtes *querel-*
　　　　　　　　moderado.　　　　　　　　 ocasio-

leur comme un démon. —Il m'a *occasionné* une perte
nado　　　　　　　　　　　　　 ocasionado　　 pérdida

considérable. — Ne soyez pas si *audacieux*.— Moi !
　　　　　　　　　　　　　　　　 osado.

je n'ai jamais rien *osé*.
　　　　　　　　osado.

THÈME LXII. (Suite).

Ne soyez pas si *lent*, si *inactif*. — Il s'est *arrêté*.
parado, parado. parado.

— Le portrait n'est pas ressemblant. — A-t-il été
retrato parecido. Haber

trouvé? — A quelle heure êtes-vous *parti*? — Je
parecido? partido?

suis très-*libéral*, très-*généreux*. — Cette musique a
partido, partido. ser

trop de pauses. — C'est un homme *peu actif*. — Il
tener pausado. pausado

est *obstiné* comme un mulet. — Avez-vous bien dé-
porfiado mulo.

battu les conditions?—Elle n'est pas *prévoyante*.—Je
porfiado precavido.

l'ai *prévu*.—Nous sommes trop *vains*; — nous avons
precavido. presumido;

trop *présumé*. — Avez-vous bien *apprécié* son carac-
presumido. preciado genio

tère? — Il est bien *présomptueux*. — Il était bien
preciado.

avisé. — Il a toujours *caché* sa pensée. — Vous êtes
recatado recatado pensamiento.

savant.—Comment l'avez-vous *su*? — Il l'a *secoué*.
sabido. sabido? sacudido.

— Il sera *brave*. — Elle est *sensible* et a *senti* l'af-
sacudido. sentido sentido

front. — Vous êtes *patient*. — Oh! j'ai beaucoup
afrenta. sufrido.

souffert. — Vous êtes bien *pénétrant*. — Il a *pénétré*
  sufrido.   transcendido.

ses secrets. — C'est le *favori* du roi. — Combien ont
                                     valido

valu vos étoffes ?
valido   telas.

THÈME LXIII.

Sur les adverbes.

Je viens *de là*. — J'arrive *ici*. — *D'ici là* il y a
 venir (1)   (2).   llegar   hay
deux lieues. — Allez *jusque-là*, ne vous arrêtez pas
  legua.   Ir   pararse
ici. — Dirigez-vous *vers ici*. — D'où venez-vous ? —
      dirigáse   (3)
Depuis où courez-vous *ainsi ?* — Où irez-vous ce
       correr   asi   ir

---

(1) L'élève ayant déjà vu tous les verbes réguliers et irréguliers, nous ne donnerons plus que les présents de l'infinitif.

(2) De ou depuis là, *de ou desde ahi*, — d'ici ou depuis ici, *de ou desde aqui*, de ou desde acá, — de ou depuis là, *de ou desde allá*, de ou desde allí, — vers ou jusqu'ici, *hacia ou hasta aqui*, acá, — vers ou jusque-là, *hacia ou hasta alli, allá*, — vers ou par ici, para ou *por aqui*, acá, — vers ou par là, *para ou por alli, allá*, — à tort et à travers, *por roso y belloso*.

(3) D'où, *de donde*, — depuis où, *desde adonde, desde donde*, — là où, *en donde*, — par où, *por donde*, — vers où, *hacia donde*, — jusqu'où, *hasta donde*. — de loin, *desde léjos*, — de près, *de cerca*, — soudain, *de repente, súbito*, — vraiment, *de veras, verdaderamente*, — pour rien, *de balde*, — par hasard, *por ventura*, — par le haut, *por arriba*, — par le bas, *por abajo*, — par devant, *por delante*, — par derrière, *por detras*, — sciemment, *á sabiendas*. — à la dérobée, en cachette, *á hurtadillas*, — à droite et à gauche, *á destro y siniestro*, — à tort et à travers, *á roso y belloso*.

soir *après* dîner ? — *Où* demeure-t-il ? — *Vers où*
noche   de comer ?   vivir   (4)
s'est-elle dirigée ? — *Jusqu'où* vous ont-ils accom-
   dirigir   acom-
pagné ? — Nous venons *de loin*; et moi je viens *de*
pañar   venir   venir
très-près. — *Soudain* il partit comme un trait. —
(5).   partir   flecha (6).
Il l'a eu *pour rien.* — Je l'ai frappé *par le haut,*—
   comprar   herir
Et moi je l'ai frappé *par devant.* — On fusille les
        herir   fusilar
traîtres *par derrière.* — Ils ont *sciemment* péché
traidor   pecar
contre l'honneur. — Oui, mais ils ont péché *en*
contra   honor.   Si,   pecar
cachette. — Ils ne | font | que courir *de droite*
                         |hacermas| correr
à gauche. — Ils font tout *à tort et à travers.*
          Lo hacer

THÈME LXIV. *(Suite.)*

Il part *demain*, il eût | mieux fait | de partir
    partir   mañana   hecho   mejor   (1)
aujourd'hui. — Vous venez *maintenant* me voir ?—
hoy.   venir   ahora   ver ?
Je vous rendrai *tantôt* ce que vous m'avez prêté. —
      volver   luego   prestar.

---

(4) Revoyez la note 2 de ce thème.
(5) Les degrés de comparaison des adverbes se forment en espagnol de la même manière qu'en français.
(6) *Flecha,* flèche.
(1) Traduisez : *Partiendo.*

Levez-vous *de bonne heure*, et ne | vous couchez|
Levantarse temprano acostar se

pas *trop tard*. — Allez *vite* et revenez *bientôt*. — Je
tarde. Ir presto (2) volver pronto (3).

te hais *pour toujours*. — Et moi je t'aime | *à*
odiar para siempre (4). amar por

jamais. — *Jamais* tu ne seras honnête homme.
siempre jamas (5). Nunca (6) honrado (7).

— Je le serai *toujours*. — Va-t'en *dehors*, et que je
siempre. afuera,

ne te voie plus *dedans*. — Comment ! il est déjà
dentro. Cómo ! ya

en haut ? — Oui, et | *bientôt* | il sera *en bas*.
arriba ? Si, muy pronto abajo.

— *Pendant* qu'ils le maudissaient, il mourait pour
Mientras maldecir morir

eux. — Nous avons marché *devant* le convoi *durant*
delante (8) durante (9)

toute la nuit. — *Ce soir* vous marcherez *derrière*.—
noche. — Noche detras.

L'un *dessus*, l'autre *dessous* la table, ils ont dormi
encima, debajo (10) mesa, dormir

---

(2) *Presto* est tantôt adverbe, tantôt adjectif. *Presto* est adverbe, quand il se rapporte à un verbe ; il est adjectif, quand il se rapporte à un nom. Exemple : il est *prompt*, PRESTO ; — il viendra *vite*, vendrá PRESTO.

(3) *Pronto* est tour à tour adverbe et adjectif dans les mêmes cas que *presto*.

(4) *Siempre* est quelquefois suivi de *jamas* ; dans ces cas, quoique *siempre* signifie toujours, et *jamas*, jamais, ces deux adverbes ensemble signifient *toujours* ; seulement ils affirment avec plus d'énergie, ainsi réunis.

(5) Voyez la note 4 ci-dessus.

(6) *Nunca* et *jamas* sont synonymes ; *nunca jamas* réunis signifient jamais, mais plus énergiquement que lorsqu'ils sont seuls l'un ou l'autre.

(7) Construisez *homme honnête*.

(8) *Delante* et *detras* doivent toujours être suivis immédiatement de la préposition *de* en espagnol.

(9) On pourrait supprimer *durante* à la rigueur.

(10) *Debajo* et *encima* gouvernent la préposition *de* en espagnol lorsqu'ils sont suivis d'un nom.

comme des chats. — Il arrivera au | *point du jour,* |
    gato.   al amanecer,

ou | *vers la nuit.* |
   al anocheur.

THÈME LXV. (*Suite.*)

Je marche *bien*, je parle *mal* et je lis *beaucoup*. —
      andar (1),   hablar (2)   leer

Et moi je mange *peu*, je lis *doucement* et je marche
         comer   leer   andar

sans bruit. — Parlez *fort*, si vous voulez qu'on vous
             Hablar (3),   querer

comprenne *vite*. — Allez *lentement*, parlez *à haute*
comprender   Ir   hablar   (4)

voix et priez *à voix basse*. — Cet homme est *très*-
      rezar   (5).

---

(1) Adverbes employés dans ce thème : bien, *bien*, — mal, *mal*, — comme cela, *así*, — doucement, *quedo*, — sans bruit, *callandito*, — fort, *recio*, — vite, *apriesa*, — lentement, *despacio*, — à haute voix, *alto*, — à voix basse, *bajo*, — beaucoup, *mucho*, — peu, *poco*, — très, *muy*, — assez, *harto*, — suffisamment, *bastante*, — si, aussi, *tan*, tant, *tanto*, — combien, *cuanto*, — abondamment, *abundantemente*, — suffisamment, *suficiente*.

(2) Le mot *mal* est tantôt adverbe, tantôt nom, tantôt adjectif. *Mal* est adverbe, lorsqu'il sert de déterminatif à un verbe ; il est nom lorsqu'il est le sujet ou le régime d'un verbe ; enfin, *mal* est adjectif lorsqu'il qualifie un nom qui le suit. Exemples : 1° je parle *mal*, hablo MAL; 2° Le *mal* ne plaît à personne, *el* MAL *no gusta á nadie*; 3° C'est un méchant homme, *es un* MAL *hombre*. *Mal* est adverbe dans le 1er exemple, *nom* dans le 2me et *adjectif* dans le 3me.

Ce que je viens de dire du mot *mal* s'applique également au mot *bien*; ce dernier n'est jamais adjectif cependant.

(3) *Alto*, ainsi que *fort*, est tantôt adverbe, tantôt adjectif. *Alto* est adverbe lorsqu'il sert de déterminatif à un verbe ; il est adjectif lorsqu'il qualifie un sujet ou un régime.

(4) Voyez la note précédente.

(5) Ce que je viens de dire sur *alto* est également applicable à *bajo*.

prudent ; mais il aura *beaucoup* à faire pour vaincre
              pero   que   para vencer à
ses ennemis. — Il y a *suffisamment comme cela*. —
enemigo.

Vous êtes presque *aussi* grand que moi. — *Combien*
           cuasi   alto
vendez-vous vos pommes? — Avez-vous *abondam-*
vender   manzana?

ment de quoi solder votre dépense?—*Oui*, monsieur,
con que pagar   gasto?   señor,
j'ai *suffisamment* ce qu'il me faut.
                               necesitar.

THÈME LXVI.

Vous êtes *comme* je veux que vous soyez. —
          (1)   querer   ser.
| C'est possible, | mais j'ai *plus* de défauts que vous
| Ser posible,   (2)   defecto
ne pensez. — Vous avez *moins* d'argent que moi,
   pensar.   (3)   dinero
mais vous êtes *aussi* riche.—Il est *mieux* que l'autre.
             rico.   (4)   otro.

— Je crois | au contraire qu'il est *pis*. — Il est arrivé
  creer | por el contrario   (5).   llegar

---

(1) Les adverbes qu'il faut traduire dans ce thème sont : comme, *como*, — plus, *mas*, — moins, *menos*,— aussi, *tan*, — mieux, *mejor*,— pis, *peor*, — tel que, telle que, *cual*, — à l'égal de, *al par de*, — avant, *antes*, — après, *despues*, — premièrement, d'abord, *primeramente*, — en premier lieu, *en primer lugar*, — en second lieu, *en segundo lugar*, — successivement, *sucesivamente*, — finalement, *finalmente*.

(2) Les adverbes de quantité ne sont jamais suivis de la préposition *de* en espagnol.

(3) Voyez la note précédente.

(4) *Mejor* est tantôt adverbe, tantôt adjectif. Voyez, pour le distinguer, note 3 du thème.

(5) *Peor*, voyez la note précédente et le renvoi.

tel que je l'avais prévu. — Il est beau *à l'égal* de vous
_{predecir.} _{hermoso}

tous. — Il était *bien plus* beau *avant* d'être malade.
_{todos.} ₍₆₎ _{bello} _{malo (7).}

— Je trouve qu'il est plus intéressant *après* sa
_{parecerse} _{interesante} _{de}

maladie. — Il a fallu *premièrement* qu'il parlât, et
_{enfermedad.} _{Ser menester} _{hablar}

en dernier lieu, il nous a fallu lui répondre. — En
_{aver necesitado} _{responder.}

premier lieu, vous vous êtes trompé trois fois *succes-*
_{enganarse} _{ver}

sivement; en *second lieu*, je vous ai trompé, parce
_{enganar}

que je n'ai pu *mieux* faire. — Dites-moi *d'abord* de
_{Decir} _{de}

quoi il s'agit. — *Finalement* je crois que vous avez
_{que tratarse.} _{creer}

raison.
_{razon.}

THÈME LXVII. (*Suite.*)

Il a *certainement* suivi mes conseils. — *Certes*, il
₍₁₎ _{seguir} _{consejo.}

---

(6) Traduisez *bien* comme beaucoup, toutes les fois qu'il sera suivi de l'adverbe *plus*.

(7) Revoyez note 12, page 102.

(1) Les adverbes employés dans ce thème sont : certainement, *ciertamente*, — certes, *cierto*, — positivement, *positivo, positivamente*, — véritablement, *verdaderamente*, — sans doute, *indubitablemente*.
Bah, *bah*, — non, *no*, — nenni, *ne quaquam*, — rien, *nada*, — nullement, *de ningun modo*, — jamais, *jamas*, — *jamas* et *nunca* sont synonymes; le premier s'emploie souvent en espagnol précédé de *nunca*, de *siempre*, ou de *para siempre*; dans tous ces cas, *jamas* devient beaucoup plus énergique. Voyez cet adverbe dans votre grammaire.

l'a fait. — Cela est *positif*. — Vous croyez qu'il dit
  hacer.   creer   decir

la vérité *positivement*? — *Véritablement* vous avez

engraissé. — Vous l'aurez *indubitablement* demain. —
engordar.

Bah! vous croyez cela, vous? — *Non*, vous n'avez pas
           creer   (2)

raison. — *Nenni*. — Je n'ai *rien*, je ne risque de *rien*
                  (3),   esponerse à

perdre. — *Nullement*, monsieur. — *Jamais* il ne me
perder.

fera croire cela. — *Peut-être* voudrez-vous attendre.
  creer   (4)   querer   esperar.

— *Peut-être* a-t-il menti. — *Peut-être* aurai-je de
              mentir.

l'argent. — *Peut-être* est-il venu *hier*.
dinero.   venir

THÈME LXVIII.

Sur les prépositions (1).

Cette maison a été achetée *par* un homme très-
  casa   comprar   hombre

---

(2) *No* est généralement une négation; cependant quelquefois il sert à donner plus de force à une expression affirmative, l'exemple suivant en est une preuve. Exemple : *mejor es el trabajo que no la ociosidad*, mieux vaut le travail que l'oisiveté. — La phrase espagnole sans l'adverbe *no* eût été moins affirmative.

(3) *Nada* est tantôt adverbe, tantôt nom, tel que dans les exemples suivants : 1° Dieu fit le monde de rien, *Dios hizo el mundo de la* NADA; 2° je ne possède rien, *no poseo nada*. *Nada* est *nom* dans le 1er exemple, et adverbe dans le 2me.

(4) *Peut-être* peut indifféremment se traduire en espagnol par *quizá*, par *talvez*, par *acaso* et par *puede ser*. Ce dernier est la traduction littérale de l'adverbe français.

(1) Les prépositions espagnoles à, *a*, — devant, *ante, delante*, — de-

riche. — Il passe *par* la porte. — Je travaille *pour*
rico.   pasar (2)   puerta.   trabajar (3)
vivre. — Je quitte l'Espagne *pour* un an. — Je vous
vivir.   dejar   (4)   año.
le donnerai *pour* cinq francs. — Ce cheval travaille
    dar (4) franco.   caballo
pour quatre. — Je parle *pour* mon client. — Assistez
 (4)   hablar (5)   parte.   Asistir
pour moi. — Il donne son âme *pour* de l'argent. —
 (5)   dar   alma   dinero.
Il passe *pour* un honnête homme. — Il dort *le* ma-
 pasar (6)   hombre honrado.   dormir (7) matin et travaille *la* nuit. — Elle est venue hier *dans*
ñana   (7) noche.   venir   (7)
l'après-midi. — *Dans* une bataille les balles sont
 tarde.   batalla   bala
pour les soldats et la gloire *pour* le général. — Je veux
 (8)   soldado   gloria (8)   querer
de l'argent *pour* le dépenser. — Pourquoi demandes-
       (9)   gastar.   Porqué   preguntar
tu cela? — Je pars *pour* l'Italie. — Laissez ce travail
              (10) Italia.   Dejar   trabajo

---

puis, *desde*, — en, *en*, — entre, *entre*, — vers, *hacia*, — jusques, *hasta*, — pour, *para, por*, — par, *por*. — selon, suivant, *segun*, — sans, *sin*, — avec, *con*, — sur, *sobre, encima*, — sous, dessous, *bajo, debajo*, — derrière, *tras, detras*.

(2) *Par* se rend toujours par *por* en espagnol.

(3) *Pour* se traduit aussi par *por*, lorsqu'il désigne le but d'une chose ou d'une action.

(4) *Pour* se traduit également par *por*, lorsqu'il désigne le temps qu'une chose dure ou durera, ou la valeur d'une chose, ou un équivalent.

(5) *Pour* se traduit encore par *por*, lorsque *pour* signifie *en faveur de, au lieu* ou *à la place de quelqu'un*.

(6) *Pour*, gouvernant le verbe *passer*, se traduit en espagnol par *por*.

(7) Les noms *mañana*, matin, *tarde*, après-midi, *noche*, nuit, doivent toujours être précédés en espagnol de *por la*.

(8) *Pour* se traduit par *para*, lorsqu'il dénote la personne ou la chose sur laquelle l'action est dirigée.

(9) Voyez la note précédente.

(10) *Pour*, suivi du nom d'une ville ou de celui d'une nation, se rend en espagnol par *para*.

pour demain. — Je vous payerai *vers* la Saint-Jean.
(11) mañana. pagar. San Juan.
— Cet habit est trop beau *pour* le temps qu'il fait.—
casaca demasiado bello (12) tiempo hace.
J'étais *prêt* à partir, quand vous êtes arrivé.
partir, llegar.

THÈME LXIX. (*Suite.*)

Qu'est l'homme *comparé à* Dieu ? — Qui êtes-vous
Que es (1) Dios? Que es V.

auprès de votre frère ? — Je le veux *maintenant*. —
(1) querer (2).

Quand il viendra tout sera fait. — Tout compliment
(3) venir todo estar hecho. complimento

est inutile *entre* amis. — Ils ne me verront plus
inutil (4) amigo. ver

jusqu'*à* demain. — Lisbonne est bâtie *sur* sept mon-
hasta (5) mañana. Lisbona edificar sobre mon-

(11) On traduit également *pour* par *para*, lorsqu'il sert à déterminer une époque.

(12) *Pour* se traduit encore par *para*, lorsqu'il sert à indiquer le rapport d'une personne, d'une chose ou d'une action avec une autre.

(1) *Para* sert à traduire le verbe *comparer* au participe passif; dans ce sens *para* sert aussi à traduire l'expression comparative *auprès de*.

(2) *Para* traduit également l'adverbe *maintenant*. Dans ce cas, *para* forme un idiotisme espagnol. Exemple : je le veux maintenant, PARA AHORA LO QUIERO; mot pour mot : je le veux *pour maintenant*.

(3) *Quand*, suivi d'un verbe au futur, doit toujours être précédé de la préposition *para* en espagnol. Dans ce cas, le verbe espagnol doit être employé au présent du subjonctif.

(4) *Entre* demande quelquefois à être précédé de *para* en espagnol.

(5) *Hasta*, jusque, n'est jamais suivi d'aucune préposition en espagnol.

tagnes. — La bienveillance est *au-dessus* de la flat-
taña.   afabilidad   (6)   adu-
terie. — Donnez-moi un livre *qui traite* de l'agricul-
lacion.   Dar   libro (7)   agricul-
ture. — Parlons des affaires du jour. — Il peut y
tura.   Hablar (8) negocio   poder
avoir *environ* quinze ans | de cela. | — Il arriva
   (9) |que sucedio eso.| llegar
vers les cinq heures. — Comment, monsieur, vous
(10)   Como,   senor,
prêtez *sur* gages? — *Outre* qu'il m'a volé, il veut que
prestar sobre   (11)   robar, querer
je le paye. — *Outre* qu'il est fripon, il veut qu'on
  pagar.   (12)   picaro,
le respecte. — *Outre* la dot, elle a dix mille francs.
respetar.   (12) dote (13),   franco.
— Nous sommes *derrière* l'église. — Revenez *avant*
             detras   iglesia.   Volver ántes (14)
la nuit. — Il l'a fait *malgré* mes conseils. — Ils se
noche.   hacer   consejo.
sont cachés *sous* la table. — Parlons *devant* le roi. —
esconder   mesa.   Hablar   rey.
Je reviendrai *dans* deux ans. — Il se lève toujours
     volver dentro (15)   levantarse siempre
longtemps *après* le soleil. — Cache-toi *derrière* la
mucho   despues   sol.   Esconder   detras (16)

---

(6) Rendez *au-dessus* par *sobre*.
(7) *Qui traite*, en parlant d'un ouvrage, se rend par *sobre*.
(8) *Des*, dans le sens de *concernant les*, se rend également par *sobre*.
(9) *Sobre* est souvent employé en espagnol dans le sens de *environ*, *à peu près*; voyez l'exemple.
(10) *Vers*, indiquant une époque, se traduit par *sobre*. V. l'exemple.
(11) *Outre* se rend aussi par *sobre*, dans les expressions pareilles à l'exemple ci-dessus.
(12) Voyez la note 11 de ce thème.
(13) Le mot *dote* appartient au genre masculin en espagnol.
(14) *Antes*, avant, doit toujours être suivi de la préposition *de* en espagnol.
(15) Même règle que pour *ántes*.
(16) Même règle que pour *ántes* et *dentro*.

porte. — Demeurez-vous *chez* votre père ? — Ne
puerta.   Quedarse   (17)   padre ?

montez pas *sur* la table. — Nous l'attendrons *en face*
subir   encima (18) mesa.   esperar

du Palais. — *Hormis* le roi tout fonctionnaire de
Palacio (19).   (20)   rey   empleado

l'État est justiciable de la critique. — *A travers* les
estado   justiciable   critica.   (21)

champs, je cours plus librement.
campo   correr   libre (22).

THÈME LXX.

Sur les conjonctions.

Les femmes rient *et* pleurent presque en même
muger   reir   y   llorar   cuasi   al

temps. — On dit *que* cet homme est fort savant. —
tiempo.   que   muy sabio.

Vous sortez ? *et* moi *aussi*. — La sagesse *et* l'ignorance
salir ?   tambien.   sabiduria   ignorancia

n'ont jamais été sœurs (1). — Il ne dort *ni* le jour *ni*
hermana.   dormir   dia (2)

la nuit. — Tu n'iras pas à Paris *ni* moi *non plus*. —
noche.   ir   Paris   tam poco.

---

(17) *Chez* se rend par *en casa de*.

(18) La même règle pour *encima* que pour *antes, detras* et *dentro*. Voyez la note 14 de ce thème.

(19) L'élève sait déjà que Palacio ne peut jamais être précédé d'un article en espagnol.

(20) *Hormis*, FUERA, demande la préposition *de* en espagnol.

(21) Même règle que pour *antes, detras, dentro* et *encima*. Voyez note 14 de ce thème.

(22) Formez l'adverbe.

(1) Tous les mots soulignés qui précèdent dans ce thème sont des conjonctions copulatives.

(2) Dans ces phrases, l'article qui précède les noms *jour* et *nuit* se traduit par *de* en espagnol.

Il *ne* parle *ni* ne lit jamais (4). — Elle est bonne *ou*
   hablar (3) leer   bueno

mauvaise, suivant l'état de ses nerfs. — Envoyez-moi
 malo,   segun estado   nervio.   Enviar

cinq *ou* six hommes *et* un caporal. — Je voudrais
   (5)   hombre   cabo.   querer

dormir, *mais* je ne le puis pas. — Je ne commettrais
 dormir, (6)   poder   cometer

pas une injustice, *quand* il s'agirait de gagner
     injusticia, aunque (7)   tratarse   ganar

un trésor. — Cet homme est juste, *quoique* sévère. —
 tesoro.   hombre   justo,   mas

La vertu est toujours respectée, *quoique* souvent elle
 virtud   respetado,   amenudo

soit poursuivie. — Tu dois avoir fait un crime, *sinon*
  perseguida.   hacer   crimen,   sino

pourquoi | aurais-tu peur?
 porque | tienes miedo?

THÈME LXXI. (*Suite.*)

On ne doit pas vivre pour gagner de l'argent, *mais*
    deber   vivir   ganar   dinero,

gagner de l'argent pour vivre. — J'attends *que* tu
 ganar   dinero   vivir.   Esperar

partes. — Il n'y a qu'une heure que tu es parti. —
 partir.   partirse.

---

(3) *Ni* ne peut jamais être suivi d'une négation en espagnol.

(4) Les conjonctions soulignées qui précèdent depuis la note 1 sont *copulatives négatives*.

(5) *O* et *ú* sont de véritables disjonctions. *O* ne peut jamais être employé en espagnol devant un mot qui commence par un *o*, ou par *ho*, de même que *y* ne peut jamais être employé devant un mot qui commence par un *i* ou par *hi*.

(6) *Mais* se traduit par *pero* ou par *mas* indifféremment.

(7) *Aunque* demande le verbe à l'indicatif, lorsque la phrase n'exprime aucun doute.

Si tu veux être heureux, sois prudent. — Tu appren-
(1) querer   feliz,   prudente.   apren-
dras tout ce que tu voudras, | *pourvu* | *que* tu le veuilles.
deras | con tal | querer.
— Fais tout ce que tu voudras, *pourvu que* tu n'of-
Hacer   querer,
fenses ni Dieu ni les hommes. — Nous n'avons rien
ofender   Dios
fait, *parce que* nous avons dormi trop. — J'irai,
hacer, porque   dormir demasiado.
puisque tu le veux. — Je le crois *puisqu'*il le dit.
puesto que querer.   creer puesto   decir.

THÈME LXXII. (*Suite.*)

Je disais *donc* que je ne le voudrais jamais. — Ainsi
decir pues   querer   Así
donc vous êtes bien décidé. — En *supposant* qu'on
pues   decidir.
l'oblige, montre-toi reconnaissant. — La musique est
favorecer, mostrarse reconocido.   musica
à l'oreille *ce que* la poésie est au cœur. — De même
oido   como   poesia   corazon.
que la gloire élève l'âme et l'ennoblit, *ainsi* le mépris
gloria élevar alma ennoblecer,   desprecio
des hommes l'abaisse et l'affaiblit. — Je l'ai fait *afin*
hombre humillar   debilitar.   hacer para
que personne n'eût rien à me | reprocher. | — L'en-
que   nadie   nada | echar en cara. |
fant travaille | *pour que* ses parents soient contents.
trabajar | afin que   padres   contento.
— Je vous ai dépeint les misères de la vie *pour que*
pintar   miseria   vida por que
vous puissiez les éviter.
poder   evitar.

---

(1) *Si* conditionnel demande le verbe espagnol au futur du subjonctif.

FIN DES THÈMES ESPAGNOLS.

COURS DE THÈMES.

DEUXIÈME PARTIE.

COURS DE THÈMES.

DEUXIÈME PARTIE.

FABLES ET APOLOGUES.

THÈME PREMIER.

L'ORIGINE DE LA FABLE. — APOLOGUE.

Un jour (c'était le dernier jour de l'âge d'or), le Mensonge surprit la Vérité endormie ; il la dépouilla de sa robe blanche, s'en revêtit, et devint aussitôt le dieu de la terre. Le monde, séduit par un faux éclat, se vit en peu de jours déchu de sa première innocence ; il renonça à toute sagesse, à toute probité. La Vérité fut chassée et méconnue, et l'on rendit au Mensonge, qui avait usurpé son nom, le culte qui lui était dû. Tout ce que celle-ci disait était traité de vision, tout ce qu'elle faisait passait pour des extravagances.

THÈME II. (Suite.)

Quand la Vérité hasardait une remontrance, on lui riait au nez ; s'abaissait-elle à la prière, on la traitait d'importune. Elle allait en vain de porte en porte, et lorsqu'elle se présentait pour entrer, on lui criait de passer son chemin. Un insolent osa même taxer sa nudité de libertinage. « Fi, disait-il, il n'y a que la plus grande effronterie qui puisse donner la hardiesse de courir les champs en cet état! Retire-toi, misérable; tu ne trouveras point ici de séduction facile. »

THÈME III. (Suite.)

La Vérité prit la fuite toute baignée de larmes; elle alla se cacher dans un désert. Mais elle y était à peine arrivée, qu'elle trouva dans un buisson les vêtements bigarrés qu'y avait laissés le Mensonge. Elle n'hésita point de s'en couvrir, et sous ces habits c'était toujours la Vérité, mais ornée des ajustements du Mensonge.

Elle retourna parmi les hommes : ils la virent avec plaisir, et ceux qui avaient été le plus scandalisés de sa nudité, la reçurent agréablement sous cette parure étrangère, et sous le nom de *Fable* qu'elle adopta.

LICHTWEHR.

THÈME IV.

L'ENFANT ET LA GUÊPE.

Un joli petit garçon plein d'agilité, qui laissait à peine sur la terre la trace de ses pieds, s'en allait sautillant au milieu d'un jardin, et folâtrait à travers les fleurs et les herbes. Une guêpe dorée, armée d'un dard aigu, se balançait sur ses ailes dans ce vert séjour, et voltigeait autour de ce jeune enfant. La beauté de sa couleur, l'or qui brille sur ce frauduleux insecte, donnent tout à coup à l'avide enfant le désir de s'en rendre maître. Aussitôt, courbant la main, il la tourne rapidement dans le vide de l'air, derrière l'animal bourdonnant; mais le coup tombe à faux, et la guêpe vole loin de là. Il la suit avec vitesse; mais elle, agile et vive, fait mille et mille tours dans l'air, jusqu'à ce que, fatiguée, elle se repose au sein délicat d'une rose vermeille.

THÈME V. (Suite.)

Le petit bonhomme ne la perd point de vue; il marche tout doucement et sans bruit, sur la pointe des pieds, et lorsqu'il est tout près d'elle, il avance rapidement la main et serre à la fois la rose et la guêpe. Celle-ci, irritée, tire aussitôt le dard aigu qu'elle tenait caché, et perce d'une blessure cuisante la tendre main du jeune imprudent. Le pauvre petit, hors de lui, pousse des cris au ciel, en appelant du secours, et tombe à terre presque évanoui.

Jeunes gens sans expérience, qui voulez satisfaire un désir que vous ne connaissez pas bien, apprenez qu'un poison se trouve souvent caché au sein des plaisirs les plus séduisants.

PIGNOTTI.

THÈME VI.

LE JEUNE CHEVAL ET LE FERMIER.

Un jeune coursier unissait à la noblesse du sang le mérite personnel d'une grande légèreté. C'était vraiment l'élite de son espèce. Fier de sa beauté et de sa jeune vigueur, il refusait de se soumettre au frein. En vain le savoir officieux de l'écuyer s'efforçait de dompter son orgueil et de subjuguer ses caprices ; en vain son maître mettait tous ses soins à le former, l'effrayait par ses menaces, ou le calmait par ses caresses ; orgueilleux de sa liberté, et se riant des efforts de l'homme, il s'échappa et alla bondir dans les plaines.

Partout où la nature déployait l'émail de son tapis sur les prés, partout où les ruisseaux promenaient doucement le cristal de leurs flots dans la prairie désaltérée, le jeune coursier paissait l'herbe tendre, et s'étendait à loisir sur la couche de verdure qu'il s'était préparée.

THÈME VII. (Suite.)

L'été coula dans cette heureuse abondance. L'hiver lui succéda ; les arbres cessèrent d'offrir un toit de feuillage ; l'herbe des champs se dessécha, des neiges éternelles couvrirent la terre, et un frein de glace enchaîna le cours des ruisseaux. Le souffle piquant du nord et la grêle retentissante assiègent les flancs du coursier sans abri. En promenant autour de lui ses regards consternés, il découvrit l'humble toit d'une chaumière. Cet aspect fit renaître la joie dans son cœur.

THÈME VIII. (Suite.)

Une étable, autrefois l'objet de sa haine et de son mépris, devint alors celui de tous ses vœux. Sa fougue est ralentie, son orgueil est oublié : il se rend de lui-même dans la cour du fermier. Celui-ci, voyant sa position douloureuse, ses membres chancelants sous le poids de son corps, le conduisit amicalement à l'étable où il trouva une ample litière, une nourriture abondante. La nuit entière s'écoula dans les charmes du repos. Le jour paraît à peine, les valets se lèvent, le marché les appelle. Tout le long du chemin, le dos du malheureux coursier est condamné à porter le lourd fardeau.

THÈME IX. (Suite.)

En vain il résiste, en vain il se plaint. Le lendemain fatigues nouvelles ; attaché à la charrue, il déchire péniblement la terre, et un repas très-frugal le dédommage faiblement le soir des travaux de la journée.

Subjugué par la fatigue, dévoré par le chagrin, ses remords s'exhalèrent ainsi : « Malheureux ! où m'ont conduit l'orgueil et la folie ? Si ma rétive jeunesse eût voulu se plier aux leçons que lui donnait la nature, je l'aurais, comme mes ancêtres, emporté sur tous les autres coursiers. Un esclavage éternel, voilà maintenant quel est mon partage. Ma naissance, ma légèreté à la course, tout cela est oublié ; mon fatal orgueil me condamne à traîner une vie malheureuse. »

MOORE.

THÈME X.

LE VER-LUISANT.

Déjà sur ses paisibles ailes la nuit commençait sa carrière, déjà elle avait couvert la terre de son voile humide et sombre. Cette scène admirable et variée qu'offrent les objets terrestres, ne présentait plus qu'un aspect uniforme et confus. Les zéphyrs s'agitaient.

dans les airs, secouaient leurs ailes humides pour favoriser le doux repos des mortels, et du sein des nues sortait une abondante rosée destinée à rafraîchir les tendres herbes. A la faveur des ténèbres, au milieu de l'air tranquille et obscur, un ver-luisant déployait son dos lumineux.

THÈME XI. (Suite.)

Il se balance avec mollesse, tantôt s'élève, tantôt s'abaisse, et, partout où il passe, fait voir, à travers l'épaisseur de la nuit, une lueur brillante. La lumière incertaine et mobile qu'il répand autour de lui se montre ou se cache par un mouvement alternatif et rapide : telle, quand l'acier vient à frapper les veines du caillou, une faible étincelle s'allume et s'éteint aussitôt. Une troupe d'enfants, aisés à séduire, s'amassent autour de cet insecte ; surpris de la nouveauté, ils suivent sa marche à travers les ténèbres. Tous s'accordent à soutenir qu'on n'a jamais vu rien de si beau et de si brillant.

THÈME XII. (Suite.)

En vain le serin des Canaries est-il couvert de plumes moitié blanches, moitié citron ; en vain le chardonneret réunit-il l'or et la pourpre sur son plumage ; dans l'ombre de la nuit, le faisan doré perd également son droit aux louanges ; on ne se rappelle plus le paon et les riches couleurs de sa queue. L'insecte jette un regard dédaigneux sur la troupe respectueuse qui le suit, et lui adresse ces paroles avec orgueil :

« L'origine dont je me glorifie n'est pas celle d'un

« mortel : c'est du ciel même que je tire l'éclat qui
« m'environne. Voyez-vous ces points lumineux que
« l'on nomme étoiles? Elles ne paraissent aussi belles
« que parce qu'elles me ressemblent; celles qui font
« le plus agréable ornement du ciel ne sont que les
« vers-luisants du firmament, et ces diamants qui
« brillent tant sur la tête des rois n'ont été taillés
« que pour imiter mon éclat. »

THÈME XIII. (Suite.)

C'est ainsi qu'il se vante et qu'il traîne après lui,
pendant toute la nuit, au milieu des ténèbres, cette
troupe insensée et ignorante; mais déjà l'orient se
blanchit et se dore; déjà les ombres humides fuient
devant le soleil naissant; déjà les étoiles se cachent
dans l'aube du jour; déjà Phébus lève sa tête brillante du sein des eaux : que devient alors l'orgueilleux ver-luisant? Sa beauté équivoque disparut; on ne
le vit que tel qu'il était; on n'aperçut plus alors qu'un
petit insecte méprisable, qui a besoin des ténèbres
pour être connu.

Vous, vils imposteurs, qui brillez quelquefois d'un
faux mérite devant des admirateurs simples et crédules; vous qui dans l'obscurité et au milieu des gens
ignorants, jouissez d'une certaine réputation, craignez
que le soleil ne vienne enfin luire sur vous.

PIGNOTTI.

THÈME XIV.

LA COUR DE LA MORT. — APOLOGUE.

La Mort voulut un jour se choisir un premier ministre. Elle rassembla ses pâles courtisans, les maladies admettant chacune d'elles à faire valoir ses droits à l'honneur d'une si haute dignité.

La fièvre commença par énumérer les nombreuses victimes qu'elle avait envoyées dans le ténébreux empire. La paralysie fonda ses prétentions sur l'anéantissement total qu'elle répand dans les membres, et l'hydropisie sur la décomposition du sang et le gonflement monstrueux qu'elle cause. La goutte démontra sa puissance infinie par les tourments inouïs qu'elle fait éprouver. L'asthme, quinteux et pouvant à peine respirer, produisit des arguments forts, mais silencieux, à l'appui de ses droits. La pierre et la colique firent valoir leur violence extrême, et la paralysie, bien que lente, insista sur son infaillibilité.

THÈME XV. (Suite.)

La reine des terreurs paraissait indécise sur son choix, lorsque tout à coup se présenta dans le conseil une femme avec un air hardi et lascif, une contenance joviale et la face rubiconde. Elle était escortée, d'une part, par une troupe de cuisiniers, de musiciens, de baladins et d'ivrognes, et de l'autre, par de jeunes débauchés et des femmes légères qui dansaient et gambadaient au son des plus mélodieux instruments. C'était l'*intempérance* qui, d'un ton plein de hauteur, s'adressa aux diverses maladies en ces termes :

THÈME XVI. (Suite.)

« Disparaissez, troupe languissante de prétendants, et cessez de comparer vos services à ceux que je rends chaque jour à notre grande souveraine ! Ingrats ! Osez-vous disputer à votre mère la prééminence qui lui est due à tant de titres? Si vous avez le pouvoir d'abréger l'existence des hommes, n'est-ce pas de moi seule que vous le tenez? Qui donc, plus que moi, est digne du poste éminent que l'on propose ? »

Elle dit, et la hideuse reine, grimaçant un sourire d'approbation, plaça l'intempérance à sa droite, la proclama son premier ministre, et en fit dès ce jour son unique favorite.

DODSLEY.

THÈME XVII.

LE ROSSIGNOL ET LE COUCOU.

Il s'éleva un jour une dispute entre le rossignol et le coucou au sujet de leur chant. Le coucou prétendait que son chant était soutenu, naturel et en mesure. Le rossignol affirmait qu'il y avait plus d'harmonie et d'éclat dans le sien, que dans celui de tout autre oiseau.

Pour éviter que la querelle ne s'envenimât, il fut convenu que l'on s'en rapporterait à la décision du premier arbitre que l'on rencontrerait. Les parties contestantes ayant pris le vol, passèrent sur une riante prairie où elles aperçurent un âne d'une haute stature, et dont les oreilles se dressaient d'une longueur démesurée. Le coucou tout joyeux dit au rossignol : N'allons pas plus loin.

THÈME XVIII. (Suite.)

Les dieux miséricordieux nous favorisent ! Voici

un juge qui, mieux que tout autre, pourra terminer enfin notre dispute, puisque, après tout, la science dont il s'agit consiste dans l'ouïe. Le rossignol accepte la proposition; et aussitôt de se percher l'un et l'autre sur un poirier, et de prier humblement l'âne de vider leur querelle. Celui-ci, qui avait plus envie de paître que de faire le juge, souleva un peu la tête, la baissa de nouveau, et secouant brusquement les oreilles, leur donna à entendre que, pour ce jour-là, il n'était nullement d'humeur de tenir lit de justice. Cependant, vaincu par les prières et les flatteries, il consentit enfin à les écouter. Quittant sa pâture, tenant la tête haute et les oreilles aussi droites qu'un lièvre poursuivi par des chiens : « Allons donc ; puisqu'il le faut, déployez votre voix, et dépêchez-vous. Dès que je vous aurai entendus je vous dirai mon opinion avec autant de franchise que d'impartialité. »

THÈME XIX. (*Suite.*)

Le coucou se mettant le premier en position de chanter, dit à l'âne : « Seigneur juge, veuillez bien prêter toute votre attention à la beauté de mon chant, et surtout à l'art avec lequel je produits mes notes. Puis il crie dix à douze fois, coucou, coucou, se gonfle, secoue ses plumes et se tait.

Le rossignol, sans autre prélude, se met à son tour à gazouiller, et il chante avec tant de variations, tant de douceur, tant de vivacité, tant d'harmonie, que tous les hôtes des bois d'alentour accoururent aux doux accents de sa voix. Comme il prolongeait ses preuves outre mesure, le juge, fatigué, ennuyé de leur longueur, se mit à braire ; puis s'adressant au rossignol : « Il peut se faire, lui dit-il, que ton chant ait plus de finesse, plus de grâce que celui du coucou ;

mais, moi, je trouve que celui du coucou a plus de méthode. »

La sentence d'aliboron n'est-elle pas l'image de la plupart de nos jugements ?

THÈME XX.

LES OISEAUX ASSEMBLÉS POUR ÉLIRE UN ROI.

Les animaux, las de vivre sous le régime républicain, voulurent un jour s'affranchir des troubles qu'il entraîne après lui, et placer le fardeau des affaires sur la tête d'un roi. Peut-être aussi cette idée leur fut-elle inspirée par quelque intrigant (il y en a partout), qui aspirait secrètement à la royauté.

THÈME XXI. (*Suite.*)

On convint d'assembler les États généraux de la nation pour le premier jour du printemps. La pie babillarde se chargea du soin de répandre cette nouvelle dans toutes les parties du monde, car alors on n'avait point de gazette, et le corbeau, au vol rapide, devait servir de messager pour activer ceux qui se retarderaient.

THÈME XXII. (*Suite.*)

Ce jour attendu avec impatience arriva enfin. La nature se plut à l'embellir pour rehausser l'éclat de la solennité ! Le soleil brillait de ses plus beaux feux : le ciel était pur et serein, les arbres recouverts d'un nouveau feuillage ; un léger zéphyr agitait mollement les airs ; la terre enfin avait revêtu cette riche parure de gazon et de fleurs qu'elle réserve pour les beaux jours.

THÈME XXIII. (Suite.)

Ce fut dans un bocage délicieux que la nation se réunit. Poules, canards, pintades, toutes les volatiles domestiques quittèrent, en sautillant, leur basse-cour. On vit arriver, des contrées lointaines de l'Asie, du fond de l'Amérique, et des glaces même du pôle, de longues files d'oiseaux de proie, d'immenses caravanes d'oiseaux voyageurs qui s'empressaient de venir au rendez-vous. Jamais réunion ne fut plus brillante ; les uns étaient éclatants par la richesse de leur plumage, les autres charmaient les oreilles par la mélodie de leurs voix.

THÈME XXIV. (Suite.)

Pour désennuyer les spectateurs, on exécuta, en attendant, un concert magnifique de toutes les voix, de tous les accords ; le rossignol fit entendre ensuite quelques airs variés, des roulades précipitées, des cadences harmonieuses ; enfin le colibri et la fauvette chantèrent un duo qui ravit toute l'assemblée.

THÈME XXV. (Suite.)

Cependant la séance s'ouvrit. L'autruche réclama

la présidence, comme l'emportant sur les autres par son volume et sa dignité. Elle lui fut accordée, mais à regret, car jusqu'alors elle n'avait pas fait preuve d'esprit, et il en faut pour diriger les assemblées populaires. Bientôt les candidats se présentent ; chacun avait ses partisans, chacun fait valoir ses droits. On les conteste, on se dispute, on s'aigrit. Les uns réclament un concours, les autres désirent qu'on recueille immédiatement les suffrages ; tous veulent parler à la fois, le tumulte est au comble. Le hibou crie d'un côté, le perroquet piaille de l'autre, les dindons sifflent à tue tête ; enfin l'on ne s'entendait plus, et la séance allait être levée, lorsque les oiseaux de proie, plus forts que les autres, imposent silence à coups de bec.

THÈME XXVI. (Suite.)

Le calme se rétablit : l'aigle, soutenu par un parti puissant, déclare qu'il s'emparera violemment de la couronne, si l'on ne consent à la donner au plus digne. Il propose un combat entre les candidats, et se propose lui-même pour entrer le premier en lice. A la vue d'un pareil adversaire tous les compétiteurs consternés gardent le silence ; nul n'ose se mesurer avec lui ; l'on allait le proclamer roi sans contradiction, lorsque le roitelet, comptant sur l'appui des oiseaux pacifiques, s'avance, et élevant la voix :
« Non, dit-il, ce n'est point la force qui fait les grands rois, c'est le génie et les qualités du cœur : un roi terrible nous ferait la guerre, nous dévorerait, serait un tyran ; un roi habile saura nous maintenir en paix, et fera régner avec lui l'union et la concorde. »

THÈME XXVII. (Suite.)

« Imprudent, répond l'oiseau de Jupiter, si le roi que tu prétends donner à la nation n'est qu'une chétive créature, comment nous défendra-t-il contre les injures des quadrupèdes, comment se fera-t-il respecter ? Je proposerai un accommodement : Que celui-là soit proclamé roi qui jouit au plus haut degré du privilége que la nature nous a donné de nous élever dans les airs. »

THÈME XXVIII. (Suite.)

Il dit, et un murmure flatteur d'assentiment prouve que la nation consent à cette épreuve. Le roitelet accepte le défi de l'aigle. On donne le signal ; à l'instant ils prennent leur essor avec rapidité, et perdent bientôt de vue l'assemblée. Le roitelet sent bien qu'il est vaincu s'il n'use d'adresse ; il fait quelques efforts et va se poster sur le dos même de l'aigle. Celui-ci s'élève au plus haut des airs, emportant avec lui son léger adversaire. Il plane au-dessus des nuages, et fatigue ses ailes à force de monter. Enfin il est harassé. Jetant alors un regard de pitié au-dessous de lui :

THÈME XXIX (Suite.)

« Où donc est-il maintenant ce misérable qui osait s'égaler à l'oiseau de Jupiter ? Qu'il se montre et qu'il arrive jusqu'à moi. » Le roitelet part comme un éclair, et s'élevant au-dessus de son ennemi, « Le voici, s'écrie-t-il, celui que tu méprisais dans ton fol orgueil. Courage, bats des ailes et essaye de venir me suivre ici, tu n'as plus à faire que quelques légers efforts. » A ce discours l'aigle est déconcerté, ses forces l'abandonnent, il se précipite vers la terre et s'avoue vaincu avec dépit. Le roitelet redescend lentement après lui, et est proclamé roi aux acclamations de l'assemblée.

L'adresse et l'esprit ne sont-ils point préférables à la force et aux autres qualités du corps?

THÈME XXX.

LES DEUX FRÈRES. — APOLOGUE.

Jérusalem était un champ labouré; deux frères possédaient la partie de terrain où s'élève aujourd'hui le temple; l'un de ces frères était marié et avait plusieurs enfants, l'autre vivait seul; ils cultivaient en commun le champ qu'ils avaient hérité de leur mère; le temps de la moisson venu, les deux frères lièrent leurs gerbes, et en firent deux tas égaux qu'ils laissèrent sur le champ. Pendant la nuit, celui des deux frères qui n'était pas marié eut une bonne pensée; il se dit à lui-même: « Mon frère a une femme et des enfants à nourrir, il n'est pas juste que ma part soit aussi forte que la sienne; allons, prenons de mon tas quelques gerbes que j'ajouterai secrètement aux siennes, il ne s'en apercevra pas et ne pourra ainsi les refuser. » Et il fit comme il avait pensé.

THÈME XXXI. (Suite.)

La même nuit, l'autre frère se réveilla et dit à sa

femme : « Mon frère est jeune, il vit seul et sans compagne, il n'a personne pour l'assister dans son travail et pour le consoler de ses fatigues, il n'est pas juste que nous prenions du champ commun autant de gerbes que lui ; levons-nous, allons et portons secrètement à son tas un certain nombre de gerbes, il ne s'en apercevra pas demain et ne pourra ainsi les refuser. » Et ils firent comme ils avaient pensé.

THÈME XXXII. (*Suite.*)

Le lendemain chacun des frères se rendit au champ, et fut bien surpris de voir que les deux tas étaient toujours pareils ; ni l'un ni l'autre ne pouvaient intérieurement se rendre compte de ce prodige. Ils firent de même pendant plusieurs nuits de suite ; mais comme chacun d'eux portait au tas de son frère le même nombre de gerbes, les tas demeuraient toujours égaux, jusqu'à ce qu'une nuit, tous d'eux s'étant mis en sentinelle pour approfondir la cause de ce mystère, ils se rencontrèrent portant chacun les gerbes qu'ils se destinaient mutuellement.

Or, le lieu où une si bonne pensée était venue à la fois et si persévéramment à deux hommes, devait être une place agréable à Dieu, et les hommes la bénirent et la choisirent pour y bâtir une maison de Dieu ! »

LAMARTINE.
(*Légende arabe.*)

DESCRIPTIONS.

THÈME XXXIII.

LE DÉLUGE.

Les vastes plaines de la terre, inondées par les eaux, n'offrirent plus de carrière aux agiles coursiers, et celles de la mer en fureur cessèrent d'être navigables aux vaisseaux. En vain l'homme crut trouver une retraite sur les hautes montagnes. Mille torrents s'écoulaient de leurs flancs, et mêlaient le bruit confus de leurs eaux aux gémissements des vents et aux roulements des tonnerres. Les noirs orages se rassemblaient autour de leurs sommets, et répandaient une nuit affreuse au milieu du jour.

THÈME XXXIV. (Suite.)

En vain il chercha dans les cieux le lieu où devait reparaître l'aurore ; il n'aperçut autour de l'horizon que de longues files de nuages redoublés ; de pâles éclairs sillonnaient leurs sombres et innombrables bataillons ; et l'astre du jour, voilé par leurs ténébreuses clartés, jetait à peine assez de lumière pour laisser entrevoir dans le firmament son disque sanglant, parcourant de nouvelles constellations. Au désordre des cieux, l'homme désespéra du salut de la terre. Ne pouvant trouver en lui-même la dernière consolation de la vertu, celle de périr sans être coupable, il chercha au moins à finir ses derniers moments dans le sein de l'amour et de l'amitié.

THÈME XXXV. (Suite.)

Mais dans ce siècle criminel, où tous les sentiments naturels étaient éteints, l'ami repoussa son ami, la mère son enfant, l'époux son épouse. Tout fut englouti dans les eaux ; cités, palais, majestueuses pyramides, arcs de triomphe chargés des trophées des rois ; et vous aussi qui auriez dû survivre à la ruine même du monde, paisibles grottes, tranquilles bocages, humbles cabanes, asiles de l'innocence! Il ne resta sur la terre aucune trace de la gloire ou du bonheur des mortels, dans ces jours de vengeance où Dieu détruisit son ouvrage.

BERNARDIN DE SAINT-PIERRE.

THÈME XXXVI.

LE MATIN.

La nuit n'exerce plus qu'un empire court et douteux ; à peine elle s'éloigne pressée par le jour qui s'avance, qu'elle prévoit et observe en tremblant l'approche de celui qui va lui succéder. Déjà paraît le matin : une lumière douce et faible l'annonce dans l'orient lointain ; mais bientôt la lumière s'étend, se répand, éclaircit les ombres, les brise, et chasse la nuit qui fuit d'un pas précipité. Le jour naissant perce rapidement et présente à la vue de vastes paysages. Le rocher humide, le sommet des montagnes couvert de brouillards, s'enflent à l'œil, et brillent à l'aube du jour.

THÈME XXXVII. (*Suite.*)

Le lièvre craintif sort en sautillant du champ de blé, tandis qu'au long des clairières des forêts le cerf sauvage bondit et se retourne souvent pour regarder le passant matineux. L'harmonie annonce le réveil de la joie universelle, les bois retentissent de chants multipliés. Le berger dispos, réveillé par le chant du coq, quitte la cabane de chaume où il habite en paix. Il ouvre sa bergerie et fait sortir par ordre ses nombreux troupeaux, qu'il mène paître l'herbe fraîche du matin.

Le fermier distribue à ses enfants et à ses ouvriers les travaux de la journée, tandis que sa ménagère court porter dans un coin de son tablier au chantre du matin et à ses fidèles compagnes les dons de Cérès.

Déjà, dans les villes, l'industrieux artisan a commencé ses travaux accoutumés; le marchand a ouvert ses riches magasins, où il étale les productions de tous les arts, et tout ce que l'Europe peut offrir de rare et de précieux.

Tout est en mouvement, tout reprend une nouvelle vie et une nouvelle activité.

Imitation de THOMPSON.

THÈME XXXVIII.

SPECTACLE D'UNE FORÊT.

Nous contemplons avec plaisir une belle forêt. Les

troncs de ses arbres, comme ceux des hêtres et des sapins, surpassent en beauté et en hauteur les plus magnifiques colonnes ; ses voûtes de verdure l'emportent en grâce et en hardiesse sur celles de nos monuments. Le jour, je vois les rayons du soleil pénétrer son épais feuillage, et à travers mille teintes de verdure peindre sur la terre des ombres mêlées de lumière ; la nuit, j'aperçois les astres se lever çà et là sur ses cimes, comme si elles portaient des étoiles dans leurs rameaux ; c'est un temple auguste qui a ses colonnes, ses portiques, ses sanctuaires et ses lampes. Mais les fondements de son architecture sont encore plus admirables que son élévation et que ses décorations.

THÈME XXXIX. (*Suite.*)

Cet immense édifice est mobile ; le vent souffle, les feuilles sont agitées et paraissent de deux couleurs ; les troncs s'ébranlent avec leurs rameaux et font entendre au loin de religieux murmures. Qui peut tenir debout ces colonnes colossales mouvantes ? leurs racines. Ce sont elles qui, avec les siècles, ont élevé sur une plage aride une couche végétale, qui, par l'influence du soleil, a changé l'air et l'eau en sève, la sève en feuilles et en bois ; ce sont elles qui sont les cordages, les leviers et les pompes aspirantes de cette grande mécanique de la nature ; c'est par elles qu'elle supporte l'impétuosité des vents, capable de renverser des tours.

THÈME XL. (*Suite.*)

La vue d'une forêt m'inspire les plus douces méditations; je me dis, comme à l'aspect d'un magnifique spectacle : le machiniste, le décorateur et le poète sont sous le théâtre et derrière la toile ; ce sont eux qui la font mouvoir avec ses acteurs : de même les agents des forêts sont sous la terre, et ce que je ne vois pas à sa surface est encore plus digne de mon admiration que ce que j'y vois.

Plus d'une fois, assis au pied d'un arbre, je me suis livré aux plus doux sentiments à la vue de ses rameaux couverts de fruits, bercés par les brises marines, et peuplés de cygnes et d'oiseaux de toutes les couleurs. Ces murmures forestiers, ces cris et ces chants de joie et de reconnaissance me disaient d'une manière bien intelligible : «Il y a ici un Dieu prévoyant.»

BERNARDIN DE SAINT-PIERRE.

THÈME XLI.

COURS DE L'ANIO.

L'anio arrive lentement sur un lit égal et uni, en baignant, d'un côté, une ville étalée sur ses bords, et de l'autre, de grands ormes qui balancent sur lui leurs ombrages : il s'avance ainsi, calme, majestueux, paisible ; soudain, entrant dans une fureur inexprimable, il se brise tout entier sur des rocs ; il écume, il jaillit, il retombe en bouillons impétueux, qui se heurtent, se mêlent, qui sautent ; il remplit, en un moment, un vaste rocher, l'entr'ouvre, et se précipite en grondant.

Je suis éloigné de plus de cent toises, et la poussière de ces flots brisés m'arrose et m'inonde ; elle forme à plus de cent toises, en tous sens, une pluie continuelle.

THÈME XLII. (*Suite.*)

Mais j'entends mugir encore ses flots : je demande à les revoir ; on me conduit à *la grotte de Neptune*.

Là une montagne de roche s'avance sur un abîme épouvantable, se creuse, se voûte, et se soutient hardiment sur deux énormes arcades. A travers plusieurs arcs-en-ciel qui les cintrent en se croisant, à travers les plantes et les mousses qui pendent de leurs fronts en festons, j'aperçois de nouveau ces flots furieux qui tombent encore sur des pointes de rochers, où ils se brisent encore, sautant de l'un à l'autre, se combattent, plongent, disparaissent ; ils sont enfin dans l'abîme.

THÈME XLIII.

Écoutons bien les tonnerres que roulent ces flots bondissants ; écoutons bien ce retentissement universel, et, tout à l'entour, ce silence.

Ces flots, cette hauteur, cet abîme, ce fracas, ces rocs pendant en précipice, les uns noircis par les siècles, d'autres verdis par de longues mousses, ceux-là hérissés de ronces et de plantes sauvages de toute espèce ; ces rayons égarés du soleil, qui se brisent, qui se jouent sur les rocs, dans les eaux, parmi les fleurs, ces oiseaux que le bruit et le vent des ondes effrayent et repoussent, dont on ne peut entendre la voix, tout cela m'émeut, me trouble, m'enchante !

Horace, tu es venu sûrement plus d'une fois accorder ici ton imagination et la lyre.

DUPATY.

THÈME XLIV.

ASPECT DES PYRÉNÉES.

Placées comme un immense boulevard entre deux nations guerrières, leurs inaccessibles hauteurs dominent d'un côté les jardins de l'Aquitaine et de l'Occitanie, de l'autre les champs historiques de l'Aragon, de la Navarre et de la Catalogne. Leurs groupes confondus, leurs rameaux innombrables s'enlacent et s'enchaînent de l'une à l'autre mer. L'œil s'enferme et s'égare au loin dans cet horizon magnifique. A l'orient, le Canigou resplendissant de neige s'élève sur les flots de la Méditerranée et se colore des premiers feux du jour. A l'occident, les monts voisins de la Biscaye, abaissant par degrés leurs cimes azurées, disparaissent tout à coup sur les vagues du vieil Océan.

THÈME XLV. (*Suite.*)

Au centre de la chaîne, des sommets formidables montent de toutes parts dans les cieux. Chacun a son aspect, sa forme et sa physionomie particulière. Ici les montagnes Maudites dressent leurs têtes menaçantes entourées de déserts affreux. Là le majestueux *Vignemale* étend son triple môle et ses glacières superbes; et plus loin, dominant ces hautes solitudes, *le Mont Perdu*, couvert de neiges éternelles, se montre comme une apparition fantastique, derrière les tours blanchissantes, les remparts et les créneaux gigantesques de l'incomparable *Marborée*.

THÈME XLVI. (*Suite.*)

Au sein de ce vaste chaos, une multitude infinie d'espèces végétales se distribuent sur tous les points dans l'ordre le plus admirable. Les Flores de la Gaule et de l'Ibérie y versent à l'envi leurs trésors. Chaque individu s'établit, se propage et se perpétue au lieu marqué par ses besoins. Ainsi d'innombrables familles, voisines sans être rivales, vivent et se succèdent autour du même mont. Quelquefois des races lointaines y trouvent un commun asile, les végétaux de la Bétique à côté de ceux de la Grèce, et les plantes de la Sibérie non loin de celles de l'Asie.

THÈME XLVII. (*Suite.*)

Ces sommets, ces groupes gigantesques, à peine dépouillés de leurs manteaux d'hiver par les feux de la canicule, se couvrent de verdure et de fleurs ; des peuplades nombreuses, de brillants végétaux s'élancent du creux des rochers, dessinent la lisière des neiges, se perchent sur le lit des torrents, et leurs émanations embaumées, mêlées à l'haleine printanière des zéphyrs, au bruit lointain des cascades, aux magiques effets d'une perspective aérienne, plongent dans un délicieux ravissement l'âme la plus indifférente aux inexprimables beautés de la nature.

DECAMPE.

THÈME XLVIII.

LE FEU DE LA SAINT-JEAN.

C'est un délicieux spectacle pour le cœur et la pensée qu'une veille de la Saint-Jean, au milieu d'une vaste plaine, par un ciel serein et un temps bien calme. Les travaux de la journée sont terminés. Les joies de la fête s'annoncent par mille chants divers, s'élevant de chaque hameau au départ de la bourgade ; c'est comme une symphonie d'ouverture dont la discordance même, se perdant dans le lointain, laisse arriver jusqu'à votre âme les naïfs élans dont elle est l'expression. Peu à peu le silence se fait : tout est calme.

THÈME XLIX. (Suite.)

Tout à coup l'horizon se colore de feux multipliés, dont les gerbes de flammes sont comme portées dans les airs par un cri spontané, énergique, parti de chaque groupe, et qui se transmet de groupe à groupe pour remplir bientôt la vallée silencieuse de murmure, de lumière et de vie. Et ce froissement des voix qui vont se heurtant dans le lointain ; ces longs cris mourant en longs échos sur les coteaux voisins ; ces vives lueurs luttant contre la nuit, expirant et s'élevant tour à tour, n'ont rien qui trouble les délices de nos méditations solitaires. C'est plutôt comme une grande et majestueuse voix de la nature devenue tout à coup animée pour s'élancer vivante au sein de l'Éternel. Qui n'aimerait alors à mêler son âme au milieu de cette grande âme, à épancher sa foi au sein de cette foi, à se perdre, enfant, parmi ces petits enfants dont la voix arrive plus mûre aux oreilles du bon Dieu ?

THÈME L. (Suite.)

Mais si ce grand concert d'une harmonie tout agreste, tout inspirée, repose et élève l'âme, chacun des petits chœurs qu'on en détache n'offre ni moins d'intérêt, ni une moins naïve expression des vieilles traditions de nos pères. Approchez d'un de ces feux, autour duquel vous trouverez rassemblés tous les habitants d'un village et jusqu'aux plus petits enfants, qui ont tant pleuré pour obtenir d'avoir part à la joyeuse fête, et jusqu'aux vieillards sexagénaires, qui, une dernière fois, ont voulu purifier leurs vieux ans aux flammes de saint Jean. Voyez d'un côté les mères, entourées de leurs jeunes filles bien modestes, bien revêtues de leurs habits du dimanche, et pressant sous leurs bras des bouquets de fleurs et de diverses plantes aromatiques, dont le parfum, sous l'invocation de saint Jean, deviendra comme un baume protecteur contre les épidémies qui menacent les troupeaux de la ferme.

THÈME LI. (Suite.)

Au-devant d'elles, et plus près du feu, sont leurs jeunes frères, les héros de la fête; leurs bras armés de longues fourches pressent les flancs du bûcher, pour accélérer l'embrasement, et lui faire vomir des tourbillons de flammes qu'accompagnent leurs cris.

Bientôt le bûcher s'affaisse, la flamme a tout dévoré, et c'est alors à qui montrera le plus de courage pour franchir nu-pieds ce monceau de charbons ardents que caresse encore une flamme légère : chacun s'enhardit, s'élance et franchit à son tour.

THÈME LII. (Suite.)

Le père saisit par les deux bras son petit enfant, et le plonge comme dans un baptême de feu ; la mère conduit sa petite fille et glisse avec elle sur quelques braises tirées à l'écart ; le jeune homme couvert de sueur revient prendre sa fiancée, et l'entraîne, légère comme la colombe, au milieu du brasier dispersé. Tous se précipitent ; chacun saisit un tison ; la flamme disparaît, la nuit reprend son obscurité, et la bourgade joyeuse et chantante reprend le chemin du village. Le lendemain, chaque porte est marquée d'une croix noire, chaque toit de chaume est paré d'un vert feuillage, et malheur à qui n'a point marqué sa porte, malheur à qui n'a point décoré son toit du nouveau symbole de prospérité ! car celui-là est un païen et un républicain.

GORSE.

THÈME LIII.

EFFETS DU SOLEIL COUCHANT SUR LES NUAGES.

Quelquefois les vents alizés du nord-est et du sud chassent les nuages à l'occident, en les croisant les uns contre les autres, comme les mailles d'un panier à jour. Ils jettent, sur les côtés de ce réseau, les nuages qu'ils n'ont pas employés, et qui ne sont pas en petit nombre ; ils les roulent en énormes masses blanches comme la neige, les contournent sur leurs bords en forme de croupe, et les entassent les uns sur les autres comme les Cordilières du Pérou, en leur donnant des formes de montagnes, de cavernes et de rochers ; ensuite, vers le soir, ils se calment un peu, comme s'ils craignaient de déranger leur ouvrage.

THÈME LIV. (*Suite.*)

Quand le soleil vient à descendre derrière ce magnifique réseau, on voit passer par toutes ces losanges une multitude de rayons lumineux qui y font un tel effet, que les deux côtés de chaque losange qui en sont éclairés, paraissent relevés d'un filet d'or, et les deux autres qui devraient être dans l'ombre, sont teints d'un superbe nacarat. Quatre ou cinq gerbes de lumière, qui s'élèvent du soleil couchant jusqu'au zénith, bordent de franges d'or les sommets indécis de cette barrière céleste, et vont frapper des reflets de leurs feux les pyramides des montagnes aériennes collatérales, qui semblent alors être d'argent et de vermillon.

THÈME LV. (*Suite.*)

C'est dans ce moment qu'on aperçoit, au milieu de leurs groupes redoublés, une multitude de vallons qui s'étendent à l'infini, en se distinguant à leur ouverture par quelque nuance de couleur de chair ou de rose. Ces vallons célestes présentent dans leurs divers contours des teintes inimitables de blanc, ou des ombres qui se prolongent, sans se confondre, sur d'autres ombres. Vous voyez çà et là sortir des flancs caverneux de ces montagnes, des fleuves de lumière qui se précipitent en lingots d'or et d'argent sur des rochers de corail. Ici, ce sont de sombres rochers, qui laissent apercevoir par leurs ouvertures le bleu pur du firmament ; là, ce sont de longues grèves sablées d'or, qui s'étendent sur de riches fonds du ciel, ponceaux, écarlates et verts comme l'émeraude.

THÈME LVI. (Suite.)

La réverbération de ces couleurs occidentales se répand sur la mer, dont elle glace les flots azurés de safran et de pourpre. Les matelots, appuyés sur les passavants du navire, admirent en silence ces paysages aériens. Quelquefois ce spectacle sublime se présente à eux à l'heure de la prière, et semble les inviter à élever leurs cœurs comme leurs vœux vers les cieux. Il change à chaque instant : bientôt ce qui était lumineux, est simplement coloré ; et ce qui était coloré, est dans l'ombre.

THÈME LVII. (Suite.)

Les formes en sont aussi variables que les nuances ; ce sont tour à tour des îles, des hameaux, des collines plantées de palmiers, de grands ponts qui traversent des fleuves, des campagnes d'or, d'améthystes, de rubis, ou plutôt ce n'est rien de tout cela ; ce sont des couleurs et des formes célestes qu'aucun pinceau ne peut rendre, ni aucune langue exprimer.

BERNARDIN DE SAINT-PIERRE.

THÈME LVIII.

L'HORIZON VU DU SOMMET D'UNE MONTAGNE.

Prêt à m'élancer sur les roches fracassées qui étaient ma seule issue, je jetai un coup d'œil sur l'horizon immense qui m'entourait. Je m'arrêtai : une belle circonstance attachait un grand intérêt au spectacle. La plaine que je voyais à une si grande profondeur et dans une si immense étendue, n'était point entièrement découverte ; des flocons de nuages semblaient avoir été posés doucement sur sa surface ; la région de l'air où ils se tenaient suspendus, étant très-inférieure au point d'où je les considérais, ils se présentaient à mes yeux sous la forme d'un coton doux et léger que l'on aurait parsemé négligemment sur la terre. Celle-ci se montrait à travers les intervalles, et elle se montrait avec cette parure magique que la culture lui donne lorsqu'on la regarde d'une hauteur considérable. Le soleil décorait les parties de la plaine qu'il m'était permis d'apercevoir.

THÈME LIX. (Suite.)

Je distinguais à peine leur abaissement au-dessous des flocons de nuages : il résultait de cette disposition un tableau enchanteur. Aux extrémités de l'horizon, les nuages se pressaient ; à la faveur de la distance ils semblaient se confondre ; je ne voyais plus la terre, et je n'aurais su assigner la ligne précise où je cessais de la voir.

Ce'st ainsi que l'avenir se présente à notre imagination, à nos désirs, à notre espérance ; nous apercevons un peu celui qui nous touche de près, nous l'entrevoyons à travers les intervalles éclairés que laissent çà et là les nuages de notre ignorance ; mais vers l'avenir éloigné, les nuages se pressent, se confondent, nous ne voyons plus notre destinée, et nous ne saurions assigner les limites précises où nous avons cessé de la voir.

AZAÏS.

THÈME LX.

LE LAC LÉMAN.

Le lac Léman me sourit, avec son front de cristal, miroir où les étoiles et les montagnes admirent le calme de leur aspect, leurs sommets élevés et leurs éclatantes couleurs. Limpide Léman ! le contraste de ton lac paisible avec le vaste monde au milieu duquel j'ai vécu, m'avertit d'abandonner les eaux troubles de la terre pour une onde plus pure. La voile de la nacelle sur laquelle je parcours ta surface, semble une aile silencieuse qui me détache d'une vie bruyante : j'aimais jadis les mugissements de l'Océan furieux ; mais ton doux murmure m'attendrit comme la voix d'une sœur qui me reprocherait d'avoir trop aimé de sombres plaisirs.

THÈME LXI. (*Suite.*)

Voici l'heure de la nuit et du silence. Depuis les bords jusqu'aux montagnes, tous les objets sont voilés des couleurs du crépuscule, et seront bientôt confondus dans les ténèbres : pourtant tous se distinguent encore, excepté le Jura plus obscurci, dont les hauteurs semblent des précipices escarpés ; plus près de la rive je respire les doux parfums qu'exhale le calice des fleurs à peine écloses. On entend le bruit léger des gouttes d'eau qui découlent de la rame suspendue sur le lac, pendant que le grillon salue la nuit de ses chants répétés.

THÈME LXII. (Suite.)

C'est le joyeux insecte des soirées, qui fait de sa vie une enfance, et la passe à chanter ; par intervalles, un oiseau fait entendre sa voix au milieu des fougères et se tait aussitôt. Il semble qu'un léger murmure soit suspendu sur la colline ; mais ce n'est qu'une illusion ; car la rosée distillée des étoiles n'interrompt point le silence de la nuit en humectant le sein de la nature, qu'elle imprègne de l'essence de ses riches couleurs.

THÈME LXIII. (Suite.)

O vous, étoiles, qui êtes la poésie du ciel ! si nous tentons de lire dans cette page brillante du grand livre de la création les destinées futures des hommes et des empires, vous devez pardonner à notre ambition orgueilleuse d'oser franchir notre sphère mortelle, et d'aspirer à nous unir à vous. Vous êtes parées d'une beauté mystérieuse, et vous nous inspirez, du haut de la voûte céleste, tant d'amour et de vénération, que la fortune, la gloire, la puissance et la vie ont pris une étoile pour emblème.

THÈME LXIV. (*Suite.*)

Le ciel et la terre sont plongés dans un calme profond, mais non dans le sommeil ; on dirait qu'ils respirent à peine comme le mortel qui éprouve une émotion trop vive, et qu'ils sont muets comme celui dont l'esprit est absorbé dans de sérieuses pensées.

Depuis le cortége silencieux des astres de la nuit, jusqu'aux montagnes et au lac assoupi, tout semble concentré dans une vie de méditation partagée même par le dernier rayon lumineux, par l'air et le feuillage. Tout respire le sentiment du grand Être qui a créé le monde et qui le conserve.

LORD BYRON.

THÈME LXV.

LE PARC ANGLAIS.

Qui n'a quelquefois parcouru avec délices un vaste parc, disposé à la manière anglaise ? Là, tous les accidents de la nature sont réunis comme par enchantement, et l'art est d'autant plus séduisant qu'il est toujours caché. Vous errez d'abord sur une vaste pelouse, qui prolonge au loin ses belles nappes de verdure, et où quelques bouquets d'arbres élèvent de distance en distance leurs pyramides odorantes. Puis, vous vous enfoncez dans un bois touffu, et, tandis que vous suivez les détours d'un sentier couvert de mousse, vous entendez le bruit du faisan qui déploie soudain ses ailes au-dessus de votre tête, ou bien vous voyez fuir devant vous la troupe timide et silencieuse des daims et des cerfs.

THÈME LXVI. (Suite.)

Au sortir du bois, vous gravissez une petite colline, au sommet de laquelle vous trouvez un banc pour vous reposer, et un joli point de vue, adroitement ménagé pour le plaisir des yeux. Quand vous êtes descendu de la colline par un sentier opposé à celui qui vous y avait conduit, vous entrez dans une galerie souterraine où vous jouissez, en plein midi, de la nuit, de la fraîcheur et du silence. Tantôt vous suivez le cours d'un ruisseau qui égare dans la prairie ses ondes murmurantes ; tantôt vous vous arrêtez sur le bord d'un étang isolé, et vous regardez l'immobile peuplier qui se réfléchit dans son miroir, ou la feuille jaunâtre qui dort sur son sein.

THÈME LXVII. (Suite.)

De modestes édifices ou d'imposants débris sont heureusement mêlés aux objets champêtres ; ici, une élégante maisonnette, à demi cachée par les arbres, vous présente l'image d'une vie obscure et tranquille; là, les ruines de quelque temple gothique, ou une statue renversée que le temps a rendue verte et humide, répand dans cette retraite un pieux souvenir d'antiquité. Ainsi les contrastes sont réunis sans confusion ; votre curiosité est toujours satisfaite ; votre âme et vos yeux sont également occupés, et, à chaque pas que vous faites, un nouveau plaisir vous attend.

ANONYME.

THÈME LXVIII.

LES ROGATIONS.

Les cloches du hameau s'étant fait entendre, les villageois quittent à l'instant leurs travaux ; le vigneron descend de la colline, le laboureur accourt de la plaine, le bûcheron sort de la forêt, les mères fermant leurs cabanes arrivent avec leurs enfants, et les jeunes filles laissent leurs fuseaux, leurs brebis et les fontaines pour se rendre à la pompe rustique.

On s'assemble dans le cimetière de la paroisse, sur les tombes verdoyantes des aïeux. Bientôt s'avance du lieu voisin tout le clergé destiné à la cérémonie ; c'est quelque vieux pasteur, qui n'est connu que par le nom de curé, et ce nom vénérable, dans lequel est venu se perdre le sien, indique moins le ministre du temple que le père laborieux du troupeau.

THÈME LXIX. (Suite.)

Il sort de son presbytère bâti tout auprès de la demeure des morts, dont il surveille la cendre ; il est établi dans sa demeure, comme une garde avancée aux frontières de la vie pour recevoir ceux qui entrent et ceux qui sortent de ce royaume des douleurs. Un puits, des peupliers, une vigne autour de sa fenêtre, quelques colombes composent tout l'héritage de ce roi des sacrifices.

L'apôtre de l'Évangile, couvert d'un simple surplis, assemble ses ouailles devant la grande porte de l'église ; il leur fait un discours fort beau sans doute à en juger par les larmes de l'assistance. On lui entend souvent répéter : « Mes enfants, mes chers enfants »; et c'est là tout le secret de l'éloquence du Chrysostôme champêtre.

THÈME LXX. (*Suite.*)

Après l'exhortation l'assemblée commence à défiler en chantant : « Vous sortirez avec plaisir, et vous serez reçu avec joie ; les collines bondiront et vous entendront avec joie. »
L'étendard des saints, l'antique bannière des temps chevaleresques, ouvre la carrière au troupeau, qui suit pêle-mêle avec son pasteur ; on entre dans des chemins ombragés et coupés profondément par la roue des chars rustiques ; on franchit de hautes barrières formées d'un seul tronc d'arbre ; on voyage le long d'une haie d'aubépine où bourdonne l'abeille, où sifflent les bouvreuils et les merles ; tous les arbres étalent l'espérance de leurs fruits ; la nature entière est un bouquet de fleurs ; les bois, les vallons, les rivières, les rochers entendent tour à tour les hymnes des laboureurs qui suivent les replis de l'écharpe diaprée que la main du Créateur a jetée sur les campagnes ; étonnés des cantiques, les hôtes des champs sortent des blés nouveaux et s'arrêtent à quelque distance pour voir passer la pompe villageoise.

THÈME LXXI. (*Suite.*)

La procession rentre enfin au hameau, chacun retourne à son ouvrage ; la religion n'a pas voulu que le jour où l'on demande à Dieu les biens de la terre fût un jour d'oisiveté. Avec quelle espérance on enfonce le soc dans le sillon, après avoir imploré celui qui dirige le soleil, et qui garde dans ses trésors les vents du midi et les tièdes ondées! Pour bien achever un jour si saintement commencé, les vieillards de la paroisse viennent à l'entrée de la nuit converser avec le curé, qui prend son repas du soir sous les peupliers de sa cour ; la lune répand alors les dernières harmonies sur cette fête que l'église a calculée avec le retour du mois le plus doux et le cours de l'astre le plus mystérieux ; on croit entendre de toutes parts les blés germer dans la terre, et les plantes croître et se développer. Des voix inconnues s'élèvent dans le silence des bois, comme le chœur des anges champêtres dont on a imploré le secours, et les soupirs du rossignol parviennent jusqu'à l'oreille des vieillards assis non loin des tombeaux.

CHATEAUBRIAND.

THÈME LXXII.

ÉRUPTION DU VÉSUVE.

Arrivé vers les six heures du soir à *Rosina*, petit village au delà de *Portici*, je quitte la voiture qui m'a conduit, et je monte sur un mulet. Trois hommes robustes m'accompagnent avec une provision de flambeaux.

Je commence par monter entre deux champs couverts de peupliers, de mûriers, de figuiers entrelacés de vignes souples et vigoureuses, qui tantôt s'appuient et se suspendent à ces arbres, tantôt montent et se soutiennent d'elles-mêmes au milieu des airs.

Après avoir traversé pendant une heure de beaux vergers, j'arrive à une *lave* immense.

THÈME LXXIII. (*Suite.*)

Le Vésuve la vomit dans une éruption, il y a environ soixante ans.

Elle fit pâlir toute la ville de Naples; mais après l'avoir menacée un moment, elle s'arrêta là.

Quoique arrêtée et éteinte, elle effraye encore et menace.

Les bords de cette lave sont tapissés, comme les bords de la Seine, de gazons et de fleurs, et ombragés çà et là de jeunes arbustes qu'une cendre féconde arrose, pour ainsi dire, et nourrit toujours.

Après avoir suivi quelque temps un sentier très-difficile, je me trouvai sur des rochers affreux, au milieu de la cendre mouvante.

THÈME LXXIV. (*Suite.*)

Là, la terre cesse pour le pied des animaux, mais non pas pour celui de l'homme, qui a trouvé presque toutes les bornes que lui avait prescrites la nature, et souvent les a franchies.

Là, il fallut gravir péniblement des monceaux de scories qui s'écroulaient sous mes pas.

Je m'arrêtai un moment pour contempler.

Devant moi les ombres de la nuit et les nuages s'épaississaient de la fumée du volcan, et flottaient autour du mont; derrière moi le soleil, précipité au delà des montagnes, couvrait de ses rayons mourants la côte du Pausilippe, Naples et la mer; tandis que, sur l'île de Caprée, la lune à l'horizon paraissait; de sorte qu'en cet instant je voyais les flots de la mer étinceler à la fois des clartés du soleil, de la lune et du Vésuve. Le beau tableau!

Lorsque j'eus contemplé cette obscurité et cette splendeur, cette nature affreuse, stérile, abandonnée, et cette nature riante, animée, féconde, l'empire de la mort et celui de la vie, je me jetai à travers les nuages, et je continuai à gravir. — Je parvins enfin au cratère.

THÈME LXXV. (Suite.)

C'est donc là ce formidable volcan qui brûle depuis tant de siècles, qui a submergé tant de cités, qui a consumé des peuples, qui menace à toute heure cette vaste contrée, cette Naples où dans ce moment on rit, on chante, on danse, on ne pense seulement pas à lui. Quelle lueur autour de ce cratère! quelle fournaise ardente au milieu! D'abord, ce brûlant abîme gronde; déjà il vomit dans les airs avec un épouvantable fracas, à travers une pluie épaisse de cendres, une immense gerbe de feux : ce sont des millions d'étincelles ; ce sont des milliers de pierres que leur couleur noire fait distinguer, qui sifflent, tombent, retombent, roulent : en voilà une qui roule à cent pas de moi. L'abîme tout à coup se referme; puis tout à coup il se rouvre, et vomit encore un autre incendie : cependant la lave s'élève sur les bords du cratère ; elle se gonfle, elle bouillonne, coule, et sillonne en longs ruisseaux de feu les flancs noirs de la montagne.

THÈME LXXVI. (Suite.)

J'étais vraiment en extase. Ce désert! cette hauteur! cette nuit! ce mont enflammé! et j'étais là!

J'aurais voulu passer la nuit auprès de cet incendie, et voir le soleil, à son retour, l'éteindre de l'éclat de ses rayons éblouissants.

Mais le vent qui soufflait avec impétuosité m'avait déjà glacé; je descendis: avec quel chagrin! il en coûte de détacher d'un pareil tableau le regard qui sera le dernier.

L'éruption du Vésuve est un de ces spectacles que ni le pinceau, ni la parole ne sauraient reproduire, et que la nature semble s'être réservé de montrer seule à l'admiration de l'homme, comme le lever du soleil, comme l'immensité des mers.

. . . .

Adieu, Vésuve; adieu, lave; adieu flamme dont resplendit et se couronne ce profond abîme! adieu, enfin, mont redoutable et si peu redouté! Si tu dois submerger dans tes cendres, ou ces châteaux, ou ces villages, ou cette ville, que ce ne soit pas du moins dans le moment où mes enfants y seront!

DUPATY.

THÈME LXXVII.

COMBAT DU TAUREAU.

La lice est ouverte, l'arène spacieuse est libre; sur les gradins de l'amphithéâtre sont assis et comme entassés des milliers de spectateurs. La trompette n'a pas encore fait entendre ses fanfares, et déjà il ne reste plus de place pour celui qui arrive trop tard.

Tous les spectateurs gardent le silence. La tête ornée d'un blanc panache, portant des éperons d'or et armés d'une lance légère, quatre cavaliers, montés sur de fiers coursiers, se préparent à de périlleux exploits; ils s'inclinent en s'avançant dans la lice; leur riches écharpes flottent au gré des vents, et leurs coursiers bondissent avec grâce. S'ils se distinguent dans le combat, ils recevront les applaudissements prolongés de la foule et le sourire des belles : douce récompense des plus nobles actions! les rois et les guerriers en obtiennent-ils jamais de plus belles!

THÈME LXXVIII. (*Suite.*)

Revêtu d'habits brillants et d'un superbe manteau, mais toujours à pied dans le centre de l'arène, l'agile matador est impatient d'assaillir le roi des troupeaux. Mais d'abord il a parcouru le cirque d'un pas prudent, de peur que quelque obstacle imprévu ne vienne l'arrêter dans sa course rapide. Son arme est un javelot, il ne combat que de loin ; c'est tout ce que l'homme ose tenter sans le coursier fidèle qu'il condamne trop souvent, hélas! à recevoir pour lui les blessures et la mort.

Le clairon a retenti trois fois, le signal est donné, l'antre s'ouvre, la foule muette a les yeux fixés sur l'enceinte du cirque silencieux.

THÈME LXXIX. (*Suite.*)

Excité par un coup de fouet, l'animal terrible s'élance ; et, portant autour de lui des regards sauvages, il frappe l'arène sablonneuse d'un pied retentissant : il ne fond pas aveuglément sur son ennemi ; il dirige d'abord ses cornes menaçantes à droite et à gauche pour mesurer ses coups, se bat les flancs de sa queue mobile, et ses yeux rouges se dilatent et paraissent en feu.

Soudain il s'arrête, son regard s'est fixé. Fuis, jeune

homme imprudent, fuis ou prépare ta lance : voici le moment de périr ou de déployer cette adresse qui peut encore te soustraire à sa fureur. Les agiles coursiers savent se détourner adroitement : le taureau écume, mais il n'évite point les coups qu'on lui porte; des flots de sang s'échappent de ses flancs déchirés ; il fuit, il s'agite furieux de ses blessures ; une grêle de javelots l'accable, les coups de lance se succèdent rapidement, ses longs mugissements expriment sa douleur.

THÈME LXXX. (*Suite.*)

Il revient ; ni javelots ni lances ne l'arrêtent, les prompts détours du coursier sont inutiles. En vain les cavaliers lui opposent leur force et leurs armes, il méprise tout : un de leurs chevaux couvre la terre de son cadavre ; un autre est entr'ouvert, ô spectacle d'horreur! et son poitrail ensanglanté laisse voir les organes palpitants de la vie. Frappé à mort, il traîne son corps d'un pas chancelant, et sauve son maître d'un danger certain.

Vaincu, haletant, mais furieux jusqu'au dernier moment, le taureau immobile dans l'arène, au milieu de ses ennemis hors de combat, se fait craindre encore malgré ses blessures, malgré les jets de la lance et les dards qui sont attachés à sa peau.

THÈME LXXXI. (*Suite.*)

C'est le moment où les matadors tournent autour de lui en agitant leur manteau rouge et les javelots; il fait un dernier effort et fond comme la foudre ; vaine fureur! une main perfide abandonne le manteau, les yeux du taureau en sont enveloppés : c'en est fait, il va tomber sur le sable.

Le fer du javelot reste enfoncé à l'endroit où le large cou de l'animal se joint à l'épine dorsale : il s'arrête, il tressaille, mais il dédaigne de reculer ; il tombe au milieu des cris de triomphe, sans pousser un dernier gémissement, et meurt sans agonie. Un char pompeusement décoré s'avance : on y place le cadavre du vaincu. Doux spectacle pour le peuple ravi ! Quatre chevaux rapides, mais domptés, mordent le frein en traînant cette masse qu'on aperçoit à peine au milieu de la foule.

Lord Byron.

THÈME LXXXII.

COUCHER DU SOLEIL.

Le soleil tomba derrière le rideau d'arbres de la plaine ; à mesure qu'il descendait, les mouvements de l'ombre et de la lumière répandaient quelque chose de magique sur le tableau : là, un rayon se glissait à travers le dôme d'une futaie, et brillait comme une escarboucle dans le feuillage sombre ; ici, la lumière divergeait entre les troncs et les branches, et projetait sur les gazons des colonnes croissantes et des treillages mobiles. Dans les cieux, c'étaient des nuages de toutes les couleurs ; les uns fixes imitant de gros promontoires, ou de vieilles tours près d'un torrent, les autres flottant en fumée de rose ou en flocons de soie blanche. Un moment suffisait pour changer la scène aérienne : on voyait alors des gueules de four enflammées, de grands tas de braise, des rivières de lave, des paysages ardents. Les mêmes teintes se répétaient sans se confondre, le feu se détachait du feu, le jaune pâle du jaune pâle, le violet du violet : tout était éclatant ; tout était enveloppé, pénétré, saturé de lumière. Mais la nature se joue du pinceau des hommes : lorsqu'on croit qu'elle a atteint sa plus grande beauté, elle sourit et s'embellit encore.

THÈME LXXXIII. (*Suite.*)

A notre droite étaient les ruines indiennes ; à notre gauche notre camp de chasseurs : l'île déroulait devant nous ses payages gravés ou modelés dans les ondes. A l'orient, la lune, touchant l'horizon, semblait reposer immobile sur les côtes lointaines ; à l'occident, la voûte du ciel paraissait fondue en une mer de diamants et de saphirs, dans laquelle le soleil, à demi plongé, avait l'air de se dissoudre.

Les animaux de la création étaient, comme nous, attentifs à ce grand spectacle : le crocodile, tourné vers l'astre du jour, lançait par sa gueule béante l'eau du lac en gerbes colorées ; le pélican, perché sur un rameau desséché, louait à sa manière le maître de la nature, tandis que la cigogne s'enlevait pour le bénir au-dessus des nuages.

CHATEAUBRIAND.

THÈME LXXXIV.

NUIT ORAGEUSE DANS LES ALPES.

Mais le ciel change d'aspect. Quelle majesté dans ce spectacle nouveau ! L'orage vient mêler son horreur aux horreurs de la nuit ; j'y trouve encore des charmes infinis. Dans le lointain les échos retentissent du fracas du tonnerre qui bondit de rocher en rocher. Ce n'est plus un seul nuage qui recèle la foudre ; chaque montagne se trouve une voix, et du milieu des sombres vapeurs qui le cachent, le Jura répond aux bruyants transports des Alpes.

Partout règne la nuit : nuit glorieuse! tu n'es pas destinée au sommeil. Que ne puis-je partager tes sauvages plaisirs, et faire partie de la tempête et de toi ! Le lac, comme enflammé par les éclairs, semble une mer phosphorique ! La pluie tombe en flots précipités ; bientôt tout est replongé dans les ténèbres : et soudain la voix terrible des montagnes se fait encore entendre! comme si elles s'agitaient ébranlées par un horrible tremblement de terre.

THÈME LXXXV. (*Suite.*)

Sur les rochers élevés mugissent les plus furieuses tempêtes : de nombreux tonnerres, lancés de tous côtés comme des traits embrasés, annoncent que plusieurs ouragans ont déclaré la guerre à la nuit. C'est entre ces monts escarpés que le plus terrible dirige ses foudres, comme s'il prévoyait qu'aux lieux où la destruction a exercé de tels ravages, les feux du ciel peuvent tout dévorer impunément.

Cieux, montagnes, fleuves, vents, lac, j'ai une âme capable de vous comprendre ! La nuit, les nuages et les éclats de la foudre peuvent m'inspirer ; l'écho lointain de l'orage est une voix qui s'adresse à ce qui veille toujours en moi... si je goûte jamais quelques instants de repos. Mais quel est, ô tempête ! le terme de votre course vagabonde ? Êtes-vous comme celles qui naissent dans le cœur de l'homme, ou bien trouvez-vous enfin, comme les aigles, quelque asile élevé ?...

L'aurore reparaît humide de rosée ; son haleine est un parfum délicieux, les roses colorent ses joues, son sourire repousse doucement les nuages ; elle répand partout la lumière et la vie, comme si la terre ne renfermait aucun tombeau dans son sein. Nous pouvons reprendre le cours de l'existence. Je me trouve encore sur ton rivage, beau Léman ! que d'objets s'offrent à mes rêveries ! quel site ravissant où je puis reposer mes yeux charmés !

Lord Byron.

THÈME LXXXVI.

VILLAGE DÉTRUIT PAR UN ÉBOULEMENT.

De fortes pluies avaient durant l'été introduit dans le sein de la montagne une grande quantité d'eaux souterraines ; imbibée et comme détrempée, elle s'ébranla sous cette masse extraordinaire ; le sol se fendit en quelques endroits avec un bruit alarmant ; mais ces secousses et le bruit qui les accompagne ne sont pas des accidents rares dans les contrées montagneuses ; les habitants n'en conçurent d'abord aucune inquiétude. Cependant, la montagne continuait de s'agiter ; on l'entendait craquer, on la sentait frémir sous les pas ; et vers le soir, le fracas devint épouvantable. Tantôt, c'était un bruit semblable au cliquetis des chaînes ; tantôt, c'était une détonation pareille à une salve d'artillerie. Tout à coup une masse énorme de terrain se détache des flancs de la montagne, glisse cent pieds plus bas, et laisse à la place qu'elle vient d'abandonner, un vaste enfoncement, de toutes parts encadré de terre, d'arbres et de verdure.

THÈME LXXXVII. (Suite.)

On eût pu croire un moment que le phénomène était accompli, si dès l'abord, en considérant avec attention cette masse tombée, on n'eût reconnu qu'elle remuait, qu'elle descendait d'un mouvement insensible. Cependant on conservait encore l'espoir que l'inégalité du terrain ralentirait sa marche ; et en effet, un ravin qui se rencontrait sur son passage l'arrêta quelque temps dans son cours. Mais bientôt accrue par cet obstacle même, et augmentée à chaque pas de tout ce qu'elle entraîne sur sa route, l'avalanche de boue, comblant toutes les cavités et franchissant toutes les hauteurs, descend, toujours plus lente, mais toujours plus irrésistible, vers le village qu'elle menace d'envahir.

THÈME LXXXVIII. (Suite.)

Peignez-vous, mon ami, la désolation des habitants, lorsqu'après une nuit passée dans les plus cruelles angoisses, ils aperçurent, aux premiers rayons du jour, toute une montagne mobile s'avançant contre eux et déjà près de les atteindre ! Le curé, entouré de plusieurs de ses paroissiens, s'était tenu constamment sur une des hauteurs les plus rapprochées, afin de mieux juger de l'étendue du fléau et du remède qu'on pourrait y apporter ; et sans doute que sa première idée avait été d'exorciser la montagne, et de conjurer, par des prières, cet inouï débordement de terre. Bientôt par son ordre la cloche d'effroi fut mise en mouvement pour avertir tous les habitants des communes voisines ; on envoya jusqu'à Lucerne pour demander des secours, et, de toutes parts, on vit accourir des gens capables d'opposer dans leur personne un rempart contre le terrible fléau. Mais il n'y avait pas de forces humaines qui pussent désormais l'arrêter ; réduit à la dure nécessité de laisser périr sous ses yeux le terrain qui le nourrit, l'homme ne dut plus songer qu'à se sauver lui-même.

THÈME LXXXIX. (Suite.)

Déjà les premiers chalets avaient disparu; des prairies, des jardins, successivement engloutis, roulaient eux-mêmes confondus dans le sein de l'avalanche de boue, qui s'avançait, semblable à un torrent de lave, pour la lenteur et la régularité de sa marche. On essaya de démonter quelques maisons, ou du moins de démeubler celles qu'on ne pouvait espérer de sauver. Le lit du malade et le berceau de l'enfant, transportés à la hâte en rase campagne, ou dans l'église paroissiale, offraient le spectacle lamentable de toutes les faiblesses humaines mises sous la protection du Ciel. Ce n'étaient partout, à l'approche de la destruction inévitable, que cris de rage et de désespoir.

Enfin l'éboulement atteignit les premières maisons du village, les arbres qui formaient au-devant d'elles une espèce de rempart, déracinés ou brisés, ne servaient qu'à rendre plus prompte la chute des habitations qu'ils protégeaient. Arrivées contre les maisons, on voyait ces terres fangeuses s'amonceler, soulever peu à peu les bâtiments, les renverser sur le flanc, et continuer ensuite leur cours vers le rivage. De temps en temps, de gros quartiers de roc engagés dans cette masse énorme de limon, s'en détachaient avec la rapidité de la foudre, et entraînaient toute une maison dans le lac en s'y précipitant.

THÈME CX. (*Suite.*)

Ainsi virent les tristes habitants de Weggis, le toit qui les avait vus naître, craquer et s'enfoncer peu à peu dans la terre qui l'enveloppait, et leur antique domaine s'abîmer et disparaître sans retour. Tout fut détruit sur la route de l'éboulement, depuis l'endroit d'où il se détacha, jusqu'au lac où il s'engloutit, et dans tout cet espace, il ne resta sur la terre profondément sillonnée et comme écorchée par l'avalanche, que quelques troncs enduits de limon, des racines éparses sur un sol bouleversé, trois ou quatre grands arbres, à la cime flétrie, à la tige dépouillée, quelques fragments de charpente et de toitures brisés et noircis par le frottement, comme par un incendie ; funestes monuments d'un désastre que la terre s'est comme empressée de couvrir sous une végétation nouvelle.

THÈME XCI. (*Suite.*)

Mais c'est encore moins la nature, que l'homme lui-même, qui a travaillé à faire disparaître ici jusqu'au dernier vestige de ce grand désastre. Croiriez-vous bien, mon ami, que le village actuel de Weggis a été construit précisément à l'endroit même où l'ancien a existé ? Tel est partout le génie de l'habitant des Alpes. Sa terreur se dissipe avec le fléau qui l'a frappé ; il nettoie la place dévastée par l'avalanche pour y replanter sa cabane ; quelquefois, il se munit d'une croix, ou bien il se met à l'abri d'une chapelle, contre la fureur du torrent qui le menace ; et le moment du danger passé, il se rendort à la veille d'un nouveau déluge, ou sur la route d'un nouvel éboulement.

Ainsi, tout ce pays est comme un théâtre qui change de décoration à chaque instant. La nature est dans une instabilité perpétuelle, et pour ainsi dire, dans un état permanent de révolution. Il n'y a que les mœurs qui y demeurent à peu près inaltérables; les habitudes sont ici plus fortes que les Alpes mêmes; et c'est l'homme, l'être du monde le plus variable et le plus faible, qui ne change presque pas ici, quand tout y change incessamment autour de lui!

Raoul Rochette.

THÈME XCII.

L'OCÉAN.

Déroule tes vagues d'azur, majestueux Océan! Mille flottes parcourent vainement tes routes immenses: l'homme, qui couvre la terre de ruines, voit son pouvoir s'arrêter sur tes bords. Tu es le seul auteur de tous les ravages dont l'humide élément est le théâtre : il n'y reste aucun vestige de l'homme; son ombre se dessine à peine sur la surface, lorsqu'il s'enfonce comme une goutte d'eau dans tes profonds abîmes, privé de tombeau, de linceul, et ignoré.

Ses pas ne sont point imprimés sur tes domaines, qui ne sont point une dépouille pour lui... Tu te soulèves et le repousses loin de toi ; le lâche pouvoir qu'il exerce pour la destruction de la terre n'excite que tes dédains ; tu le fais voler avec ton écume jusqu'aux nuages, et tu le rejettes, en te jouant, aux lieux où il a placé toutes ses espérances. Son cadavre gît sur la plage, près du port où il voulait aborder.

THÈME XCIII. (*Suite.*)

Que sont ces armements redoutables qui vont foudroyer les villes de tes rivages, épouvanter les nations, et faire trembler les monarques dans leurs capitales? Que sont ces citadelles mouvantes, semblables à d'énormes baleines, et dont les mortels qui les construisent sont si fiers, qu'ils osent se parer du vain titre de seigneurs de l'Océan, et d'arbitres de la guerre? Que sont-elles pour toi? un simple jouet : nous les voyons, comme ta blanche écume, se fondre dans les ondes amères, qui anéantissent également l'orgueilleuse Armada ou les débris de Trafalgar.

THÈME XCIV. (*Suite.*)

Tes rivages sont des empires ; ils changent sans cesse, et tu restes toujours le même. Que sont devenues l'Assyrie, la Grèce, Rome et Carthage? Tes flots battaient leurs frontières aux jours de la liberté, et plus tard sous le règne des tyrans. Leurs peuples, esclaves ou barbares, obéissent à des lois étrangères. La destinée fatale a converti des royaumes en déserts...; mais rien ne change en toi, que le caprice de tes vagues : le temps ne grave aucune ride sur ton front d'azur ; tel que te vit l'aurore de la création, tel tu es encore aujourd'hui.

Glorieux miroir où le Tout-Puissant aime à se contempler au milieu des tempêtes ; calme ou agité ; soulevé par la brise, par le zéphyr ou par l'aquilon ; glacé vers le pôle ou bouillonnant sous la zone torride, tu es toujours sublime et sans limites ; tu es l'image de l'éternité, le trône de l'Invisible ; ta vase, féconde elle-même, produit les monstres de l'abîme. Chaque région t'obéit : tu t'avances terrible, impénétrable et solitaire.

LORD BYRON.

THÈME XCV.

BEAUTÉS GÉNÉRALES DE LA NATURE.

Il suffit de jeter un coup d'œil sur les harmonies générales de ce globe, pour être ravi d'admiration à la vue des merveilles de la nature. En ne nous arrêtant qu'à celles qui nous sont le mieux connues, voyez comme le soleil environne constamment de ses rayons une moitié de la terre, tandis que la nuit couvre l'autre de son ombre. Combien de contrastes et d'accords résultent de leurs oppositions versatiles ! Il n'y a pas un point des deux hémisphères où ne paraisse tour à tour une aube, un occident chargé de feux, et une nuit tantôt constellée, tantôt ténébreuse. Les saisons s'y donnent la main, comme les heures du jour. Le printemps, couronné de fleurs, y devance le char du soleil, l'été l'environne de ses moissons, et l'automne le suit avec sa corne chargée de fruits.

THÈME XCVI. (Suite.)

En vain l'hiver et la nuit, retirés sur les pôles du monde, veulent donner des bornes à sa magnifique carrière ; en vain, ils élèvent du sein des mers australes et boréales de nouveaux continents qui ont leurs vallées, leurs montagnes et leurs clartés : le père du jour renverse de ses feux ces ouvrages fantastiques, et, sans sortir de son trône, il reprend l'empire de l'univers. Rien n'échappe à sa valeur féconde. Du sein de l'Océan, il élève dans les airs les fleuves qui vont couler dans les deux mondes. Il ordonne aux vents de les distribuer sur les îles et sur les continents. Ces invisibles enfants de l'air les transportent sous mille formes capricieuses. Tantôt ils les étendent dans le ciel comme des voiles d'or et des pavillons de soie ; tantôt ils les roulent en forme d'horribles dragons et de lions rugissants, qui vomissent les feux du tonnerre. Ils les versent sur les montagnes d'autant de manières différentes, en rosées, en pluies, en grêles, en neiges, en torrents impétueux.

THÈME XCVII. (Suite.)

Quelque bizarres que paraissent leurs services, chaque partie de la terre n'en reçoit, tous les ans, que sa portion d'eau accoutumée. Chaque fleuve remplit son urne, et chaque Naïade sa coquille. Chemin faisant, ils déploient sur les plaines liquides de la mer la variété de leurs caractères : les uns rident à peine la surface de ses flots, les autres les roulent en ondes d'azur ; d'autres les bouleversent en mugissant, et couvrent d'écume les hauts promontoires.

THÈME XCVIII. (Suite.)

Chaque lieu a ses harmonies qui lui sont propres, et chaque lieu les présente tour à tour. Parcourez à votre gré un méridien ou un parallèle, vous y trouverez des montagnes à glace et des montagnes à feu, des plaines de toutes sortes de niveaux, des collines de toutes les courbures, des îles de toutes les formes, des fleuves de tous les cours; les uns qui jaillissent et semblent sortir du centre de la terre; d'autres qui se précipitent en cataractes et semblent tomber des nues. Cependant, ce globe agité de tant de mouvements, et chargé de poids en apparence si irréguliers, s'avance d'une course ferme et inaltérable à travers l'immensité des cieux.

BERNARDIN DE SAINT-PIERRE.

THÈME XCIX.

GOLFE DE BAYA.

En sortant des Champs-Élysées, je suis allé visiter les restes des temples de Vénus-Génitrix, de Diane, de Mercure, les débris des bains de Néron, les ruines d'une foule de maisons de campagne, d'étuves, où l'on trouvait la santé, de thermes où l'on trouvait mille délices, et surtout ces charmants rivages, où les zéphyrs, où la mer, où l'air, où tout détachait les esprits et les cœurs du joug des pensées austères; où parmi les chants voluptueux de voix et d'instruments efféminés, mêlés au souffle des zéphyrs et aux accents des oiseaux, venaient se perdre les accents des trompettes guerrières, qui, dans tous les pays du monde, célébraient les victoires de Rome, et en sollicitaient de nouvelles; où enfin, pendant que des généraux, des consuls, des empereurs chantaient, dansaient, soupiraient, toutes les nations essuyaient leurs larmes, et respiraient un moment.

THÈME C. (*Suite.*)

Oui, je conçois, au milieu de ces ruines, dans l'état même où sont ces rivages, que lorsque ces temples étaient entiers, qu'on y célébrait les fêtes et les mystères de Vénus, qu'on y sacrifiait à Mercure; que lorsque tous ces thermes, toutes ces étuves, tous ces bains, tous ces lieux de délices, de santé et de force, étaient incessamment fréquentés; que tous ces théâtres étaient remplis de l'élite des grands de Rome et des beautés de l'Italie; que ce golfe était couvert de voiles de pourpre, de banderoles flottantes et de mâts ornés de fleurs, qui emportaient et rapportaient sans cesse, sur une mer jonchée de roses, une jeunesse folâtre et brillante; qu'enfin, à l'heure où le soleil descendait des cieux dans la mer, à cette heure, la plus corrompue des heures de toute la soirée, lorsque tout s'abandonnait ici à la volupté, comme à une convenance même du soir et du lieu : oui, je conçois qu'alors ce fut un reproche à faire à Cicéron d'avoir une maison de campagne à Baye; que Sénèque, en voyageant, craignit d'y dormir une nuit.

THÈME CI. (*Suite.*)

Moi-même je trouve ce séjour, quoique tant changé par les siècles et les volcans, quoique désert, quoique couvert de ruines qui pendent, et tombent, et disparaissent incessamment dans les ondes, je le trouve encore dangereux; il me semble que cet air a retenu quelque chose de son ancienne corruption, dont il n'est pas épuré : je sens mes pensées s'amollir à ces aspects, à cette situation, à cette ombre vague, légère, qui successivement éteint dans le ciel, sur la mer, sur tous les sommets des arbres, les dernières lueurs du jour ; mes pensées s'amollissent surtout à ce silence qui se répand de moment en moment sur ce rivage, et du sein duquel s'élève par degrés le touchant concert du soir, composé du bruit mélancolique des rames qui sillonnent des flots éloignés, des bêlements des troupeaux répandus dans les montagnes, des ondes qui expirent en murmurant sur les rochers, du frémissement des feuilles des arbres, où les zéphyrs ne se reposent jamais ; enfin, de tous ces sons insensibles, épars au loin dans les cieux, sur les flots, sur la terre, qui forment en ce moment comme une voix incertaine, comme une respiration mélodieuse de la nature endormie !

DUPATY.

THÈME CII.

UNE VALLÉE DU LIBAN.

Un des plus beaux coups d'œil qu'il soit donné à l'homme de jeter sur l'œuvre de Dieu, c'est la vallée d'Hamana : elle est sous vos pieds ; elle commence par une gorge noire et profonde, creusée presque comme une grotte dans les plus hauts rochers et sous les neiges du Liban le plus élevé : on ne la distingue d'abord que par le torrent d'écume qui descend avec elle des montagnes, et trace, dans son obscurité, un sillon mobile et lumineux ; elle s'élargit insensiblement de degrés en degrés, comme son torrent, de cascade en cascade ; puis, tout à coup, se détournant vers le couchant, et formant un cadre gracieux et souple, comme un ruisseau qui entre dans un fleuve, ou qui devient fleuve lui-même, elle entre dans une plus large vallée, et devient vallée elle-même; elle s'étend dans une largeur moyenne d'une demi-lieue, entre deux chaînes de la montagne; elle se précipite vers la mer par une pente régulière et douce; elle se creuse ou s'élève en collines, selon les obstacles des rochers qu'elle rencontre dans sa course.

THÈME CIII. (Suite.)

Sur ces collines elle porte des villages séparés par des ravins, d'immenses plateaux entourés de noirs sapins, et dont les plates-formes cultivées portent un beau monastère; dans ces ravins, elle répand toutes les eaux de ses mille cascades, et les roule en écume étincelante et bruyante. Les flancs des deux parois du Liban qui là forment, sont couverts eux-mêmes d'assez beaux groupes de sapins, de couvents, et de beaux villages, dont la fumée bleue court sur leurs précipices. A l'heure où cette vallée m'apparut, le soleil se couchait sur la mer, et ses rayons, laissant les gorges et les ravins dans une obscurité mystérieuse, rasaient seulement les couvents, les toits des villages, les cimes des sapins et les têtes les plus hautes des rochers qui sortent du niveau des montagnes; les eaux étant grandes, tombaient de toutes les corniches des deux montagnes, et jaillissaient en écume de toutes les fentes des rochers, entourant de deux larges bras d'argent ou de neige la belle plate-forme qui soutient les villages, les couvents et les bois de sapins. Leur bruit, semblable à celui des tuyaux d'orgue dans une cathédrale, résonnait de partout, et assourdissait l'oreille.

THÈME CIV. (Suite.)

J'ai rarement senti aussi profondément la beauté spéciale des vues de montagnes ; beauté triste, grave et douce, d'une tout autre nature que les beautés de la mer ou des plaines ; — beauté qui recueille le cœur au lieu de l'ouvrir, et qui semble participer du sentiment religieux dans le malheur ; — recueillement mélancolique, — au lieu du sentiment religieux dans le bonheur ; expansion, amour et joie.

A chaque pas, sur les flancs de la corniche que nous suivions, les cascades tombent sur la tête du passant, ou glissent dans les interstices des rochers, rives qu'elles ont creusées, gouttières de ce toit sublime des montagnes, qui filtrent incessamment le long de ses pentes. Le temps était brumeux ; la tempête mugissait dans les sapins, et apportait, de moment en moment, des poussières de neige qui perçaient, en le colorant, le rayon fugitif du soleil de mars. Je me souviens de l'effet neuf et pittoresque que faisait le passage de notre caravane sur un des ravins de ces cascades.

THÈME CV. (Suite.)

Les flancs des rochers du Liban se creusaient tout à coup, comme une anse profonde de la mer entre les rochers ; un torrent, ralenti par quelques blocs de granit, remplissait de ses bouillons rapides et bruyants cette déchirure de la montagne ; la poudre de la cascade, qui tombait à quelques toises au-dessus, flottait au gré des vents sur les deux promontoires de terre aride et grise qui environnaient l'anse, et qui, s'inclinant tout à coup rapidement, descendaient au lit du torrent qu'il fallait passer; une corniche étroite, taillée dans le flanc de ces mamelons, était le seul chemin par où l'on pût descendre au torrent pour le traverser.

THÈME CVI. (*Suite.*)

On ne pouvait passer qu'un à un à la file sur cette corniche. J'étais un des derniers de la caravane : la longue file de chevaux, de bagages et de voyageurs qui descendait successivement dans le fond de ce gouffre, tournait et disparaissait complétement dans les ténèbres du brouillard des eaux, et reparaissait par degrés de l'autre côté et sur l'autre corniche du passage; d'abord vêtue et voilée d'une vapeur sombre, pâle et jaunâtre comme la vapeur du gouffre; puis, d'une vapeur blanche et légère comme l'écume d'argent des eaux; puis enfin éclatante et colorée par les rayons du soleil qui commençait à l'éclairer davantage, à mesure qu'elle remontait sur les flancs opposés; c'était une scène de l'enfer du Dante, réalisée à l'œil dans un des plus terribles cercles que son imagination eût pu inventer : mais qui est-ce qui est poëte devant la nature? Qui est-ce qui invente après Dieu?

LAMARTINE.

THÈME CVII.

L'ABBAYE DE WESTMINSTER.

La première fois que je visitai l'abbaye de Westminster, c'était par un grand vent; on eût dit que les nuages se déchiraient contre la toiture. Ce bruit mystérieux au-dessus de ma tête, et ce silence à mes pieds et autour de moi, me confondaient. J'ai senti quelque chose de pareil dans les bois, au pied des grands arbres, quand le vent qui s'élève commence à ébranler leurs cimes, et que l'herbe d'en bas n'est même pas courbée. Mais au milieu d'une grande nef, entouré de huit siècles de tombes, homme petit et faible devant un ouvrage immense fait de la main des hommes, esprit perdu de doutes et d'incertitudes, en présence de deux religions qui ont remué profondément l'espèce humaine, j'ai éprouvé bien plus vivement ce singulier état où la pensée paraît cesser, et où il semble que le pouls ne bat plus. Chose étrange, qu'il faille de si grands spectacles pour tromper l'esprit d'un homme et pour suspendre un moment sa pensée si chétive et si indocile !

THÈME CVIII. (*Suite.*)

Le catholicisme avait bâti cette grande église pour une grande religion, pour que tout un peuple y vînt entendre la parole de Dieu chantée de toute la force de la voix humaine. Le protestantisme, en s'emparant de Westminster, l'a rétréci pour les chants des femmes et d'enfants de chœur, pour les prédications devant un petit auditoire, pour cette poignée de fidèles auxquels le ministre lit la prière d'une voix grave et posée, sans accent, sans vibration. On a coupé par la moitié la nef du vieux temple, et on y a fait une enceinte avec des planches, avec des sièges et des banquettes pour une centaine de fidèles ; l'autre moitié est vide. La terre consacrée commence à cette misérable clôture de menuiserie qui a été faite pour la pourriture, tandis que les murs, qui ont été faits pour l'éternité et par les mains des générations, ne sont ni sacrés ni profanes, si ce n'est que des rangées de tombeaux en font un objet de vénération pour le voyageur.

THÈME CIX. (*Suite.*)

Les tombeaux de Westminster ne montrent pas moins vivement la lutte des deux religions dans la même église. C'est le catholicisme qui l'a bâti ; c'est encore le catholicisme qui déploie sur les tombeaux le plus grand caractère. Je n'entends pas parler ici de l'art ; il y a des coups de ciseau plus habiles dans les monuments du protestantisme ; il n'y a souvent dans ceux-là que la foi, souvent sans art ; mais on y sent une force de main-d'œuvre, et je ne sais quelle certitude d'une autre vie qui remuent profondément. Ces effigies des rois de la race normande, couchés tout armés sur la pierre de la tombe, les mains jointes, toutes dans la même attitude, toutes conçues dans la même idée, quoique les siècles aient apporté quelques perfectionnements dans l'exécution ; ces femmes, ces enfants, ces fidèles serviteurs qui sont rangés autour du tombeau, à genoux, les mains jointes comme celles de la mort, qui ne pleurent point, mais qui prient, parce que les larmes passent et non la foi, et que l'homme peut plutôt prier que pleurer toujours ; tous ces personnages qui représentent le drame de la mort, mais qui ne le jouent pas comme cela se voit dans certains monuments du protestantisme ; toute cette naïveté d'un art dont les maîtres n'étaient que simples ouvriers, exerce un singulier empire sur l'esprit et sur le cœur.

THÈME CX. (Suite.)

Ce sont bien là des morts qu'on a voulu faire ; il y a bien dans ces membres la raideur du cadavre : rien ne bat plus sous cette armure ; ces yeux sont fermés pour ne plus se rouvrir ; le tombeau est scellé, tout est fini ; mais l'artiste a mis dans ces mains jointes et tendues vers le ciel une pensée, la pensée qu'avait le défunt avant de rendre son âme à Dieu, celle qui inspirait l'artiste et qui le dédommageait souvent de ses travaux, celle qu'avaient les serviteurs et les enfants du mort, et ce peuple qui avait suivi les funérailles, et ces prêtres qui répandaient de l'eau bénite sur ses restes ; — la pensée que Dieu se laisse désarmer par la prière.

Dans les tombeaux du protestantisme, l'unité disparaît ; c'est la divinité d'un Musée. Il y a des bustes, il y a des emblèmes, il y a des statues. Ce n'est plus la pensée religieuse, c'est le caprice, c'est la vanité qui fournissent l'idée d'un monument ; c'est l'art sans la foi qui l'exécute. On ne pense plus à la prière ; on donne aux morts des attitudes dramatiques : les uns sont encore menaçants, les autres vous sourient ; en voici un qui joue un rôle ; en voici un autre qui expire avec grâce. J'en ai vu qui montaient au ciel entourés de nuages, d'autres qui haranguaient le parlement. Il n'y a pas que des rois et des grands hommes dans cette abbaye. Shakspeare y occupe moins de place que lady Nightingale. Georges Canning et M. Pitt sont chacun sous une dalle avec leur nom dessus.

THÈME CXI. (Suite.)

Ceux auxquels ce nom ne dit pas assez ne sont pas en position ou ne méritent pas d'en connaître plus. Laissez tout ce train d'épitaphes et tout cet étalage de titres à ceux qui n'ont pu faire savoir leur vie que par leur mort. C'est assez d'une pierre et d'un nom pour les hommes célèbres, puisque la foi n'est plus là pour les coucher sur la tombe et joindre leurs mains, afin de montrer qu'ils n'ont eu de valeur que par la prière; il faut charger l'histoire de l'épitaphe et du monument, et ne pas étouffer, sous des travaux de maçonnerie, l'impression profonde que fait sur l'âme toute une grande histoire tenant sous une dalle de six pieds.

THÈME CXII. (*Suite.*)

Toute cette profusion de tombeaux ne donne pas l'idée de la mort. Une fosse fraîchement creusée, un cercueil duquel on ôte le drap noir, la pelletée de terre qu'on y jette, touchent bien plus vivement. La mort, comme idée collective, n'inspire que des déclamations et ne donne pas de tristesse réelle; au contraire, plus on est près du cadavre, plus cette idée est vive et douloureuse.   NISARD.

THÈME CXIII.

TABLEAU DE L'ÉGYPTE.

J'arrivai en Égypte dans le temps de l'inondation du Nil. C'est un spectacle que l'on ne peut concevoir lorsqu'on ne l'a pas vu. Les murs des villes, les maisons des habitants, les édifices publics, les templés des dieux, sont battus par les flots paisibles du fleuve devenu en quelque sorte l'Egypte elle-même. Je ne vous dirai point les travaux inouïs qui ont été exécutés pour parvenir à régulariser les bienfaits de cette inondation merveilleuse, à produire une égale distribution des eaux, à prévenir les inconvénients d'une crue trop rapide ou trop lente, trop abondante ou trop mesurée ; enfin pour guider le décroissement du Nil, lorsqu'il veut rentrer dans ses limites, et pour empêcher que le sol fécondé par lui ne devienne un vaste marais insalubre.

THÈME CXIV. (Suite.)

Il a fallu creuser des canaux, élever des digues, former de vastes lacs, semblables à des mers contenues par d'indestructibles rivages : travaux incroyables qui confondent l'imagination. Nulle part, vous le savez, la puissance de l'homme n'a été manifestée comme en Egypte. Cette terre, conquête savante d'une industrie tout humaine, commença, dit-on, par n'être qu'une ligne étroite de huttes de roseaux, confusément construites pour servir d'abri à de misérables pêcheurs. Auparavant l'hippopotame y régnait en paix ; le crocodile, tyran sans partage d'alluvions immenses, s'endormait avec sécurité, et son réveil seul répandait la terreur parmi les animaux qui habitaient cette contrée limoneuse.

THÈME CXV. (Suite.)

Vous avez souvent ouï parler des pyramides qui surchargent cette terre limoneuse, devenue la terre des merveilles, contrée soumise à des dynasties de dieux avant d'avoir fléchi sous des dynasties de rois ; on vous a parlé de ces temples, de ces obélisques, de ces palais, de mille prodiges qui ne laissent jamais reposer l'admiration ; mais ce qui étonne le plus, c'est que tout est symbolique, et qu'on a de suite un sentiment indéfinissable de ces créations symboliques, marque véritable d'une intelligence peut-être divine en effet. La langue présente un sens mystérieux et un sens littéral, un sens caché et un sens superficiel ; les monuments sont eux-mêmes toute une langue emblématique. Les apparences voilent toujours des réalités.

THÈME CXVI. (Suite.)

Le Nil aussi, père de l'Égypte, par le secret dont il couvre sa source ignorée, paraît être une image rapide et vivante des traditions qui se perdent dans la nuit des temps. On dirait qu'avec sa vase féconde il roule toutes les lois de l'allégorie. L'étranger qui arrive pour la première fois dans une ville d'Égypte subit déjà une sorte d'initiation par le vertige que lui fait éprouver un spectacle si nouveau ; il serait disposé à soupçonner que la multitude qui s'écoule autour de lui est chargée de remplir à son égard quelque chose des fonctions de l'hiérophante. Les lignes d'un édifice ne sont jamais calculées pour produire la beauté, mais pour contenir un enseignement ; néanmoins la réunion de ces lignes présente un emblème qui va bien au delà du beau, et qui élève l'âme jusqu'à l'idée du sublime. Ce que vous trouverez dans les édifices publics, vous le trouvez encore dans les maisons des plus simples habitants.

THÈME CXVII. (*Suite.*)

L'Égyptien, façonné par ce qu'il voit, par ce qui l'environne, met une intention allégorique dans tout ce qu'il fait. Les usages quelquefois les plus ordinaires et les plus indifférents sont déterminés par des lois qui ont de hautes raisons. L'existence dans la variété de ses modes et de ses actes est transformée tout entière en une allégorie mobile et fugitive, de la même manière que les hommes sont une allégorie fixe et stable ; de la même manière encore que le temps est une image de l'éternité.

THÈME CXVIII. (*Suite.*)

Le culte et le gouvernement de ce peuple extraordinaire sont empreints de ce caractère allégorique. Là tous les commandements de l'autorité sont pressentis plutôt que promulgués. Un ordre part toujours de derrière un nuage, la loi est un décret inconnu, et la justice s'explique par le mystère. Toute volonté, qu'elle soit celle du père de famille, ou celle du magistrat, ou celle du prince, ou celle du prêtre, toute volonté ressemble dans l'expression à la règle imployable du destin. Les formules sont des axiomes sacrés, qui exigent une obéissance aveugle. Il y a une police vigilante, redoutable et protectrice en même temps, qui épie toutes vos actions, sans troubler, en aucune manière, l'exercice de votre liberté. On dirait qu'une puissance inaccessible aux sens est toujours assise à vos côtés, ou pour vous garantir de quelque piège, ou pour vous retenir sur les bords d'un précipice ; elle marche avec vous, et produit une sorte de terreur continue dont vous ne pouvez vous défendre. Nulle part, dans nulle circonstance, vous ne sentez l'action du gouvernement; et néanmoins une muette appréhension vous avertit que vous en êtes enveloppé comme d'un réseau dont il vous serait impossible de vous affranchir.

THÈME CXIX. (*Suite.*)

Lorsque vous êtes seul, il vous semble que des yeux invisibles vous suivent en l'absence de tout témoin, et veillent sur vous à votre insu. Vous osez à peine penser, car vous croyez que ces murs mystérieux retiendraient non-seulement les paroles que vous profèreriez, mais encore les pensées que vous recélez dans votre sein. Ces défiances si importunes étaient fortifiées en moi par une muette solennité de toutes choses, et par le triste bruissement des eaux.

THÈME CXX. (*Suite.*)

Dans les villes des autres contrées, du moins c'est ainsi que l'on représente celles de l'Orient, vous trouvez une foule émue, qui va, vient, se presse, s'agite; vous entendez des voix humaines, des cris de bêtes de somme, des roulis de machines, des mouvements de chars. En Égypte, des villes dont vous pourriez à peine concevoir l'étendue, on les traverse au sein d'un vaste silence, ou au milieu d'un retentissement successif et prolongé, comme lorsque l'on entend, du sommet des montagnes, les bruits insaisissables des profondes vallées. Et ce vaste silence n'est interrompu que par les sourds froissements d'une onde captive se balançant sur elle-même, ou flottant contre les hautes murailles noires ; par les sons uniformes d'une multitude de nacelles dont les rames frappent à coups égaux sur la surface du fleuve; et par les cris des nautoniers se dirigeant, s'interpellant, s'évitant les uns les autres.

THÈME CXXI. (*Suite.*)

Cet aspect ébranle toutes les pensées, renverse toutes les convictions les plus intimes : on dirait que l'on glisse au travers d'un monde fantastique. Et lorsque l'on entre dans l'intérieur de toutes ces villes submergées, lorsque l'on entre dans ces maisons silencieuses, baignées par les eaux ; lorsque l'on fréquente les lieux d'assemblées, les temples magnifiques ; lorsque l'on assiste aux cérémonies de la religion, je ne sais quel sentiment du vague et de l'infini vient vous saisir. Vous allez, faisant des découvertes, dans une région créée par un rêve.

THÈME CXXII. (*Suite.*)

Quelquefois cependant ce royaume de l'immobilité, ce rêve qui est devenu un monde réel, est animé par les acclamations de la multitude répandue sur les barques innombrables, les jours de fête, ou de grandes réunions commerciales; mais ces acclamations mesurées et unanimes ont quelque chose d'indécis, de grave, de calme, qui ressemble au plus monotone silence. Ce sont toujours des cris répétés un nombre déterminé de fois, ou des chants alternatifs et parallèles entre eux. Alors un délaissement immense et sans bornes s'emparait de moi tout entier. J'étais ce que serait un homme exilé sur un rocher perdu au milieu des vastes mers. Aucun parfum de la terre, aucun son de la vie n'arriverait jusqu'à lui : il n'aurait devant ses yeux que le spectacle imposant des eaux illimitées, et sa vue planerait jusqu'à l'horizon, sans pouvoir s'arrêter nulle part. L'image si vive, si animée de la Grèce, toute brillante de jeunesse, de grâce, de beauté, se présentait à mon imagination, et troublait mon cœur. Je regrettais jusqu'à ces âpres rivages de la Thrace, où les tempêtes elles-mêmes et les orages ont une voix qui est comprise.

BALLANCHE.

THÈME CXXIII.

TABLEAU DE LA VIE MARITIME.

Il est difficile aux personnes qui n'ont jamais navigué de se faire une idée des sentiments qu'on éprouve lorsque, du bord d'un vaisseau, on n'aperçoit de toutes parts que la face sérieuse et menaçante de l'abîme. Il y a dans la vie périlleuse d'un marin une indépendance qui tient de l'absence de la terre ; on laisse sur le rivage les passions des hommes ; entre le monde que l'on quitte et celui que l'on cherche, on n'a pour amour et pour patrie que l'élément sur lequel on est porté. Plus de devoirs à remplir, plus de visites à rendre, plus de journaux, plus de politique. La langue même du matelot n'est pas la langue ordinaire ; c'est une langue telle que la parlent l'océan et le ciel, le calme et la tempête. Vous habitez un univers d'eau parmi des créatures dont le vêtement, les goûts, les manières, le visage, ne ressemblent point aux peuples autochthones; elles ont la rudesse du loup marin et la légèreté de l'oiseau. On ne voit plus sur leur front les soucis de la société; les rides qui les traversent ressemblent aux plissures de la voile diminuée, et sont moins creusées par l'âge que par la bise, ainsi que dans les flots. La peau imprégnée de sel de ces créatures, est rouge et rigide comme la surface de l'écueil battu de la lame.

THÈME CXXIV. (Suite.)

Les matelots se passionnent pour leur navire; ils pleurent de regret en le quittant, de tendresse en le retrouvant. Ils ne peuvent rester dans leurs familles : après avoir juré cent fois qu'ils ne s'exposeraient plus à la mer, il leur est impossible de s'en passer.

Dans les docks de Londres et de Plimouth, il n'est pas rare de trouver des *sailors* nés sur des vaisseaux; depuis leur naissance jusqu'à leur vieillesse, ils ne sont jamais descendus au rivage; ils n'ont vu la terre que du bord de leur berceau flottant, spectateurs du monde où ils ne sont jamais entrés. Dans cette vie réduite à un si petit espace, sous les nuages et sur les abîmes, tout s'anime pour le marinier : une ancre, une voile, un mât, un canon, sont des personnages qu'on affectionne et qui ont chacun leur histoire.

THÈME CXXV. (Suite.)

La voile fut déchirée sur la côte du Labrador; le maître voilier lui mit la pièce que vous voyez. — L'ancre sauva le vaisseau quand il eut chassé sur ses autres ancres, au milieu des coraux des îles Sandwich;

— Le mât fut rompu dans une bourrasque au cap de Bonne-Espérance : il n'était que d'un seul jet ; il est beaucoup plus fort depuis qu'il est composé de deux pièces. — Le canon est le seul qui ne fut pas démonté au combat de la Chesapeak. — Les nouvelles du bord sont les plus intéressantes : on vient de jeter le loch ; le navire file dix nœuds. — Le ciel est clair à midi ; on a pris hauteur : on est à telle latitude. — On a fait le point : il y a tant de lieues gagnées en bonne route.

THÈME CXXVI. (Suite.)

La déclinaison de l'aiguille est de tant de degrés ; on s'est élevé au nord. — Le sable des sabliers passe mal ; on aura de la pluie. — On a remarqué des procellarias autour du vaisseau ; on essuiera un grain. — Des poissons volants se sont montrés au sud : le temps va calmer. — Une éclaircie s'est formée à l'ouest dans les nuages : c'est le pied du vent ; demain le vent soufflera de ce côté. — L'eau a changé de couleur ; on a vu flotter du bois et des goëmons ; on a aperçu des mouettes et des canards ; un petit oiseau est venu se percher sur les vergues : il faut mettre le cap en dehors, car on approche de terre, et il n'est pas bon de l'accoster la nuit.

THÈME CXXVII. (Suite.)

Dans l'épinette il y a un coq favori et pour ainsi dire sacré, qui survit à tous les autres ; il est fameux pour avoir chanté pendant un combat, comme dans la cour d'une ferme au milieu de ses poules. Sous les ponts habite un chat : peau verdâtre zébrée, queue pelée, moustaches de crin, ferme sur ses pattes, opposant le contre-poids au tangage et le balancier au roulis ; il a fait deux fois le tour du monde, et s'est sauvé d'un naufrage sur un tonneau. Les mousses donnent au coq du biscuit trempé dans du vin, et le matou a le privilége de dormir, quand il lui plaît, dans le vitchoura du second capitaine.

Le vieux matelot ressemble au vieux laboureur ; leurs moissons sont différentes, il est vrai : le matelot a mené une vie errante, le laboureur n'a jamais quitté son champ ; mais ils connaissent également les étoiles, et prédisent l'avenir en creusant leurs sillons. A l'un l'alouette, le rouge-gorge, le rossignol ; à l'autre la procellaria, le courlis, l'alcyon, leurs prophètes. Ils se retirent le soir, celui-ci dans sa cabine, celui-là dans sa chaumière ; frêles demeures où l'ouragan qui les ébranle n'agite point des consciences tranquilles.

THÈME CXXVIII. (*Suite.*)

Le matelot ne sait où la mort le surprendra, à quel bord il laissera sa vie, casaque usée : peut-être, quand il aura mêlé au vent son dernier soupir, sera-t-il lancé au sein des flots, attaché sur deux avirons pour continuer son voyage ; peut-être sommeillera-t-il enterré dans un îlot désert que l'on ne retrouvera jamais, ainsi qu'il a dormi isolé dans son hamac, au milieu de l'Océan.

Le vaisseau seul est un spectacle : sensible au plus léger mouvement du gouvernail, hippogriffe ou coursier ailé, il obéit à la main du pilote, comme un cheval à la main du cavalier. L'élégance des mâts et des cordages, la légèreté des matelots qui voltigent sur les vergues, les différents aspects dans lesquels se présente le bâtiment, soit qu'il vogue penché par un autan contraire, soit qu'il fuie droit devant un aquilon favorable, font de cette machine savante une des merveilles du génie de l'homme. Tantôt la lame et son écume brisent et rejaillissent contre la carène ; tantôt l'onde paisible se divise sans résistance devant la proue. Les pavillons, les flammes, les voiles, achèvent la beauté de ce palais de Neptune : les plus basses voiles déployées dans leur largeur, s'arrondissent comme de vastes cylindres ; les plus hautes, comprimées dans leur milieu, ressemblent aux mamelles d'une sirène. Animé d'un souffle impétueux, un navire avec sa quille, comme avec le soc d'une charrue, laboure à grand bruit le champ des mers.

THÈME CXXIX. (Suite.)

Sur ce chemin de l'Océan, le long duquel on n'aperçoit ni arbres, ni villages, ni villes, ni tours, ni clochers, ni tombeaux ; sur cette route sans colonnes, sans pierres milliaires, qui n'a pour bornes que les vagues, pour relais que les vents, pour flambeaux que les astres, la plus belle des aventures, quand on n'est pas en quête de terres et de mers inconnues, est la rencontre de deux vaisseaux : on se découvre mutuellement à l'horizon avec la longue-vue ; on se dirige les uns vers les autres. Les équipages et les passagers s'empressent sur le pont. Les deux bâtiments s'approchent, hissent leur pavillon, carguent à demi leurs voiles, se mettent en travers. Quand tout est silence, les deux capitaines, placés sur le gaillard d'arrière, se hèlent avec le porte-voix : «Le nom du navire? de quel port? le nom du capitaine? d'où vient-il? combien de jours de traversée? la latitude et la longitude ? Adieu...! » On lâche le ris, la voile retombe.

THÈME CXXX. (*Suite.*)

Les matelots et les passagers des deux vaisseaux se regardent fuir sans mot dire ; les uns vont chercher le soleil de l'Asie, les autres le soleil de l'Europe, qui les verront également mourir. Le temps emporte et sépare les voyageurs sur la terre plus promptement encore que le vent ne les emporte et ne les sépare sur l'Océan ; on se fait signe de loin : *Adieu, va!* Le port commun est l'éternité.

CHATEAUBRIAND.

THÈME CXXXI.

VUE DE JÉRUSALEM.
L'ÉGLISE DU SAINT-SÉPULCRE.

Après avoir gravi une haute montagne, l'horizon s'ouvre tout à coup et laisse voir l'espace qui s'étend entre les derniers sommets de la Judée et de la haute chaîne des montagnes d'Arabie. Cet espace est inondé déjà de la lumière ondoyante et vaporeuse du matin ; après les collines inférieures qui sont sous nos pieds, roulées et brisées en blocs de roches grises et concassées, l'œil ne distingue plus rien que cet espace éblouissant et si semblable à une vaste mer, que l'illusion fut pour nous complète, et que nous crûmes discerner ces intervalles d'ombre foncée, et de plaques mates et argentées, que le jour naissant fait briller ou fait assombrir sur une mer calme.

THÈME CXXXII. (*Suite.*)

Sur les bords de cet océan imaginaire, un peu sur la gauche de notre horizon, et environ à une lieue de nous, le soleil brillait sur une tour carrée, sur un minaret élevé et sur les larges murailles jaunes de quelques édifices qui couronnent le sommet d'une colline basse, et dont la colline même nous dérobait la base: mais à quelques pointes de minarets, à quelques créneaux de murs plus élevés, et à la cime noire et bleue de quelques dômes qui pyramidaient derrière la tour et le grand minaret, on reconnaissait une ville dont nous ne pouvions découvrir que la partie la plus élevée, et qui descendait le long des flancs de la colline: ce ne pouvait être que Jérusalem; nous nous en croyions plus éloignés encore, et chacun de nous, sans oser rien demander au guide, de peur de voir son illusion détruite, jouissait en silence de ce premier regard, jeté à la dérobée sur la ville, et tout m'inspirait le nom de Jérusalem! C'était elle: elle se détachait en jaune sombre et mat, sur le fond bleu du firmament et sur le fond noir du mont des Oliviers.

THÈME CXXXIII. (*Suite.*)

Nous arrêtâmes nos chevaux pour la contempler dans cette mystérieuse et éblouissante apparition. Chaque pas que nous avions à faire, en descendant dans les vallées profondes et sombres qui étaient sous nos pieds, allait de nouveau la dérober à nos yeux : derrière ces hautes murailles et ces dômes abaissés de Jérusalem, une haute et large colline s'élevait en seconde ligne, plus sombre que celle qui portait et cachait la ville : cette seconde colline bordait et terminait pour nous l'horizon. Le soleil laissait dans l'ombre son flanc occidental, mais rasant de ses rayons verticaux sa cime, semblable à une large coupole, il paraissait faire nager son sommet transparent dans la lumière, et l'on ne reconnaissait la limite indécise de la terre et du ciel, qu'à quelques arbres larges et noirs, plantés sur le sommet le plus élevé, et à travers lesquels le soleil faisait passer ses rayons ; c'était la montagne des Oliviers ; c'étaient ces oliviers eux-mêmes, vieux témoins de tant de jours écrits sur la terre et dans le ciel, arrosés de larmes divines, de la sueur de sang, et de tant d'autres larmes, et de tant d'autres sueurs, depuis la nuit qui les a rendus sacrés.

THÈME CXXXIV. (Suite.)

Je m'écartai de la caravane et je m'assis un moment pour me recueillir. Je n'avais sous les yeux que le ravin profond et déchiré du Cédron et les cimes de quelques autres oliviers qui couvrent en cet endroit toute la largeur de la vallée de Josaphat. Nul bruit ne s'élevait du lit du torrent à sec, nulle feuille ne frémissait sur l'arbre : je fermai un moment les yeux, je me reportai en pensée à cette nuit, veille de la rédemption du genre humain, où le messager divin avait bu jusqu'à la lie le calice de l'agonie, avant de recevoir la mort de la main des hommes, pour salaire de son céleste message. Je demandai ma part de ce salut qu'il était venu apporter au monde à un si haut prix ; je me représentai l'océan d'angoisses qui dut inonder le cœur du Fils de l'Homme quand il contempla d'un seul regard toutes les misères, toutes les ténèbres, toutes les amertumes, toutes les vanités, toutes les iniquités du sort de l'homme ; quand il voulut soulever seul ce fardeau de crimes et de malheurs sous lequel l'humanité tout entière passe courbée et gémissante dans cette étroite vallée de larmes ; quand il comprit qu'on ne pouvait apporter même une vérité et une consolation nouvelle à l'homme qu'au prix de sa vie ; quand, reculant d'effroi devant l'ombre de la mort qu'il sentait déjà sur lui, il dit à son Père : « Que ce calice passe loin de moi ! »

THÈME CXXXV. (Suite.)

Et moi, homme misérable, ignorant et faible, je pourrais donc m'écrier aussi au pied de l'arbre de la faiblesse humaine : Seigneur ! que tous ces calices d'amertume s'éloignent de moi et soient reversés par vous dans ce calice déjà bu pour nous tous ! — Lui, avait la force de le boire jusqu'à la lie, — il vous connaissait, il vous avait vu ; il savait pourquoi il allait boire ; il savait quelle vie immortelle l'attendait au fond de son tombeau de trois jours ; — mais moi, Seigneur, que sais-je, si ce n'est la souffrance qui brise mon cœur, et l'espérance qu'il m'a apprise ?

THÈME CXXXVI. (Suite.)

Je me relevai, et j'admirai combien ce lieu avait été divinement prédestiné et choisi pour la scène la plus douloureuse de la passion de l'Homme-Dieu. C'était une vallée étroite, encaissée, profonde ; fermée au nord par des hauteurs sombres et nues qui portaient les tombeaux des rois ; ombragée à l'ouest par l'ombre des murs sombres et gigantesques d'une ville d'iniquités ; couverte à l'orient par la cime de la montagne des Oliviers, et traversée par un torrent qui roulait ses ondes amères et jaunâtres sur les rochers brisés de la vallée de Josaphat. A quelques pas de là, un rocher noir et nu se détache, comme un promontoire, du pied de la montagne, et, suspendu sur le Cédron et sur la vallée, porte quelques vieux tombeaux des rois et des patriarches, taillés en architecture gigantesque et bizarre, et s'élance, comme le pont de la mort, sur la vallée des lamentations !

THÈME CXXXVII. (Suite.)

A cette époque, sans doute, les flancs, aujourd'hui demi-nus, de la montagne des Oliviers étaient arrosés par l'eau des piscines et par les flots encore coulants du Cédron. Des jardins de grenadiers, d'orangers et d'oliviers couvraient d'une ombre plus épaisse l'étroite vallée de Gethsémani, qui se creuse, comme un nid de douleur, dans le fond le plus rétréci et le plus ténébreux de celle de Josaphat. L'homme d'opprobre, l'homme de douleur, pouvait s'y cacher comme un criminel, entre les racines de quelques arbres, entre les rochers du torrent, sous les triples ombres de la ville, de la montagne et de la nuit ; il pouvait entendre de là les pas secrets de sa mère et de ses disciples qui passaient sur le chemin en cherchant leur fils et leur maître ; les bruits confus, les acclamations stupides de la ville qui s'élevaient au-dessus de sa tête pour se réjouir d'avoir vaincu la vérité et chassé la justice ; et le gémissement du Cédron qui roulait ses ondes sous ses pieds, et qui bientôt allait voir sa ville renversée et ses sources brisées par la ruine d'une nation coupable et aveugle. Le Christ pouvait-il mieux choisir le lieu de ses larmes? pouvait-il arroser de la sueur de sang une terre plus labourée de misères, plus abreuvée de tristesses, plus imbibée de lamentations?

THÈME CXXXVIII. (Suite.)

Après avoir descendu quelques rues dans l'enceinte de la ville, nous nous trouvâmes sur une petite place, ouverte au nord sur un coin du ciel et de la colline des Oliviers; à notre gauche, quelques marches à descendre nous conduisirent sur un parvis découvert. La façade de l'église du Saint-Sépulcre donnait sur ce parvis. L'église du Saint-Sépulcre a été tant et si bien décrite, que je ne la décrirai pas de nouveau. C'est, à l'extérieur surtout, un vaste et beau monument de l'époque byzantine; l'architecture en est grave, solennelle, grandiose et riche, pour le temps où elle fut construite; c'est un digne pavillon jeté par la piété des hommes sur le tombeau du fils de l'homme. A comparer cette église avec ce que le même temps a produit, on la trouve supérieure à tout. Sainte-Sophie, bien plus colossale, est bien plus barbare dans sa forme; ce n'est au dehors qu'une montagne de pierres flanquée de collines de pierres; le Saint-Sépulcre, au contraire, est une coupole aérienne et ciselée, où la taille savante et gracieuse des portes, des fenêtres, des chapiteaux et des corniches, ajoute à la masse l'inestimable prix d'un travail habile, où la pierre est devenue dentelle pour être digne d'entrer dans ce monument élevé à la plus grande pensée humaine ; où la pensée même qui l'a élevé est écrite dans les détails comme dans l'ensemble de l'édifice.

THÈME CXXXIX. (Suite.)

Il est vrai que l'église du Saint-Sépulcre n'est pas telle aujourd'hui que sainte Hélène, mère de Constantin, la construisit ; les rois de Jérusalem la retouchèrent et l'embellirent des ornements de cette architecture semi-moresque, dont ils avaient trouvé le goût et les modèles en Orient. Mais telle qu'elle est maintenant à l'extérieur, avec cette masse byzantine et ses décorations grecques, gothiques et arabesques, avec les déchirures mêmes, stigmates du temps et des barbares, qui restent imprimées sur sa façade, elle ne fait point contraste avec la pensée qu'elle exprime ; on n'éprouve pas, à son aspect, cette pénible impression d'une grande idée mal rendue, d'un grand souvenir profané par la main des hommes : au contraire, on se dit involontairement : Voilà ce que j'attendais. L'homme a fait ce qu'il a pu de mieux. Le monument n'est pas digne du tombeau, mais il est digne de cette race humaine qui a voulu honorer ce grand sépulcre, et l'on entre dans le vestibule voûté et sombre de la nef, sous le coup de cette première et grave impression.

THÈME CXL. (Suite.)

Après un moment de méditation profonde et silencieuse, nous descendîmes dans l'enceinte de l'église, et nous pénétrâmes dans le monument intérieur qui sert de rideau, de pierre ou d'enveloppe au tombeau même ; il est divisé en deux petits sanctuaires : dans le premier se trouve la pierre où les anges étaient assis quand ils répondirent aux saintes femmes : *Il n'est plus là, il est ressuscité ;* le second et dernier sanctuaire renferme le Sépulcre, recouvert encore d'une espèce de sarcophage de marbre blanc qui entoure et cache entièrement à l'œil la substance même du rocher primitif dans lequel le Sépulcre était creusé. Des lampes d'or et d'argent, alimentées éternellement, éclairent cette chapelle, et des parfums y brûlent nuit et jour ; l'air qu'on y respire est tiède et embaumé ; nous y entrâmes un à un, séparément, sans permettre à aucun des desservants du temple d'y pénétrer avec nous, et séparés par un rideau de soie cramoisie du premier sanctuaire.

THÈME CXLI. (*Suite.*)

Nous ne voulions pas qu'aucun regard troublât la solennité du lieu ni l'intimité des impressions qu'il pouvait inspirer à chacun selon sa pensée et selon la mesure et la nature de sa foi dans le grand événement que ce tombeau rappelle ; chacun de nous y resta environ un quart d'heure, et nul n'en sortit les yeux secs. Quelle que soit la forme que les méditations intérieures, la lecture de l'histoire, les années, les vicissitudes du cœur et de l'esprit de l'homme, aient donnée au sentiment religieux dans son âme, toujours est-il que le christianisme est la religion de ses souvenirs, de son cœur et de son imagination ; qu'il ne s'est pas tellement évaporé au vent du siècle et de la vie, que l'âme où on le versa n'en conserve la première odeur, et que l'aspect des lieux et des monuments visibles de son premier culte ne rajeunisse en lui ses impressions, et ne l'ébranle d'un solennel frémissement.

THÈME CXLII. (*Suite.*)

Pour le chrétien ou pour le philosophe, pour le moraliste ou pour l'historien, ce tombeau est la borne qui sépare deux mondes, le monde ancien et le monde nouveau ; c'est le point de départ d'une idée qui a renouvelé l'univers, d'une civilisation qui a tout transformé, d'une parole qui a retenti sur tout le globe : ce tombeau est le sépulcre du vieux monde et le berceau du monde nouveau ; aucune pierre ici-bas n'a le fondement d'un si vaste édifice ; aucune tombe n'a été si féconde ; aucune doctrine ensevelie trois jours ou trois siècles n'a brisé d'une manière aussi victorieuse le rocher que l'homme avait scellé sur elle, et n'a donné un démenti à la mort par une si éclatante et si perpétuelle résurrection !

THÈME CXLIII. (*Suite.*)

J'entrai à mon tour et le dernier dans le Saint-Sépulcre, l'esprit assiégé de ces idées immenses, le cœur ému d'impressions plus intimes, qui restent mystère entre l'homme et son âme, entre l'insecte pensant et le Créateur : ces impressions ne s'écrivent point ; elles s'exhalent avec la fumée des lampes pieuses, avec les parfums des encensoirs, avec le murmure vague et confus des soupirs ; elles tombent avec les larmes qui viennent aux yeux au souvenir des premiers noms que nous avons balbutiés dans notre enfance, du père et de la mère qui nous les ont enseignés, des frères, des sœurs, des amis avec lesquels nous les avons murmurés; toutes les impressions pieuses qui ont remué notre âme à toutes les époques de la vie, toutes les prières qui sont sorties de notre cœur et de nos lèvres au nom de celui qui nous apprit à prier son père et le nôtre; toutes les joies, toutes les tristesses de la pensée dont ces prières furent le langage, se réveillent au fond de l'âme, et produisent, par leur retentissement, par leur confusion, cet éblouissement de l'intelligence, cet attendrissement du cœur qui ne cherchent point des paroles, mais qui se résolvent dans des yeux mouillés, dans une poitrine oppressée, dans un front qui s'incline et dans une bouche qui se colle silencieusement sur la pierre d'un sépulcre.

THÈME CXLIV. (Suite).

Je restai longtemps ainsi, priant le Ciel, le Père, là, dans le lieu même où la plus belle des prières monta pour la première fois vers le ciel; priant pour mon père ici-bas, pour ma mère dans un autre monde, pour tous ceux qui sont ou qui ne sont plus, mais avec qui le lien invisible n'est jamais rompu; la communion de l'amour existe toujours; le nom de tous les êtres que j'ai connus, aimés, dont j'ai été aimé, passa de mes lèvres sur la pierre du Saint-Sépulcre. Je ne priai qu'après, pour moi-même; ma prière fut ardente et forte: je demandai de la vérité et du courage devant le tombeau de celui qui jeta le plus de vérité dans ce monde, et mourut avec le plus de dévouement à cette vérité dont Dieu l'avait fait le verbe; je me souviendrai à jamais des paroles que je murmurai dans cette heure de crise pour ma vie morale. Peut-être fus-je exaucé : une grande lumière de raison et de conviction se répandit dans mon intelligence et sépara plus clairement le jour des ténèbres, les erreurs des vérités; il y a des moments dans la vie où les pensées de l'homme, longtemps vagues et douteuses et flottantes comme des flots sans lit, finissent par toucher un rivage où elles se brisent et reviennent sur elles-mêmes avec des formes nouvelles et un courant contraire à celui qui les a poussées jusque-là. Ce fut là pour moi un de ces moments : celui qui sonde les pensées et les cœurs le sait, et je le comprendrai peut-être moi-même un jour. Ce fut un mystère dans ma vie, qui se révélera plus tard.

LAMARTINE.

LETTRES.

THÈME CXLV.

LETTRE D'UN GRAND-PÈRE A SON PETIT-FILS QUI LUI AVAIT ADRESSÉ CETTE QUESTION :

Quelle est la qualité la plus essentielle pour faire de bonnes études ?

Tu m'as demandé dans ta dernière lettre, mon cher Henri, quelle était de toutes les qualités la plus essentielle pour faire de bonnes études. Je suis enchanté, mon cher enfant, de te voir, dans un âge encore si tendre, assez de discernement pour me faire une question de cette importance ; et il paraît que le bon air du collége Bourbon a chassé tout l'enfantillage qui empêchait ta raison de prendre le dessus lorsque tu étais auprès de ton vieux grand-père. Je vais répondre à ta demande de la manière qui me paraît la moins ennuyeuse pour ta jeune tête, et te mettre sous les yeux les portraits de deux jeunes gens qui ont fait leurs études avec moi, et dont je me plaisais à deviner les différentes nuances de caractère.

THÈME CXLVI. (*Suite.*)

Cléophas était vif, brillant; sa conversation étincelait de finesse et d'esprit ; doué d'une imagination piquante et spirituelle, il lançait à chaque instant dans la conversation de ces mots heureux qui provoquaient notre gaieté ; en un mot, Cléophas était, de tous les écoliers, le plus aimable et le plus attrayant; il passait parmi nous pour avoir beaucoup d'esprit, nous allions même jusqu'à lui donner du génie. Par malheur, je ne tardai pas à découvrir que Cléophas n'avait pas l'ombre du bon sens, et je me félicitai de ne m'être pas laissé entraîner par ses dehors brillants. Cléophas, l'âme de nos récréations, se laissait aisément surpasser dans la classe par des jeunes gens bien éloignés d'avoir son esprit et ses moyens ; ne prenant jamais la peine de penser et de réfléchir, sa tête était vide des choses les plus utiles; enfin le sémillant Cléophas, croyant en savoir beaucoup plus que ses maîtres, fit de mauvaises études; il languit maintenant dans une mince sous-préfecture, et sa renommée ne dépasse pas les limites de son arrondissement.

THÈME CXLVII. (*Suite.*)

Lysippe, au contraire, était loin d'avoir cet extérieur agréable qui séduit et plaît tant aux yeux : simple, modeste dans le peu de paroles qu'il nous adressait, il était estimé, respecté même, mais peu recherché; sa conversation, si différente de celle de Cléophas, nous ennuyait, et nous délaissions le savant Lysippe. Je crois encore le voir seul, un Plutarque à la main, relégué sur un modeste banc de bois placé sous les arbres de la cour du collège, et ne s'occupant pas plus de nous que s'il eût été seul dans la cour.

Lysippe n'avait pas d'esprit naturel, mais il était profondément instruit. Ayant perdu ses parents fort jeune, il s'était habitué à révérer ses maîtres, à se laisser conduire entièrement par eux, et à regarder comme des oracles tout ce qui sortait de leur bouche. Cette continuelle application à se défier de son propre jugement lui avait donné une certaine timidité sauvage qui éloignait de lui ses camarades, mais qui le faisait aimer de tous ceux qui connaissaient à fond son noble caractère. La Providence bénit les efforts du vertueux Lysippe, les sciences les plus abstraites devinrent pour lui un jeu.

THÈME CXLVIII. (*Suite.*)

Je l'ai souvent surpris, pendant que les élèves étaient profondément endormis, traduisant, à la faible lueur d'une lampe, des caractères hébreux ou chinois, ou suivant des heures entières le cours d'une planète. Son application et surtout sa bonne volonté ont été pleinement récompensées. Lysippe a remporté les premiers prix de l'Université, et il fait partie, depuis nombre d'années, de notre savante Académie.

Tu vois, mon cher enfant, d'après les deux exemples que je viens de citer, qu'il ne suffit pas d'avoir de l'esprit pour faire de bonnes études, mais qu'au contraire, si l'on n'y joint le bon sens et la volonté d'apprendre, cet avantage devient très-pernicieux. Sois donc toujours soumis, mon bon Henri ; laisse-toi guider par le jugement éclairé de tes maîtres, et tu deviendras non-seulement un élève distingué, mais encore un homme fort recommandable.

Adieu, mon cher Henri.

THÈME CXLIX.

LETTRE DE CONDOLÉANCE ADRESSÉE A UN PÈRE DE FAMILLE SUR LA MALADIE DE SA FILLE.

J'ai été consterné, mon cher ami, en apprenant la funeste nouvelle que vous me mandez. Je vous croyais heureux, et jouissant en paix de votre triomphe, au sein de votre famille; et dans ce moment même, vous êtes menacé d'un affreux malheur! Hélas! quelle triste chose que le cours de la vie humaine! et comme tout y est empoisonné! Je conçois toute l'étendue de votre douleur, car je connais la tendre sensibilité de votre âme. Vous qui peignez si bien les sentiments de la nature, et qui faites verser aux autres des larmes si douces, faut-il que vous en répandiez vous-même de si cruelles? Ah! vous êtes malheureux par vos vertus comme les autres le sont par leurs vices.

THÈME CL. (*Suite.*)

J'aurais bien désiré, mon cher ami, dans des moments si tristes, être auprès de vous, pour vous donner au moins les faibles consolations de l'amitié : je sais combien elles sont insuffisantes ; mais il m'eût été doux du moins de pleurer avec vous et de partager vos douleurs. Ah! vous étiez du moins placé entre deux âmes tendres et sensibles comme la vôtre : la meilleure et la plus respectable des mères, qui vous aime comme un fils, et vous chérit encore comme l'ornement et l'honneur de sa vieillesse, doit sinon vous distraire de vos chagrins, au moins en adoucir le poids. Le Ciel vous réserve encore une fille digne de tout votre amour, et dont la santé vous promet un sort plus heureux. Oui, mon cher ami, vous vivrez, vous vieillirez dans ses bras, et vous retrouverez en elle toute la tendresse de celle que vous êtes menacé de perdre. On n'est point tout à fait infortuné sur la terre quand on peut être aimé, quand il nous reste de quoi aimer nous-mêmes. Je voudrais que mon amitié pût être de quelque prix pour vous, pût contribuer du moins à soulager vos peines : s'il suffit pour cela de les sentir bien vivement, croyez que personne n'en est plus pénétré que moi, ne vous est, et ne vous sera jamais plus attaché.

THÈME CLI. (Suite.)

C'est votre heureux et excellent caractère, plus encore que vos grands talents, qui a formé cette union, et qui la conservera, j'espère, jusqu'au dernier moment de notre vie. Ne vous abandonnez pas trop à la douleur, je vous prie, et surtout défendez, s'il est possible, votre imagination de ces idées mélancoliques qui poursuivent trop aisément les âmes sensibles et fortes : c'est un nouveau poison, plus cruel que la douleur même, et qui ajoute encore à l'infortune, en la nourrissant sans cesse d'images lugubres et tristes. N'allez pas vous enfoncer dans la solitude que vous devez désirer, mais qui vous serait funeste. Vous y seriez livré tout entier à vos chagrins et à vous-même. C'est de vous surtout, mon cher ami, que vous devez vous défendre en ce moment.

THÈME CLII. (*Suite.*)

Vivez, restez auprès de ceux que vous aimez et qui vous aiment ; ils entendront le langage de votre cœur, et sauront y répondre ; mais la solitude est muette, ou ne parle que des maux de la vie à ceux qui les éprouvent. J'espère être bientôt en état d'aller vous joindre, et nous pourrons passer notre été ensemble. Nous retrouverons le commerce de cette amitié, et ces entretiens paisibles où nos heures coulaient si doucement. Nous apprendrons l'un avec l'autre à supporter le fardeau de la vie, et à nous tromper au moins quelques instants sur cette foule de maux qui la désolent. Ah ! je serai heureux, si, quelquefois du moins, je puis, au fond de votre âme, suspendre le sentiment de vos douleurs.

THÈME CLIII. (*Suite.*)

Je compte partir de Nice à la fin du mois, et me trouver à Paris vers le 20 ou 24 mai. Vous jugez, mon cher ami, combien je serai impatient de vous embrasser ; ce sera pour moi un plaisir bien doux après dix-huit mois d'absence. Ma sœur me charge pour vous de mille choses tendres, qu'elle pourra bientôt vous redire à vous-même. Elle a lu votre lettre avec les mêmes sentiments que moi, et nous nous sommes souvent affligés ensemble. Adieu, mon cher et excellent ami ; je vous embrasse bien tendrement et de tout mon cœur, comme je vous aime. Ménagez votre santé ; la mienne est moins mauvaise qu'elle n'a été pendant deux mois ; mais il s'en faut bien qu'elle soit rétablie.

THOMAS.

THÈME CLIV.

LETTRE SUR LA CAMPAGNE DE ROME.

J'arrive de Naples, mon cher ami, et je vous porte un fruit de mon voyage, sur lequel vous avez des droits : quelques feuilles du laurier du tombeau de Virgile. *Tenet nunc Parthenope.* Il y a longtemps que j'aurais dû vous parler de cette terre classique, faite pour intéresser un génie comme le vôtre ; mais diverses raisons m'en ont empêché. Cependant, je ne veux pas quitter Rome sans vous dire au moins quelques mots de cette ville fameuse. Nous étions convenus que je vous écrirais, au hasard et sans suite, tout ce que je penserais de l'Italie, comme je vous marquais autrefois l'impression que faisaient sur mon cœur les solitudes du Nouveau-Monde. Sans autre préambule, je vais donc essayer de vous donner une idée générale des *dehors* de Rome, c'est-à-dire de ses campagnes et de ses ruines.

THÈME CLV. (*Suite.*)

Vous avez lu, mon cher ami, tout ce qu'on a écrit sur ce sujet ; mais je ne sais pas si les voyageurs vous ont donné une idée bien juste du tableau que présente la campagne de Rome. Figurez-vous quelque chose de la désolation de Tyr et de Babylone, dont parle l'Ecriture ; un silence et une solitude aussi vaste que le bruit et le tumulte des hommes qui se pressaient jadis sur son sol. On croit y entendre retentir cette malédiction du prophète : *Venient tibi duo hæc subito in die una, sterilitas et viduitas*[1]. Vous apercevez çà et là quelques bouts de voies romaines dans des lieux où il ne passe plus personne ; quelques traces desséchées de torrents de l'hiver, qui, vues de loin, ont elles-mêmes l'air de grands chemins battus et fréquentés, et qui ne sont que le lit désert d'une onde orageuse qui s'est écoulée comme le peuple romain.

THÈME CLVI. (*Suite.*)

A peine découvrez-vous quelques arbres ; mais vous voyez partout des ruines d'aqueducs et de tombeaux, qui semblent être les forêts et les plantes indigènes d'une terre composée de la poussière des morts et des débris des empires. Souvent, dans une grande plaine, j'ai cru voir de riches moissons ; je m'en approchais, et ce n'étaient que des herbes flétries qui avaient trompé mon œil : quelquefois, sous ces moissons stériles, vous distinguez les traces d'une ancienne culture. Point d'oiseaux, point de laboureurs, point de mouvements champêtres, point de mugissements de troupeaux, point de villages.

THÈME CLVII. (*Suite.*)

Un petit nombre de fermes délabrées se montrent sur la nudité des champs : les fenêtres et les portes en sont fermées ; il n'en sort ni fumée, ni bruit, ni habitants ; une espèce de sauvage presque nu, pâle et

(1) Deux choses te viendront à la fois dans un seul jour, stérilité et veuvage.

miné par la fièvre, garde seulement ces tristes chaumières, comme ces spectres qui, dans nos histoires gothiques, défendent l'entrée des châteaux abandonnés. Enfin, l'on dirait qu'aucune nation n'a osé succéder aux maîtres du monde dans leur terre natale, et que vous voyez ces champs tels que les a laissés le soc de Cincinnatus, ou la dernière charrue romaine.

C'est du milieu de ce terrain inculte que domine et qu'attriste encore un monument, appelé par la voix populaire *le Tombeau de Néron*, que s'élève la grande ombre de la ville éternelle. Déchue de sa puissance terrestre, elle semble dans son orgueil avoir voulu s'isoler; elle s'est séparée des autres cités de la terre; et, comme une reine tombée du trône, elle a noblement caché ses malheurs dans la solitude.

THÈME CLVIII. (*Suite.*)

Il me paraît impossible de vous peindre ce qu'on éprouve lorsque Rome vous apparaît tout à coup au milieu de *ses royaumes vides*, *inania regna*, et qu'elle a l'air de se lever pour vous de la tombe où elle était couchée. Tâchez de vous figurer ce trouble et cet étonnement qu'éprouvaient les prophètes, lorsque Dieu leur envoyait la vision de quelque cité à laquelle il avait attaché la destinée de son peuple, *quasi aspectus splendoris*[1]. La multitude des souvenirs, l'abondance des sentiments vous oppressent, et votre âme est bouleversée à l'aspect de cette Rome, qui a recueilli deux fois la succession du monde, comme héritière de Saturne et de Jacob.

(1) C'était comme une vision de splendeur.

THÈME CLIX. (Suite.)

Vous croirez peut-être, mon cher ami, d'après cette description, qu'il n'y a rien de plus affreux que les campagnes romaines ? Vous vous trompez beaucoup : elles ont une inconcevable grandeur ; on est toujours prêt, en les regardant, à s'écrier avec Virgile :

> Salve, magna parens frugum, Saturnia tellus,
> Magna virum (1).

Quiconque s'occupe uniquement de l'étude de l'antiquité et des beaux-arts, ou quiconque n'a plus de liens dans la vie, doit venir demeurer à Rome. Là, il trouvera pour société une terre qui nourrira ses réflexions et qui occupera son cœur, des promenades qui lui diront toujours quelque chose.

THÈME CLX. (Suite.)

La pierre qu'il foulera aux pieds lui parlera, et la poussière que le vent élèvera sous ses pas renfermera quelque grandeur humaine. S'il est malheureux, s'il a mêlé les cendres de ceux qu'il aima à tant de cendres illustres, avec quel charme ne passera-t-il pas du sépulcre des Scipions au tombeau d'un ami vertueux, du charmant mausolée de Cécilia Metella au modeste cercueil d'une femme infortunée ! Il pourra croire que ces mânes chéris se plaisent à errer autour de ces monuments avec l'ombre d'un Cicéron, pleurant encore sa chère Tullie, ou d'une Agrippine encore occupée de l'urne de Germanicus.

(1) Salut, terre féconde, terre de Saturne, mère des grands hommes.

THÈME CLXI. (Suite.)

S'il est chrétien, ah! comment pourrait-il alors s'arracher de cette terre qui a vu naître un second empire plus saint dans son berceau, plus grand dans sa puissance que celui qui l'a précédé ; de cette terre enfin où les amis que nous avons perdus, dormant avec les saints dans les catacombes sous l'œil du Père des fidèles, paraissent devoir se réveiller les premiers dans leur poussière, et semblent plus voisins des cieux ?

Quoique Rome, vue intérieurement, ressemble aujourd'hui à la plupart des villes européennes, toutefois elle conserve encore un caractère particulier : aucune autre cité ne présente un pareil mélange d'architecture et de ruines, depuis le sublime Panthéon d'Agrippa jusqu'aux murailles gothiques de Bélisaire, depuis les monuments apportés d'Alexandrie jusqu'au dôme élevé par Michel-Ange.

THÈME CLXII. (Suite.)

La beauté de ses femmes est un autre trait distinctif : elles rappellent, par leur port et leur démarche, les Clélie et les Cornélie : on croirait voir des statues antiques de Junon et de Pallas descendues de leur piédestal, et se promenant autour de leurs temples. D'une autre part, on trouve chez les Romains ce *ton des chairs*, que les peintres appellent *couleur historique*, et qu'ils emploient dans leurs tableaux. Il semble naturel que des hommes, dont les aïeux ont joué un si grand rôle sur la terre, aient servi de modèle ou de type aux Raphaël et aux Dominiquin, pour représenter les personnages de l'histoire.

THÈME CLXIII. (*Suite.*)

Une autre singularité de la ville de Rome, ce sont les troupeaux de chèvres, et surtout ces attelages de grands bœufs aux cornes énormes, que l'on trouve couchés au pied des obélisques égyptiens, parmi les débris du *Forum*, et sous les arcs où ils passaient autrefois pour conduire le triomphateur romain à ce Capitole, que Cicéron appelle *le conseil public de l'univers*.

Romanos ad templa Deûm duxère triumphos.

THÈME CLXIV.

A tous les bruits ordinaires des grandes cités, se mêle ici le bruit des eaux que l'on entend de toutes parts, comme si l'on était auprès des fontaines de Blandusie ou d'Égérie. Du haut des collines qui sont renfermées dans l'enceinte de Rome, ou à l'extrémité de plusieurs rues, vous apercevez la campagne en perspective, et les champs d'une manière tout à fait pittoresque. En hiver, les toits des maisons sont couverts d'herbe, à peu près comme les vieux toits de chaume de nos paysans. Ces diverses circonstances contribuent à donner à Rome je ne sais quoi de rustique qui vous rappelle que ses premiers dictateurs conduisaient la charrue, qu'elle dut l'empire du monde à des laboureurs, et que le plus grand de ses poëtes ne dédaigna pas d'enseigner l'art d'Hésiode aux enfants de Romulus.

Ascræum cano romana per oppida carmen.

THÈME CLXV. (*Suite*.)

Quant au Tibre qui baigne cette grande cité, et qui en partage la gloire, sa destinée est tout à fait bizarre. Il passe dans un coin de Rome, comme s'il n'y était pas ; on n'y daigne pas jeter les yeux, on n'en parle jamais ; on ne boit point ses eaux ; les femmes ne s'en servent pas pour laver ; il se dérobe furtivement entre de méchantes maisons qui le cachent, et court se précipiter dans la mer, honteux de s'appeler le *Tevere*.

CHATEAUBRIAND.

THÈME CLXVI.

LETTRE DE MARIE STUART, PRÈS DE MOURIR, A ÉLISABETH.

Quoique je doive mourir par un arrêt signé de votre main, ne pensez pas que je meure votre ennemie. Je suis d'une religion qui m'apprend à supporter tous les maux du monde, comme la vôtre vous permet de les faire impunément. Bien que je sois condamnée comme criminelle, je n'en suis pas moins innocente. Je ne serai point décapitée pour avoir voulu vous ravir la vie, mais pour avoir porté une couronne après laquelle vous soupiriez. La foi qui fit prier saint Paul pour Néron, me fait aussi prier pour vous. D'ailleurs une reine illégitime n'est pas digne de la colère d'une reine qui tient son sceptre de la justice et de sa naissance.

THÈME CLXVII. (*Suite.*)

Ce langage vous choquera sans doute; condamnée à la mort, qu'ai-je à craindre pour ma vie? Mon supplice, que vous regardez comme ignominieux, mettra le comble à ma gloire. Ne croyez pas m'avoir immolée impunément; souvenez-vous qu'un jour vous serez jugée ainsi que moi. Loin de souhaiter de me voir vengée, quoique cette vengeance fût juste, je m'estimerais, au contraire, infiniment heureuse, si la mort temporelle que je vais souffrir, vous conduisait au chemin de cette autre vie qui doit durer autant que l'éternité.

Adieu, Madame, songez qu'une couronne est un bien fort dangereux, puisqu'elle a fait perdre la vie à votre cousine.

THÈME CLXVIII.

LE PRINCE EUGÈNE REPOUSSE LES OFFRES DU ROI DE BAVIÈRE.

J'ai reçu les propositions de Votre Majesté; elles m'ont paru sans doute fort belles, mais elles ne changeront pas ma détermination. Il faut que j'aie joué de malheur lorsque j'ai eu l'honneur de vous voir, puisque vous avez gardé de moi la pensée que je pouvais, pour un prix quelconque, forfaire à l'honneur. Ni la perspective du duché d'Italie, ni celle du royaume d'Italie, ne me porteraient à la trahison. L'exemple du roi de Naples ne peut pas me séduire. J'aime mieux redevenir soldat que souverain avili. L'empereur, dites-vous, a eu des torts envers moi : je les ai oubliés, je ne me souviens que de ses bienfaits. Je lui dois tout ce que votre indulgence veut bien appeler ma gloire. Je le servirai tant qu'il vivra, ma personne est à lui comme mon cœur. Puisse mon épée se briser entre mes mains si elle était jamais infidèle à l'empereur et à la France!

Je me flatte que mon refus, apprécié, m'assurera l'estime de Votre Majesté.

Eugène BEAUHARNAIS.

THÈME CLXIX.

LETTRE D'UN JEUNE HOMME SANS POSITION A PARIS.

Il y a bien des jours que je me proposais de vous écrire. Mais la douleur, la maladie que vous me connaissez, les distances de Paris qui consument la moitié des journées, tout m'en a empêché. Oh! que je souffre, et que j'ai souffert! Il m'est impossible de songer à mettre de l'ordre dans ma lettre, à vous dépeindre même l'état de mon âme, à matérialiser par des mots glacés ces navrantes et perpétuelles impressions, sensations, terreurs, abîmes de mélancolie, de désespoir, etc. Voici un mois que je languis et végète sans espoir. J'ai eu des heures, des journées entières où mon désespoir approchait de la folie. Fatigué, crispé physiquement et moralement, crispé à l'âme, j'errais sans cesse dans ces rues boueuses et enfumées, inconnu, solitaire au milieu d'une immense foule d'êtres, les uns pour les autres inconnus aussi.

Un soir, je m'appuyai contre les murs d'un pont sur la Seine. Des milliers de lumières se prolongeaient à l'infini, le fleuve coulait. J'étais si fatigué que je ne pouvais plus marcher, et là, regardé par quelques passants comme un fou probablement, là, je souffrais tellement que je ne pouvais pleurer. Vous me plaisantiez quelquefois à Genève sur mes sensations. Eh bien! ici, je les dévore solitaire. Elles me tourmentent, m'agitent sans cesse, et tout se réunit pour me déchirer l'âme, ce sentiment immense et continuel du néant de nos vanités et de nos joies, de nos douleurs, de nos pensées, l'incertitude de ma situation, la peur de la misère, ma maladie nerveuse, mon obscurité, l'inutilité des démarches, l'isolement, l'indifférence, l'égoïsme, la solitude du cœur, le besoin du ciel, des champs, des montagnes, les pensées philosophiques même, et par-dessus tout cela, oh! oui, par-dessus tout cela, les regrets du pays de ses aïeux. Il est des moments où je rêve à tout ce que j'aimais, où je me rappelle toutes mes douleurs de Genève, et les joies que j'y ai connues, bien rarement il est vrai.

THÈME CLXX. (Suite.)

Il est des moments où les traits de mes amis, de mes parents, un lieu consacré par un souvenir, un arbre, un rocher, un coin de rue sont là devant mes yeux, et les cris d'un porteur d'eau de Paris me réveillent. Oh! que je souffre alors! Souvent rentré dans ma chambre solitaire, harassé de corps et d'esprit, là, je m'assieds, je rêve, mais d'une rêverie amère, sombre, délirante. Tout me rappelle ces pauvres parents que je n'ai pas rendus heureux. Oh! que je regrette et ma chambre de Genève où j'ai tant souffert, et mon oncle, et votre coin du feu, et les visages connus, et les rues accoutumées!

THÈME CLXXI. (Suite.)

Souvent un rien, la vue de l'objet le plus trivial, tout cela me rend le passé vivant, et m'accable de toute la douleur du présent. Misère de l'homme qui regrette ce qu'il maudirait bientôt quand il le retrouverait! Je ne puis même jouir de ma douleur, l'esprit d'analyse est toujours là qui désenchante tout.

Ennui d'une âme flétrie à vingt-un ans, doutes arides, vagues regrets d'un bonheur entrevu plus vaguement encore, comme ces gloires du couchant sur la cime de nos montagnes, douleurs positives, douleurs idéales, persuasion du malheur enracinée dans l'âme, certitude que la fortune, quoique un grand bien, ne nous rendrait pas parfaitement heureux, voilà ce qui tourmente ma pauvre âme. Oh! qu'ils sont malheureux ceux qui sont nés malheureux!

THÈME CLXXII. (Suite.)

Et quelquefois pourtant, il semble qu'une musique aérienne résonne à mes oreilles, qu'une harmonie mélancolique et étrangère au tourbillon des hommes vibre de sphère en sphère jusqu'à moi; il semble qu'une possibilité de douleurs tranquilles et majestueuses s'offre à l'horizon de l'imagination. Mais tout s'évanouit par un cruel retour sur la vie positive, tout!

Une réflexion m'est souvent venue; si je n'étais pas exactement ce que je suis, je n'existerais pas; ce serait un autre que moi; mon moi homogène, identique et individuel serait détruit; j'aurais d'autres idées! Nul ne voudrait se changer contre un autre, et nul n'est content de ce qu'il est.

THÈME CLXXIII. (Suite.)

Quelle contradiction! Acceptons-nous ce que nous sommes. Je souffre tant qu'il me semble que je changerais volontiers; degré de douleur où je n'étais pas arrivé jusqu'ici. Accepter le sort d'un autre, si c'était possible, ce serait mourir. La mort n'est que la destruction du moi. Mais que fais-je? quelle irrésistible manie m'entraîne? Ah! mon ami, plus je sonde notre nature et plus je me persuade que, pièces nécessaires d'un ensemble que nous ne voyons pas, nous jouons un rôle qui nous sera révélé un jour. Comment, avec nos langues bornées et nos idées tourmentées, aborder le grand inconnu? Oh! Dieu! Dieu! je le vois partout. Ce désir ardent de le connaître et de deviner notre nature, ces pressentiments de l'infini et ce mur d'airain, ce mur de l'impossible, du défendu, contre lequel viennent se briser non-seulement nos systèmes, mais jusqu'à nos élancements d'idées, tout cela me prouve un Dieu.

Y. G.

THÈME CLXXIV.

BONHEUR DE L'OBSCURITÉ.

..... Heureux celui qui, au lieu de parcourir le monde, vit loin des hommes! Heureux celui qui ne connaît rien au delà de son horizon, et pour qui le village voisin même est une terre étrangère! Il n'a point laissé son cœur à des objets aimés qu'il ne verra plus, ni sa réputation à la discrétion des méchants. Il croit que l'innocence habite dans les hameaux, l'honneur dans les palais et la vertu dans les temples. Il met sa gloire et sa religion à rendre heureux ce qui l'environne. S'il ne voit dans ses jardins ni les fruits de l'Asie, ni les ombrages de l'Amérique, il cultive les plantes qui font la joie de sa femme et de ses enfants. Il n'a pas besoin des monuments de l'architecture pour ennoblir son paysage. Un arbre, à l'ombre duquel un homme vertueux s'est reposé, lui donne de sublimes ressouvenirs ; le peuplier, dans les forêts, lui rappelle les combats d'Hercule, et le feuillage des chênes les couronnes du Capitole.

THÈME CLXXV. (*Suite.*)

La culture des blés présente bien d'autres concerts agréables avec la vie humaine. Il connaît à leurs ombres les heures du jour, à leurs accroissements les rapides saisons, et il ne compte ses années fugitives que par leurs récoltes innocentes. Ses travaux sont

. 14

toujours surpassés par les bienfaits de la nature. Dès que le soleil est au signe de la Vierge, il rassemble ses parents, il invite ses voisins, et dès l'aurore il entre avec eux, la faucille à la main, dans ses blés mûrs. Son cœur palpite de joie en voyant ses gerbes s'accumuler, et ses enfants danser autour d'elles, couronnés de bluets et de coquelicots : leurs jeux lui rappellent ceux de son premier âge, et la mémoire de vertueux ancêtres qu'il espère revoir un jour dans un monde plus heureux. Il ne doute pas qu'il n'y ait un Dieu à la vue des moissons, et aux douces époques qu'elles ramènent à son souvenir ; il le remercie d'avoir lié la société passagère des hommes par une chaîne éternelle de bienfaits.

Prés fleuris, majestueuses et murmurantes forêts, fontaines mousseuses, sauvages rochers fréquentés de la seule colombe, aimables solitudes qui nous ravissez par d'ineffables concerts, heureux qui pourra lever le voile qui couvre vos charmes secrets ! mais plus heureux encore celui qui peut les goûter en paix dans le patrimoine de ses pères !

BERNARDIN DE SAINT-PIERRE.

THÈME CLXXVI.

BIENFAITS DE LA SCIENCE.

L'homme ne résiste pas seulement aux éléments, il les dompte ; il les fait servir en esclaves à sa volonté souveraine. A-t-il voulu franchir rapidement de grands intervalles, il a soumis le cheval ; traverser les déserts, il s'est donné le dromadaire ; braver les orages sur la plaine liquide, il a créé des cités flottantes qu'il a su, en contraignant les vents, diriger à son gré ; se garantir, en voyageant sur la terre, des intempéries des saisons, il a forcé le feu à fondre les cailloux en glace transparente dont il a environné sa demeure mobile ; s'élever dans les plaines éthérées, une vapeur légère, produite par la flamme qu'il a allumée ou par l'eau qu'il a décomposée, l'a enlevé avec vitesse jusqu'au-dessus des nues. La terre, l'eau, le feu, ont été ses ministres dociles.

THÈME CLXXVII. (Suite.)

O homme, relève donc ta tête auguste ! Honneur à l'émanation céleste, à l'intelligence supérieure qui t'anime ! Honneur à la science qui, fille de ta pensée, la produit à son tour, l'agrandit, la vivifie.

Oh ! qu'une philosophie trop aigrie par le malheur, trop séduite par une imagination féconde, trop entraînée par une espérance trompeuse, cesse de vouloir te ramener vers ces ténèbres épaisses qui t'enveloppaient de toutes parts, lorsque dans l'isolement, le besoin et la douleur, tu n'avais pas encore vu naître la première aurore de ta civilisation ; lorsque l'expérience du passé et la prévoyance de l'avenir étaient encore nulles pour ton esprit sans vigueur ; et que la faim, la soif, la fatigue, la maladie et les blessures te donnaient seules le sentiment du présent ; tu ne peux rien que par l'art ; l'art ne vaut que par la science ; la science n'existe que par le signe qui communique la pensée ; ce signe n'est produit que par la société ; n'oublie pas que l'art abandonné à ses propres forces n'est pas un seul instant stationnaire ; il décroît avec la rapidité d'un torrent, si des efforts sans cesse renouvelés ne tendent à l'accroître.

THÈME CLXXVIII. (*Suite.*)

Sache que les limites de la perfectibilité sont plus reculées que le découragement ne le croit, que l'ignorance ne le suppose, que la mauvaise foi ne le publie. Le progrès des lumières n'ajoutera pas sans doute au nombre de tes jours, mais il les rendra plus sereins ; mais il émoussera le dard de la douleur qui déchire, du chagrin qui dévore, de l'ennui qui consume. Et cette dispensatrice céleste de la plus grande des félicités qui te sont réservées, de ce bonheur intime que le temps n'a jamais affaibli, de cette jouissance profonde qui console de tant de peines, de cette douce paix qui charme tant d'instants, la vertu pure, sensible et compatissante, n'aurait-elle pas bientôt perdu ses traits augustes et touchants, si le flambeau sacré de la science pouvait être remplacé par les horribles torches de la barbarie?... *Bonté, talents, génie,* voilà ton éternelle gloire et tes immortels bienfaiteurs !

LACÉPÈDE.

THÈME CLXXIX.

LES SÉPULTURES.

Un jour je trouvai dans un pauvre village de la basse Normandie, devant une chaumière, un rond tout noir sur le gazon. Un voisin me dit en pleurant que celui qui l'habitait était mort depuis quelques jours, et que, suivant l'usage du pays, on avait brûlé la paille de son lit devant sa porte. En effet, c'est une image bien naïve de notre vie qu'un peu de paille brûlée. Le gazon en était consumé jusqu'à sa racine, et son emplacement tout noir devait contraster longtemps avec celui qui verdoyait à l'entour. C'est une véritable épitaphe empreinte sur la terre par la misère et l'amitié, mais plus expressive que celles qui sont gravées sur le bronze.

THÈME CLXXX. (Suite.)

Un cimetière doit être une école de morale. C'est là qu'à la vue des puissants, des riches et des méchants réduits en poudre, disparaissent toutes les passions humaines ; c'est là que se réveillent les sentiments les plus doux de l'humanité au souvenir des enfants, des époux, des pères, des amis ; c'est sur leurs tombeaux que les peuples les plus grossiers viennent apporter des mets, et que les peuples de l'Orient distribuent des vivres aux malheureux. Plantons-y au moins des végétaux qui nous en conservent la mémoire. Quelquefois nous élevons des urnes, des statues ; mais le temps détruit bientôt ces monuments des arts ; tandis qu'il fortifie chaque année ceux de la nature. Les vieux ifs de nos cimetières ont plus d'une fois survécu aux églises qu'ils y ont vu bâtir. Ombrageons ceux de la patrie des végétaux qui caractérisent les diverses tribus de citoyens qui y reposent.

THÈME CLXXXI. (Suite.)

Que les pâles violettes et les douces primevères fleurissent chaque année sur les tertres des enfants ; que le lierre embrasse le cyprès sur le tombeau des époux unis jusqu'à la mort ; que le laurier y caractérise les vertus des guerriers ; l'olivier, celles des négociateurs ; enfin, que les pierres gravées d'inscriptions à la louange de tous ceux qui ont bien mérité des hommes y soient ombragées de troënes, de thuyas, de buis, de houx aux graines sombres, de chèvrefeuilles odorants, de majestueux sapins. Puissé-je me promener un jour dans cet Elysée, éclairé des rayons de l'aurore ou des feux du soleil couchant, ou des pâles clartés de la lune, et consacré en tout temps par les cendres d'hommes vertueux !

THÈME CLXXXII. (*Suite.*)

Puissé-je moi-même être digne d'y avoir un jour mon tertre entouré de ceux de mes enfants, surmonté d'une tuile couverte de mousse ! C'est par ces décorations végétales que des nations entières ont rendu les tombeaux de leurs ancêtres si respectables à la postérité. Dans ce jardin de la mort et de la vie, du temps et de l'éternité, se formeront un jour des philosophes sensibles et sublimes, des Confucius, des Fénelon, des Addison, des Young. Là s'évanouiront les vaines illusions du monde, par ce spectacle de tant d'hommes que la mort a renversés ; là, renaîtront les espérances d'une meilleure vie, par le souvenir de leurs vertus.

BERNARDIN DE SAINT-PIERRE.

THÈME CLXXXIII.

DU SENTIMENT RELIGIEUX ET DES CONSOLATIONS QU'IL OFFRE A L'HOMME.

Lorsqu'on examine l'espèce humaine sous des rapports purement relatifs à la place qu'elle occupe et au but qu'elle paraît destinée à atteindre sur la terre, on est frappé de l'harmonie et de la juste proportion qui existe entre ce but et les moyens que l'homme possède pour y parvenir.. S'assujettir la nature physique, se la rendre esclave et tourner ses forces contre elle-même, ce ne sont là que les premiers pas de l'homme vers la conquête de l'univers. Bientôt, s'élevant plus haut encore, il dirige contre ses propres passions sa raison éclairée par l'expérience. Il impose un joug uniforme à ces ennemis intérieurs qu'il a vaincus. Il obtient de lui-même et de ses semblables des sacrifices qu'on eût dits impossibles. Il parvient à faire respecter la propriété par celui qu'elle exclut, la loi par celui qu'elle condamne. De rares exceptions, facilement réprimées, ne dérangent en rien l'ordre général.

THÈME CLXXXIV. (*Suite.*)

Cependant, au milieu de ses succès et de ses triomphes, ni cet univers qu'il a subjugué, ni ces organisations sociales qu'il a établies, ni ces lois qu'il a proclamées, ni ces besoins qu'il a satisfaits, ni ces plaisirs qu'il diversifie, ne suffisent à son âme. Un désir s'élève sans cesse en lui, et lui demande autre chose. Il a examiné, parcouru, conquis, décoré la demeure qui le renferme, et son regard cherche une autre sphère. Il est devenu maître de la nature visible et bornée, et il a soif d'une nature invisible et sans bornes. Il a pourvu à des intérêts qui, plus compliqués et plus factices, semblent d'un genre plus relevé. Il a tout connu, tout calculé, et il éprouve de la lassitude à ne s'être occupé que d'intérêts et de calculs. Une voix crie au fond de lui-même et lui dit que toutes ces choses ne sont que du mécanisme plus ou moins ingénieux, plus ou moins parfait, mais qui ne peut servir de terme ni de circonscription à son existence, et que ce qu'il a pris pour le but n'était qu'une série de moyens.

THÈME CLXXXV. (Suite.)

Il faut bien que cette disposition soit inhérente à l'homme, puisqu'il n'est personne qui n'ait, avec plus ou moins de force, été saisi par elle dans le silence de la nuit sur les bords de la mer, dans la solitude des campagnes. Il n'est personne qui ne se soit pour un instant oublié lui-même, senti comme entraîné dans les flots d'une contemplation vague, et plongé dans un océan de pensées nouvelles, désintéressées, sans rapport avec les combinaisons étroites de cette vie. L'homme le plus dominé par des passions actives et personnelles a pourtant, malgré lui, subitement de ces mouvements qui l'enlèvent à toutes les idées particulières et individuelles. Elles naissent en lui lorsqu'il s'y attend le moins. Tout ce qui au physique tient à la nature, à l'univers, à l'immensité ; tout ce qui au moral excite l'attendrissement et l'enthousiasme ; le spectacle d'une action vertueuse, d'un généreux sacrifice, d'un danger bravé courageusement, de la douleur d'autrui secourue ou soulagée, le mépris du vice, le dévouement au malheur, la résistance à la tyrannie, réveillent et nourrissent dans l'âme de l'homme cette disposition mystérieuse ; et si les habitudes de l'égoïsme le portent à sourire de cette exaltation momentanée, il n'en sourit néanmoins qu'avec une honte secrète qu'il cache sous l'apparence de l'ironie, parce qu'un instinct sourd l'avertit qu'il outrage la partie la plus noble de son être.

THÈME CLXXXVI. (Suite.)

Nous éprouvons un désir confus de quelque chose de meilleur que ce que nous connaissons : le sentiment religieux nous présente quelque chose de meilleur. Nous sommes importunés des bornes qui nous resserrent et qui nous froissent : le sentiment religieux nous annonce une époque où nous franchirons ces bornes. Nous sommes fatigués de ces agitations de la vie, qui, sans se calmer jamais, se ressemblent tellement, qu'elles rendent à la fois la satiété inévitable et le repos impossible : le sentiment religieux nous donne l'idée d'un repos ineffable, toujours exempt de satiété. En un mot, le sentiment religieux est la réponse à ce cri de l'âme que nul ne fait taire, à cet élan vers l'inconnu, vers l'infini, que nul ne parvient à fixer entièrement, de quelques distractions qu'il s'entoure, avec quelque habileté qu'il s'étourdisse ou qu'il se dégrade.

BENJAMIN CONSTANT.

THÈME CLXXXVII.

RAPIDITÉ DE LA VIE.

Je veux que vous prolongiez vos jours au delà de vos espérances. Hélas! ce qui doit finir peut-il vous paraître long? Regardez derrière vous; où sont vos premières années? que laissent-elles de réel dans votre souvenir? pas plus que le songe de la nuit : vous rêvez que vous avez vécu ; voilà tout ce qui vous en reste : tout cet intervalle qui s'est écoulé depuis votre naissance jusqu'aujourd'hui, ce n'est qu'un trait rapide qu'à peine vous avez vu passer ; quand vous auriez commencé à vivre avec le monde, le passé ne vous paraîtrait pas plus long ni plus réel : tous les siècles qui ont coulé jusqu'à nous, vous les regarderiez comme ces instants fugitifs : tous les peuples qui ont paru et disparu dans l'univers, toutes les révolutions d'empires et de royaumes, tous ces grands événements qui embellissent nos histoires, ne seraient pour vous que les scènes d'un spectacle que vous auriez vu finir en un jour.

THÈME CLXXXVIII. (*Suite.*)

Rappelez seulement les victoires, les prises de place, les traités glorieux, les magnificences, les événements pompeux des premières années de ce règne ; vous y touchez encore : vous en avez été non-seulement la plupart spectateurs, mais vous en avez partagé les périls et la gloire ; ils passeront dans nos annales jusqu'à nos derniers neveux : mais pour vous, ce n'est déjà plus qu'un songe, qu'un éclair qui a disparu, et que chaque jour efface même de votre souvenir. Qu'est-ce donc que le peu de chemin qui vous reste à faire ? Croyons-nous que les jours à venir aient plus de réalité que les jours passés ? Les années paraissent longues quand elles sont encore loin de nous; arrivées, elles disparaissent, elles nous échappent en un instant ; et nous n'aurons pas tourné la tête que nous nous trouverons, comme par enchantement, au terme fatal qui nous paraît encore si loin. Regardez le monde tel que vous l'avez vu dans vos premières années, et tel que vous le voyez aujourd'hui : une nouvelle cour a succédé à celle que vos premiers ans ont vue ; de nouveaux personnages sont montés sur la scène ; ce sont de nouveaux événements, de nouvelles intrigues, de nouvelles passions qui font le sujet des louanges, des dérisions et des censures publiques ; un nouveau monde s'est élevé insensiblement, et sans que vous vous en soyez aperçu, sur les débris du premier. Tout passe avec vous et comme vous ; une rapidité que rien n'arrête entraîne tout dans les abîmes de l'éternité ; hier nos ancêtres nous en frayèrent le chemin, et nous allons le frayer demain à ceux qui viendront après nous.

MASSILLON.

THÈME CLXXXIX.

LES SENS ET LA RAISON.

Il y a donc dans chaque homme, et, par une liaison nécessaire dans chaque peuple, deux puissances qui se combattent, les sens et la raison ; ou, pour parler le langage profondément philosophique de nos Livres saints, *la chair et l'esprit ;* et selon que l'un ou l'autre prévaut, la vérité ou l'erreur, la vertu ou le crime, dominent dans la société et dans l'individu.

Par sa raison, en effet, l'homme aspire à la possession de la vérité, noble aliment de son intelligence ; il tend avec une force invincible vers l'ordre conservateur des êtres. De là le penchant qu'il manifeste pour les croyances généreuses, pour les doctrines élevées et sévères, et les dogmes les plus spirituels : de là encore cette insatiable ardeur de connaître, cette foi d'autant plus éclairée qu'elle est plus simple à tout ce qui est beau, sublime, utile, et par là même plein de réalité ; de là enfin cet étonnant empire qu'il exerce sur lui-même, sur ses sentiments, sur ses passions, et jusque sur ses pensées ; ce mépris des plaisirs frivoles et des jouissances matérielles ; ce goût insurmontable pour tout ce qui passe ; ces élans vers un bien immuable, infini, que le cœur pressent, quoique l'esprit ne le comprenne pas encore ; cet amour immense de la vertu, et ces inexprimables angoisses lorsqu'il s'en est écarté ; cette tendre compassion pour tous les genres de misères physiques et morales, et cette disposition constante à se sacrifier à autrui, source unique de ce qu'il y a de grand, de touchant et d'aimable dans la vie humaine.

THÈME CXC. (*Suite.*)

Par les sens, au contraire, l'homme, incliné vers la terre, enseveli dans les jouissances physiques, et sans goût pour les plaisirs intellectuels, ressemble à la brute, et se complaît dans cette ressemblance. Son intelligence s'obscurcit, mais trop lentement à son gré : aussi, avec quelle ardeur il travaille à l'obscurcir encore! On dirait que la vérité est son supplice, tant est vive et profonde la haine qu'elle lui inspire. Il la poursuit sans relâche, l'attaque avec fureur, tantôt dans les autres, tantôt en lui-même, dans son esprit, dans son cœur, dans sa conscience. Inutiles efforts! Au moment même où il se croit vainqueur, au moment où, plein d'orgueil, il s'applaudit d'avoir enfin terrassé, anéanti cette vérité implacable, l'imposante vision, plus menaçante et plus formidable, revient de nouveau le désoler.

THÈME CXCI. (*Suite.*)

Mais si l'homme, esclave des sens, est ennemi de la vérité, et par conséquent des hautes doctrines qui émanent du Ciel et qui l'y rappellent, il n'est pas moins ennemi des lois éternelles de l'ordre, parce que l'ordre n'est au fond que l'ensemble des vérités qui résultent de la nature des êtres et de leurs rapports, vérités qu'on nomme devoirs, à cause qu'elles ne sont pas seulement l'objet de son intelligence, mais qu'elles doivent encore influer sur sa conduite qu'elles règlent, en imposant la double obligation de s'interdire certains actes et d'en produire de contraires. Or, toutes les vérités tenant l'une à l'autre, et se confondant en quelque sorte dans leur source, l'homme est contraint de les attaquer toutes, dès qu'une fois l'intérêt de ses passions l'a porté à en ébranler une. Ainsi la corruption des mœurs enfante la corruption de l'esprit; le désordre dans les actions amène le désordre dans les pensées, ou l'erreur ; et la dépravation de l'être moral, une dépravation semblable de l'être intelligent.

THÈME CXCII. (Suite.)

L'inconséquence tourmente le cœur humain autant qu'elle révolte la raison ; et de là vient qu'il suffit souvent de changer de vie pour croire à la vérité qu'on niait. Mais la vérité, même abstraite, devient infailliblement un objet de haine, tandis que la vertu pratique n'est point un objet d'amour ; et comme la haine, par sa nature, est un principe de destruction, de même que l'amour est un principe de production et de conservation, l'homme abruti par les sens, et livré aux plaisirs du corps, devient naturellement destructeur ; son âme s'endurcit et se plaît dans les spectacles de ruine et de sang ; il contracte des goûts barbares, des habitudes féroces ; et c'est une observation singulièrement remarquable, que tous les peuples impies, ou, si l'on veut, les incroyants, ont été des peuples voluptueux, et tous les peuples voluptueux des peuples cruels.

THÈME CXCIII. (Suite.)

Considérez les nations païennes : quel oubli de l'humanité dans la guerre comme dans la paix, dans les lois comme dans les mœurs, dans les temples comme au théâtre, dans le cœur du maître comme dans celui du père ! Mais aussi quel abject matérialisme dans la religion ! quelle aversion pour les doctrines qui tendent à élever l'homme et à spiritualiser sa pensée ! La Grèce polie et savante envoie Socrate au supplice, parce qu'il méprisait ses grossières superstitions ; et cette même Grèce, couronnée de fleurs, égorge en chantant des victimes humaines, et couvre son territoire d'autels infâmes.

THÈME CXCIV. (*Suite.*)

Toujours l'asservissement aux sens produit une vive opposition aux vérités morales et intellectuelles, et l'on ne doit point chercher ailleurs la cause de la profonde haine qu'ont montrée dans tous les temps, pour le christianisme, certains individus et certains peuples. C'est le combat éternel, le combat à mort *de la chair contre l'esprit*, des sens, que la religion chrétienne s'efforce de réduire en servitude, contre la raison qu'elle affranchit, éclaire et divinise, parce que dans ses dogmes elle n'est que l'assemblage et la manifestation de toutes les vérités utiles à l'homme.

La Mennais.

FIN.

TABLE DES MATIÈRES.

Préface. v

PRÉLIMINAIRES DU COURS DE THÈMES.

Pages.

De la prononciation. 1
De l'alphabet. 2
De la prosodie. Signes prosodiques, prononciation. . 5
Des diphthongues et des triphthongues. 7
Signes prosodiques. Ponctuation. 8
Des verbes HABER Y TENER (avoir). 9
Traduction du verbe AVOIR. . . . . Id.
Des verbes SER Y ESTAR (être). 14
Conjugaison des verbes SER Y ESTAR (être). . . 15
Remarques sur les verbes SER Y ESTAR. 19
Conjugaison des verbes réguliers. Première conjugaison en AR. 20
Remarques sur les verbes réguliers de la première conjugaison. 24
Deuxième conjugaison régulière. . . . . Id.
Remarques sur les verbes de la deuxième conjugaison. 27
Troisième conjugaison régulière. 28
Remarques sur les verbes de la troisième conjugaison. 31
Conjugaisons irrégulières en AR. 32
Deuxième conjugaison régulière en ER. 38
Troisième conjugaison irrégulière en IR. 50
De l'emploi des verbes. 61

TABLE

COURS DE THÈMES.

PREMIÈRE PARTIE.

Pages.

Thème I. Sur l'article simple. 63
   II. Sur l'emploi de l'article contracté. . . . 64
   III. Sur le même sujet et autres usages de l'article espagnol. 65
   IV. Sur quelques différences existant entre l'article français et l'article espagnol. . . . 67
   V. Sur *uno*, un, *unos*, *unas*, *unos cuantos*, *unas cuantas*. 68
   VI. Sur l'article en général. 70
   VII. Sur les noms, le nombre et le genre. . 73
   VIII. Sur les noms de sensations, le genre et les terminaisons des noms. 75
   IX. Sur les noms des corps matériels, genre, nombre et dérivation. 78
   X. Sur les noms abstraits, genre, nombre et dérivation de ces noms. 80
   XI. Sur les noms qualificatifs, genre, nombre et origine de quelques-uns de ces noms . . . 82
   XII. Sur les noms de qualité qu'on pourrait appeler *adjectivaux*. 85
   XIII. Sur les noms verbaux, leur genre, leur terminaison et leur dérivation. 88
   XIV. Sur les noms collectifs, génériques et locaux. 91
   XV. Sur les noms de nombre et sur ceux qui servent à désigner nos organes et ceux des animaux. 95
   XVI. Sur les noms qui ne s'emploient qu'au pluriel. 99
   XVII. Sur les adjectifs en général. 100

	Pages.
Thème XVIII. Sur les degrés de comparaison des adjectifs.	103
XIX. Sur les superlatifs	105
XX. Sur les comparatifs et les superlatifs irréguliers..	108
XXI. Sur les adjectifs numéraux.	110
XXII. Suite.	112
XXIII. Sur les particules augmentatives.	114
XXIV. Sur les particules diminutives.	117
XXV. Sur les pronoms personnels.	119
XXVI. Suite.	121
XXVII. Sur les pronoms possessifs.	124
XXVIII. Suite.	125
XXIX. Suite.	127
XXX. Sur les pronoms démonstratifs.	130
XXXI. Sur les pronoms relatifs.	133
XXXII. Sur l'emploi du pronom EN.	137
XXXIII. Sur l'emploi du pronom Y.	139
XXXIV. Sur les pronoms indéfinis ou indéterminés.	141
XXXV. Suite.	144
XXXVI. Sur les pronoms indéterminés ou définis.	147
XXXVII. Sur les verbes HABER Y TENER (avoir).	149
XXXVIII. Suite.	151
XXXIX. Suite.	153
XL. Sur les verbes SER Y ESTAR (être).	154
XLI. Sur les verbes de la première conjugaison en AR.	157
XLII. Suite.	159
XLIII. Sur la seconde conjugaison régulière.	161
XLIV. Suite.	163
XLV. Sur la troisième conjugaison.	166

	Pages.
Thème XLVI. Suite.	168
XLVII. Sur les verbes neutres et sur les impersonnels.	169
XLVIII. Sur les verbes irréguliers de la première conjugaison.	171
XLIX. Suite.	173
L. Suite.	174
LI. Sur la deuxième conjugaison irrégulière.	175
LII. Suite.	177
LIII. Sur les verbes irréguliers de la troisième conjugaison.	179
LIV. Suite.	180
LV. Suite.	181
LVI. Sur les participes.	182
LVII. Suite.	184
LVIII. Suite.	187
LIX. Suite.	189
LX. Suite.	190
LXI. Sur les participes passifs qui varient de sens, suivant qu'ils sont employés avec les verbes SER, ESTAR, OU HABER.	193
LXII. Suite.	195
LXIII. Sur les adverbes.	196
LXIV. Suite.	197
LXV. Suite.	199
LXVI. Suite.	200
LXVII. Suite.	201
LXVIII. Sur les prépositions.	202
LXIX. Suite.	204
LXX. Sur les conjonctions.	206
LXXI. Suite.	207
LXXII. Suite.	208

DEUXIÈME PARTIE.

THÈMES A TRADUIRE.

FABLES ET APOLOGUES.

                                                               Pages.

Thème I. L'origine de la fable. Apologue 211
    II. Suite. . . . . Id
    III. Suite. 212
    IV. L'enfant et la guêpe. . . . . Id.
    V. Suite. 213
    VI. Le jeune cheval et le fermier. . . . . Id.
    VII. Suite. 214
    VIII. Suite. . . . . Id.
    IX. Suite. 215
    X. Le ver-luisant. . . . . Id.
    XI. Suite. 216
    XII. Suite. . . . . Id.
    XIII. Suite. 217
    XIV. La cour de la mort. Apologue. . . . Id.
    XV. Suite. 218
    XVI. Suite. . . . . Id.
    XVII. Le rossignol et le coucou. Fable. . . 219
    XVIII. Suite. . . . . Id.
    XIX. Suite. 220
    XX. Les oiseaux assemblés pour élire un roi. 221
    XXI. Suite. . . . . Id.
    XXII. Suite. . . . . Id.
    XXIII. Suite. 222
    XXIV. Suite. . . . . Id.
    XXV. Suite. . . . . Id.
    XXVI. Suite. 223
    XXVII. Suite. 224
    XXVIII. Suite. . . . . Id.

Thème XXIX. Suite. 224
XXX. Les deux frères. Apologue. . . . 225
XXXI. Suite. . . . . Id.
XXXII. Suite. . , ... 226

DESCRIPTIONS.

XXXIII. Le déluge. 227
XXXIV. Suite. . . . . Id.
XXXV. Suite. 228
XXXVI. Le matin. . . . . Id.
XXXVII. Suite. 229
XXXVIII. Spectacle d'une forêt. . . . . Id.
XXXIX. Suite. 230
XL. Suite. . . . . Id.
XLI. Cours de l'Anio. 231
XLII. Suite. 232
XLIII. Suite. . . . , ... Id.
XLIV. Aspect des Pyrénées. 233
XLV. Suite. . . . . Id.
XLVI. Suite. 234
XLVII. Suite. . . . . Id.
XLVIII. Le feu de la Saint-Jean. . . . 235
XLIX. Suite. . . . . Id.
L. Suite. 236
LI. Suite. . . . . Id.
LII. Suite. 237
LIII. Effets du soleil couchant sur les nuages. Id.
LIV. Suite. 238
LV. Suite. . . . . Id.
LVI. Suite. 239
LVII. Suite. . . . . Id.
LVIII. L'horizon vu du sommet d'une montagne. 240

	Pages.
Thème LIX. Suite.	240
LX. Le lac Léman.	241
LXI. Suite.	Id.
LXII. Suite.	242
LXIII. Suite.	Id.
LXIV. Suite.	243
LXV. Le parc anglais.	Id.
LXVI. Suite.	244
LXVII. Suite.	Id.
LXVIII. Les Rogations.	245
LXIX. Suite.	Id.
LXX. Suite.	246
LXXI. Suite.	Id.
LXXII. Eruption du Vésuve.	247
LXXIII. Suite.	248
LXXIV. Suite.	Id.
LXXV. Suite.	249
LXXVI. Suite.	Id.
LXXVII. Combat du taureau.	250
LXXVIII. Suite.	251
LXXIX. Suite.	Id.
LXXX. Suite.	252
LXXXI. Suite.	Id.
LXXXII. Coucher du soleil.	253
LXXXIII. Suite.	254
LXXXIV. Nuit orageuse dans les Alpes.	Id.
LXXXV. Suite.	255
LXXXVI. Village détruit par un éboulement.	256
LXXXVII. Suite.	257
LXXXVIII. Suite.	Id.
LXXXIX. Suite.	258
XC. Suite.	259
XCI. Suite.	Id.

		Pages.
Thème XCII.	L'Océan.	260
XCIII.	Suite.	261
XCIV.	Suite.	Id.
XCV.	Beautés générales de la nature.	262
XCVI.	Suite.	Id.
XCVII.	Suite.	263
XCVIII.	Suite.	Id.
XCIX.	Golfe de Baya.	264
C.	Suite.	265
CI.	Suite.	Id.
CII.	Une vallée du Liban.	266
CIII.	Suite.	267
CIV.	Suite.	268
CV.	Suite.	Id.
CVI.	Suite.	269
CVII.	L'abbaye de Westminster.	Id.
CVIII.	Suite.	270
CIX.	Suite.	271
CX.	Suite.	272
CXI.	Suite.	Id.
CXII.	Suite.	273
CXIII.	Tableau de l'Egypte.	Id.
CXIV.	Suite.	274
CXV.	Suite.	Id.
CXVI.	Suite.	275
CXVII.	Suite.	276
CXVIII.	Suite.	Id.
CXIX.	Suite.	277
CXX.	Suite.	Id.
CXXI.	Suite.	278
CXXII.	Suite.	Id.
CXXIII.	Tableau de la vie maritime.	279
CXXIV.	Suite.	280

Thème CXXV. Suite. 280
CXXVI. Suite. 281
CXXVII. Suite. . . . . Id.
CXXVIII. Suite. 282
CXXIX. Suite. 283
CXXX. Suite. 284
CXXXI. Vue de Jérusalem. L'église du Saint-Sépulcre. . . . . Id.
CXXXII. Suite. . . . . Id.
CXXXIII. Suite. 285
CXXXIII. Suite. . . . . Id.
CXXXIV. Suite. 286
CXXXV. Suite. 287
CXXXVI. Suite. . . . . Id.
CXXXVII. Suite. 288
CXXXVIII. Suite. 289
CXXXIX. Suite. 290
CXL. Suite. . . . . Id.
CXLI. Suite. 291
CXLII. Suite. 292
CXLIII. Suite. . . . . Id.
CXLIV. Suite. 293

LETTRES.

CXLV. Lettre d'un grand-père à son petit-fils qui lui avait adressé cette question : Quelle est la qualité la plus essentielle pour faire de bonnes études ? 295
CXLVI. Suite. . . . . Id.
CXLVII. Suite. 296
CXLVIII. Suite. 297
CXLIX. Lettre de condoléance adressée à un père de famille sur la maladie de sa fille. . 298

	Pages
Thème CL. Suite.	298
CLI. Suite.	299
CLII. Suite.	300
CLIII. Suite.	Id.
CLIV. Lettre sur la campagne de Rome.	301
CLV. Suite.	Id.
CLVI. Suite.	302
CLVII. Suite.	Id.
CLVIII. Suite.	303
CLIX. Suite.	304
CLX. Suite.	Id.
CLXI. Suite.	305
CLXII. Suite.	Id.
CLXIII. Suite.	306
CLXIV. Suite.	Id.
CLXV.	307
CLXVI. Lettre de Marie Stuart, près de mourir, à Elisabeth.	Id.
CLXVII. Suite.	308
CLXVIII. Le prince Eugène repousse les offres du roi de Bavière.	Id.
CLXIX. Lettre d'un jeune homme sans position à Paris.	309
CLXX. Suite.	310
CLXXI. Suite.	311
CLXXII. Suite.	Id.
CLXXIII. Suite.	312
CLXXIV. Bonheur de l'obscurité.	313
CLXXV. Suite.	Id.
CLXXVI. Bienfaits de la science.	314
CLXXVII. Suite.	315
CLXXVIII. Suite.	316
CLXXIX. Les sépultures.	Id.

	Pages.
Thème CLXXX. Suite.	317
CLXXXI. Suite.	Id.
CLXXXII. Suite.	318
CLXXXIII. Du sentiment religieux et des consolations qu'il offre à l'homme.	319
CLXXXIV. Suite.	Id.
CLXXXV. Suite.	320
CLXXXVI. Suite.	321
CLXXXVII. Rapidité de la vie.	322
CLXXXVIII. Suite.	Id.
CLXXXIX. Les sens et la raison	323
CXC. Suite.	324
CXCI. Suite.	325
CXCII. Suite.	326
CXCIII. Suite.	Id.
XCXIV. Suite.	327

FIN DE LA TABLE.

EXTRAIT DU CATALOGUE
DE LA LIBRAIRIE
DE Mme Ve THIÉRIOT.

DICTIONNAIRE ALLEMAND-FRANÇAIS ET FRANÇAIS-ALLEMAND, fondé sur l'étymologie et l'analyse ; donnant en français toutes les définitions des synonymes et des homonymes ; contenant le génitif singulier et le nominatif pluriel des substantifs allemands, tant simples que composés ; les pluriels des mots français qui s'écartent de la règle commune ; les formes irrégulières des verbes allemands et français à leur rang alphabétique, ainsi qu'une table des abréviations les plus usitées dans les deux langues ; par W. DE SUCKAU, professeur de langue allemande au collége royal de Saint-Louis. 2 vol. p. in-8° de 1800 pages. Prix, broché, 12 f.

FONSECA. DICTIONNAIRE français-espagnol et espagnol-français, seconde édition, augmentée de phrases et locutions qui font connaître le génie des deux langues, travail nouveau d'après les écrivains les plus célèbres des deux nations, suivi de vocabulaires phraséologiques, de l'étymologie latine, etc. 2 tomes en un très-beau volume in-8° de près de 1200 pages, grand-raisin à trois colonnes.   Prix, 15 fr.

BERBRUGGER. NOUVEAU DICTIONNAIRE français-espagnol et espagnol-français, renfermant tous les mots de la langue usuelle, des termes de marine et d'art militaire, d'après les dernières éditions des Académies française et espagnole. 2 tomes en 1 vol. in-32 de près de 1100 pages à deux colonnes, sur jésus vélin,   Prix, 5 fr.

BERBRUGGER. Le même Dictionnaire, format in-18, sur très-beau pap. vélin, 8e édit.,   Prix, broché, 5 fr.

COURS DE LECTURES ESPAGNOLES, pouvant être adapté à toutes les grammaires, à l'usage des colléges de l'Université et autres établissements d'instruction publique ; contenant des extraits des meilleurs prosateurs espagnols, des règles précises sur la prononciation et sur la prosodie castillanes, un choix de Fables d'Iriarte ; et une Notice biographique des principaux écrivains espagnols, par MANUEL GALO DE CUENDIAS, ancien maître de langue espagnole au collége royal de Toulouse. 1 vol. in-12.   Prix, broché, 3 fr.

MANUEL DE PHRASES, ou Cours gradué de conversation à l'usage des Français et des Espagnols, contenant quelques explications sur l'alphabet des deux nations ; accompagné de règles sur la prononciation et la prosodie espagnoles. Ouvrage indispensable aux voyageurs des deux nations, par LE MÊME. 1 vol. in-18.   Prix, 2 fr.

TYPOGRAPHIE HENNUYER ET Ce, RUE LEMERCIER, 24,
Batignolles.

www.ingramcontent.com/pod-product-compliance
Lightning Source LLC
Chambersburg PA
CBHW060327170426
43202CB00014B/2697